아동복지론

백혜영 손희원 이지희 공저

신정

머/리/말

2024년까지 아동복지정책의 기본 방향은 아동이 행복한 사회, 아동의 권리가 존중되고, 아동 행복이 실현될 수 있는 환경을 조성하는 것이었다. 우리나라 아동의 행복 지수는 아동종합실태조사 이후 줄곧 OECD 국가와 비교에서 낮은 것으로 보고되고 있으며, 최근의 조사에서도 크게 다르지 않은 것으로 나타났다. 저출산, 가족기능 약화, 학업을 강조하는 학교 환경 및 아동의 안전에 대한 위협 등 다양한 환경 속에서 아동들의 삶은 우려스럽다. 아동들이 행복한 사회가 건강한 사회이며, 아동복지는 사회의 기초를 형성하는 중요한 분야 중 하나이다. 따라서 아동복지정책의 기본 방향을 토대로 아동들이 행복하고 안전하게 성장하고 발전할 수 있는 환경을 제공하는 것이 무엇보다 중요하다.

우리나라가 UN '아동 권리 협약'에 비준한지 올해로 32년이 되었다. 그간 아동복지는 아동의 권리 보장을 위한 다양한 아동복지 정책 및 아동의 권리실현을 위한 환경조성을 위해 끊임없이 노력해 왔다. 아동복지는 아동이 독립된 인간으로서 인간다운 생활을 영위할 권리가 있으며 사회와 국가는 이러한 권리를 보장해 주어야 할 의무가 있다는 데서 출발한다. 무엇보다도 사회구성원들이 이념적으로 아동의 권리를 인정하는 것이 아동복지를 이루기 위한 필수조건이 된다. 따라서 모든 사회 성원들이 아동권리의 소중함을 알고, 우리 사회의 아동권리 침해 실태와 문제점을 인식하며, 아동의 권리를 옹호할 수 있는 사회적 환경을 조성해야 할 것이다.

이에 그동안 아동복지론을 강의하면서, 학교 현장에서 사회복지 및 아동복지를 공부하는 학생들이 아동의 권리를 존중하는 아동복지전문가로서 성장하도록 하기 위해 필요한 내용들을 고민해 왔으며, 그 과정 속에서 본 책을 집필하게 되었다.

이 책은 총 2부로 구성되어 있으며, 제1부에서는 아동복지에 대한 기본적인 이해를 위한 내용을 중심으로 살펴보았고, 제2부는 아동복지서비스의 실천 영역을 중심으로 다루었다. 먼저 제1부 아동복지의 기초에서는 1장 아동복지의 개념과 권리, 2장 아동복지의 역사, 3장 아동의 발달, 4장 아동복지 대상 및 서비스, 5장 아동복지의 접근방법에 대해 살펴보았다. 제2부 아동복지서비스 실천 영역에서는 6장 빈곤아동, 7장 아동학대, 8장 장애아동, 9장 입양아동, 10장 가정위탁보호아동, 11장 다문화가정아동, 12장 한부모가정아동, 13장 시설보호아동을 위한 복지서비스와 14장 아동복지를 위한 전망과 과제로 현재 우리나라 아동복지의 문제점과 개선방안을 제안하였다.

'한 아동을 키우는 데는 한 마을이 필요하다'는 아프리카 속담이 있다. 이는 아동들을 위한 복지는 전문가의 노력뿐 아니라 아동을 둘러싸고 있는 모든 환경 속에 있는 많은 사람들의 관심과 노력으로 이루어질 수 있다는 점을 강조하는 것이다. 우리는 아동들이 안전하게 성장하고 발전할 수 있는 환경을 제공해야 하며 이것은 우리가 미래 세대에게 더 나은 세상을 전해 주기 위한 필수적인 과정일 것이다.

본 책을 집필하면서 사회복지 및 아동복지를 전공하는 학생들, 현장 전문가들에게 아동복지에 대한 관심과 이해를 높이기 위해 최근의 이슈가 되고 있는 주제로 뉴스와 토론 및 아동복지 실천 현장에서 필요한 다양한 자료를 부록에 다루었다.

본 저자들은 아동복지의 발전을 위해 한걸음 나아가는 계기가 되기를 기원하며, 마지막으로 이 책이 나오기까지 도움을 주신 도서출판 신정의 관계자 분들에게 감사의 말씀을 전한다.

2024년 1월

저자 백혜영, 손희원, 이지희

차/례

CHAPTER 02 아동복지 발달사

CHAPTER 03 아동의 발달

CHAPTER 12 한부모가족아동을 위한 아동복지

CHAPTER 13 시설보호아동의 보호지원서비스

/ P A R T /

01

아동복지의 기초

CHILD WELFARE

/CHAPTER/ 01

아동복지의 개념과 아동권리

CHILD WELFARE

학/습/목/표
1. 아동과 사회환경에 대해 이해할 수 있다.
2. 아동복지의 개념과 원칙을 설명할 수 있다.
3. 아동권리의 개념과 유엔아동권리협약의 아동권리의 내용을 이해할 수 있다.

1 아동과 사회환경

1) 아동의 개념

일반적으로 아동이란 성인에 대응되는 개념으로 사용되고 있으며, 발달상 미성숙하고 미완성의 존재로 이해될 수 있다. 또한 아동은 심신의 발달과정에 놓여 있는 존재로 발달심리학적 측면에서는 연령에 따라 분류되며, 영아기, 유아기, 아동기 등으로 세분하고 있다. 교육학적 입장에서는 12세까지로 구분되고 있으며, 연령구분에 있어 아동의 정의는 해당 법률에 따라 다소 상이한 차이를 보이고 있다. 우리나라 아동복지는 「아동복지법」 제3조 제1호에 '18세 미만의 사람'으로 규정하고 있으며, 그외 「입양특례법」, 「영유아보육법」, 「근로기준법」 등 다양한 법률에 의한 구분은 〈표 1-1〉과 같다. 따라서 아동복지 영역에서 아동복지의 대상이 되는 아동이란 18세 미만의 사람으로 또는 고등학교 졸업 시기까지의 연령에 속하는 자를 기본으로 하고 있다.

〈표 1-1〉 아동관련 법률의 적용연령 기준

관련법	호칭	연령기준
아동복지법	아동	18세 미만의 자
민법	미성년	19세 미만
영유아보육법	영유아	6세 미만 미취학
소년법	소년	20세 미만
아이돌봄지원법	아동	만 12세 미만
실종아동 보호 및 지원법	아동	만 14세 미만
근로자기준법	연소자	18세 미만

법적 개념으로서의 아동에 대한 견해와 함께, 아동의 대한 견해는 시대적, 사회적 발달 과정에 따라 다르게 인식되어 왔다. 고대사회에서 아동은 부모의 소유물로 인식되어 인신매매, 영아살해, 유기 등의 문제가 당연한 것으로 인식되었다. 중세에 들어서는 기독교 사상이 사회 전반에 걸쳐 중요시되어 아동에 대한 살해 및 낙태 등의 문제가 감소하였으나, 성악설을 받아들여 인간의 원죄를 씻기 위해 아동에 대한 엄격한 기독교적 훈육으로 아동에 대한 체벌이 가해져 왔다. 또한 아동을 성인의 축소판으로 인식하여 아동에 대한 가혹한 노동착취가 당연한 것으로 받아들여졌다.

그러나 18세기에 들어서면서 루소(Rosseau), 프뢰벨(Froebel) 등의 자연주의, 아동중심 교육가의 등장으로 아동을 있는 그대로 자연적 발달을 존중하며, 아동의 독특하고 독자적인 발달을 강조하는 아동중심의 교육철학이 강조되었다. 이는 현대에 이르러 아동의 존엄성과 아동의 잠재성을 인정하고 존중하는 다양한 교육철학 및 사상의 발달로 이어졌으며, 엘렌 키(Ellen Key, 1990)는 20세기를 '아동의 세기'라고 칭하면서, 아동은 튼튼하게 태어나고 건강하게 양육되어야 하는 권리를 가진 존재로 인식되어야 함을 강조하였다. 따라서 현대사회에서는 아동의 욕구와 권리를 보장하는 것에 관심을 두고 아동의 타고난 잠재력 개발을 지향하는 방향으로 아동을 이해해야 한다. 그러한 관점에서 아동에 대한 특성을 다음과 같이 정리해 볼 수 있다.

- 발달하는 존재로서의 아동: 아동은 성인의 축소판이 아니며, 아동은 연령의 증가에 따라 신체적, 사회적, 인지적 측면에서 양적, 질적으로 변화해 나가는 존재로 각 발달 단계마다 고유한 특성이 있다. 아동 발달의 다양한 측면은 상호의존적으로 기능하며, 각 발달단계마다의 고유한 발달적 과업 성취를 통해 아동의 잠재력 발휘할 수 있도록 보호와 양육을 위한 적절한 환경적 개입이 필요하다.
- 전인으로서의 아동: 아동의 발달 영역은 서로 분리되어 있는 것이 아니며, 전체적으로 상호의존하고 상호작용하는 과정을 통해 발달이 이루어진다는 측면에서 통합적 발달을 하는 존재로 인식되어야 한다. 따라서 발달의 다양한 영역이 골고루 발달되어야 하며, 그러한 환경조성을 위한 사회적 노력이 필요하다.
- 독립된 인격적 존재로서의 아동: 아동은 부모의 소유물이 아니라 독립된 인격을 가진 독립된 권리의 주체로 인식되어야 한다. 아동의 특성상 보호자를 포함한 다양한 성인의 보호가 필요한 의존적 존재이지만, 단순히 보호의 대상자가 아닌 자신의 발달을 위해 다양한 권리를 가진 주체임을 강조하며, 아동권리 실현을 위한 국가 및 사회의 실천적, 제도적 노력이 필요함을 의미한다.

2) 아동과 사회 환경

(1) 저출산, 고령화, 아동인구수 감소 및 여성의 사회진출 증가

① 저출산, 고령화, 아동인구수 감소

저출산과 고령화는 현대 사회에서 많은 국가들이 직면하고 있는 중요한 사회 문제로 우리나라도 저출산, 고령화 현상이 매우 급속하게 진행되고 있다. 통계청 조사에 의하면, 2022년 우리나라 출산율은 0.78명으로, 2012년 1.30명보다 0.52명(-39.9%) 감소한 것으로 보고되고 있다. 저출산은 여성의 사회 참여 증가로 인한 결혼 및 출산 연기, 경제적 어려움, 취업과 가족 책임 간의 균형 어려움, 도시화와 생활방식 변화 등이 주요 원인으로 분석되고 있다.

〈표 1-2〉 우리나라 출산율 (단위: 명)

	2012	2013	2014	2015	2016	2017	2018	2019	2020	2021	2022
합계출산율	1.30	1.19	1.21	1.24	1.17	1.06	0.98	0.92	0.84	0.81	0.78

출처: 통계청(각 연도). 인구동향조사.

또한 의료 기술과 건강관리의 발전으로 인해 평균수명이 연장되며 인구고령화가 빠르게 진행되고 있으며, 2010년 통계청 자료에 위하면 65세 이상의 노인인구가 전체인구의 11.3%를 차지하였으나, 2015년 12.9%, 2030년에는 24.1%에 이를 것으로 예측되고 있다. 특히, 저출산으로 인한 아동인구 감소 현상이 두드러지게 나타나고 있다([그림 1-1]). 이러한 저출산과 고령화 현상은 경제적인 측면에서는 인구 감소로 인한 생산 인력 부족과 사회복지 부담의 증가 등이 우려되고 있다.

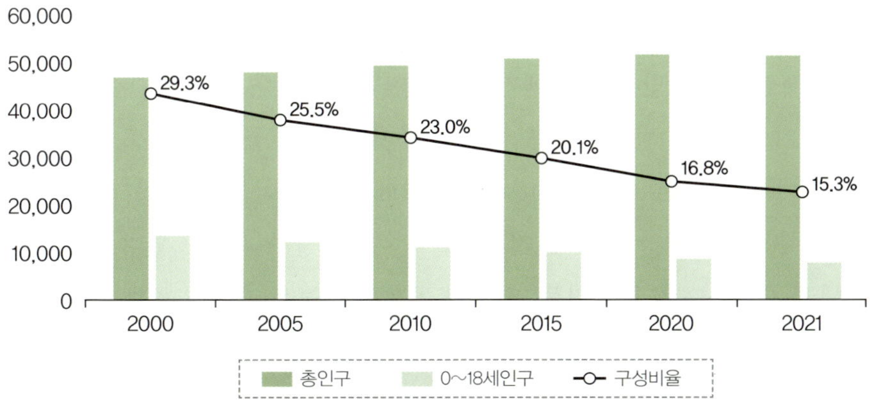

[그림 1-1] 연도별 아동 인구수 및 구성비율

출처: 통계청(각 연도). 인구총조사.

② 여성의 사회진출 증가

2000년 우리나라 전체 경체활동 참가율은 61.29%이며, 남자 734.4%, 여자 48.4%였는데, 2022년 통계청 조사에 의하면, 전체 경제활동 참가율은 63.9%이며, 남자 73.5%, 여자 54.6%로 여성들의 경제활동 참가율이 지속적으로 상승한 것으로 나타났다. 특히, 양성평등의 인식이 확대 및 성차별의 철폐를 주장하는 사회적 분위기 속에서 여성들의 사회참여 기회가 확대되는 현상이 두드러지게 나타나고 있다. 그러나 여성들의 사회참여 확대는 아동의 양육 및 돌봄의 기능에 어려움을 가져오기도 하였다.

(2) 가족구조와 가족기능의 변화

① 핵가족화

아동의 삶에 영향을 미치는 요인으로 핵가족화 경향을 들 수 있다. 가족은 남편과 아내, 부모와 자식처럼 결혼으로 인한 혈연, 입양 등의 관계로 이루어진 사회를 구성하는 가장 기본적인 단위다. 옛날 농본사회의 가족은 농사로 살아가는 사회적 특성상 일손이 중요시되어 3대, 4대가 모인 대가족으로 형성되었으나 산업사회 이후로는 부모와 자녀로만 구성된 핵가족으로 변화했다.

이러한 가족구조의 변화는 가족 내 형제자매 간 상호 돌봄, 조부모 및 친척 등에 의한 돌봄이 어려워지며, 더욱이 대가족 제도에서 경험할 수 있는 정서적 지원이 줄어들면서 아동의 사회성 발달 및 정서발달에 어려움을 초래하고 있다. 이런 관점에서 볼 때 핵가족화는 가족의 아동 양육 및 돌봄의 기능에 약화를 초래하고 결과적으로 아동문제의 원인이 될 가능성이 높다.

② 이혼의 증가

최근 이혼율의 증가는 우리 사회가 경험하는 또 다른 문제이며, 아동문제의 원인으로 작용될 수 있는 중요한 변화이다. 2022년 통계청이 발표한 '2021년 혼인 · 이혼 통계'를 보면 지난해 혼인 건수는 19만2,507건으로 전년보다 9.8%(-2만995건) 감소했으며, 이혼 건수는 10만1,673건으로 혼인 대비 이혼의 비중이 높은 것으로 나타났다. 연간 혼인 건수는 지난 2012년 이후 매년 줄어들고 있는 것에 비해 이혼 건수는 감소추세를 보이고 있지 않는 것으로 보고되었다.

이혼의 증가는 결혼에 대한 가치관의 변화, 여성들의 사회진출 증가, 경제적 문제 등 여러 요인에 의해 영향을 받으며, 부모의 이혼은 아동의 양육에 대한 책임, 역할에 어려움을 초래하고 결과적으로 아동의 발달에 부정적인 영향을 미칠 가능성이 높다. 아동은 안정된 가정환경 속에서 건강하게 성장할 수 있으나, 부모의 이혼으로 인한 가족의 해체는 아동에게 정서적인 불안감, 마음의 상처 및 스트레스를 주어 아동의 건강한 성격발달에 부정적인 영향을 미치게 된다.

③ 다양한 가족의 증가

최근 이혼율의 증가로 한부모 가족이 지속적으로 증가하고 있다. 한부모가족의 경우 경제적으로 취약하고 자녀양육과 취업을 수행해야 하는 이중부담을 경험하고 경제적, 심리적, 신체적으로 심각한 스트레스를 경험하는 등 아동을 양육하는 과정에서도 부정적인 영향을 미쳐, 아동 문제의 원인이 될 수 있다는 우려가 나타나고 있다.

또한 개방적인 성문화의 가속화 및 가치관의 변화로 인해 청소년들의 무분별한 혼전 성관계, 성폭력 등의 성문제는 미혼모 발생의 주요 원인으로 지적되고 있다. 미혼모의 발생은 미혼모 자신뿐 아니라 아동 양육을 위한 경제적, 심리적, 사회적 측면에서 다양한 어려움을 경험하게 된다. 따라서 한부모 가족 및 미혼모 가족에 대한 적절한 개입과 제도적 대책이 제공되어야 할 것이다.

최근 들어 다문화 사회로의 진입으로 인해 다문화 가정 및 아동의 수가 점차 증가하고 있다. 다문화 아동에 대한 사회적 인식이 이전에 비해 많이 긍정적으로 변화되고 있으나 아직까지도 차별 및 다문화 아동의 한국사회 적응 등이 문제로 지적되면서 다문화 아동 및 가족에 대한 적극적 지원이 필요하다.

(3) 아동을 둘러싼 사회 환경의 변화

최근 우리사회가 급격히 변화되고 다양화 되면서 아동을 둘러싼 사회 환경에도 많은 변화가 있었다. 이전에 비해 늘어나는 학교폭력, 아동학대, 스마트폰 중독 및 학업 스트레스 등은 아동들의 심리적 발달에 부정적인 영향을 미치는 문제로 주목받고 있다. 최근 조사(2018)에 의하면, 아동들의 우울감 경험률은 27.1%, 스트레스 인지율이 40.4%로 조사되었으며, 인터넷, 스마트폰 등 과몰입이 점점 어려지는 추세로 나타났으며, 9~17세 아동의 3.6%가 심각한 자살을 고려한 경험이 있음이 보고되었다. 이는 아동들의 정신건강에 대한 사회적 관심이 필요함을 시사하고 있다.

2018년 OECD 35개국의 아동들의 학업성취도 비교에 따르면, 한국 15세 아동의 수학능력은 최상위 수준이나, 사회성과 창의성 발달에 중요한 사회관계 형성의 기회는 점점 줄어드는 것으로 분석되었다. 특히, 우리나라 아동들의 물질적 결핍(인터넷, 식사, 의류, 공간 등)은 낮은 수준이나, 관계적 결핍(여가, 친구,가족과의 활동 등)은 높은 수준으로 보고되었다. 또한 아동이 부모와 함께 보내는 시간은 하루 48분으로 OECD 국가 중 가장 낮은 수준(OECD, 2018/ OECD 평균 2시간 30분)으로 보고되었고, 학업에 대한 높은 기대와 불안에 비해, 놀이 및 사회적 관계 형성의 중요성에 대한 인식은 상대적으로 낮은 것으로 보고되었다.

우리나라의 과도한 교육열은 아동들의 학업 스트레스를 가중시켜 아동의 삶에 질에 부정적인 영향을 미치는 중요한 요인으로, 2023년 조사에 의하면 우리나라 아동들의 87%가 행복하지 않은 것으로 보고되었다. 이는 아동들에게 적절한 휴식과 놀이, 사회적 관계 형성의 기회를 보장하여, 아동들의 전반적 발달을 지원해야 함을 시사하는 것으로 분석된다.

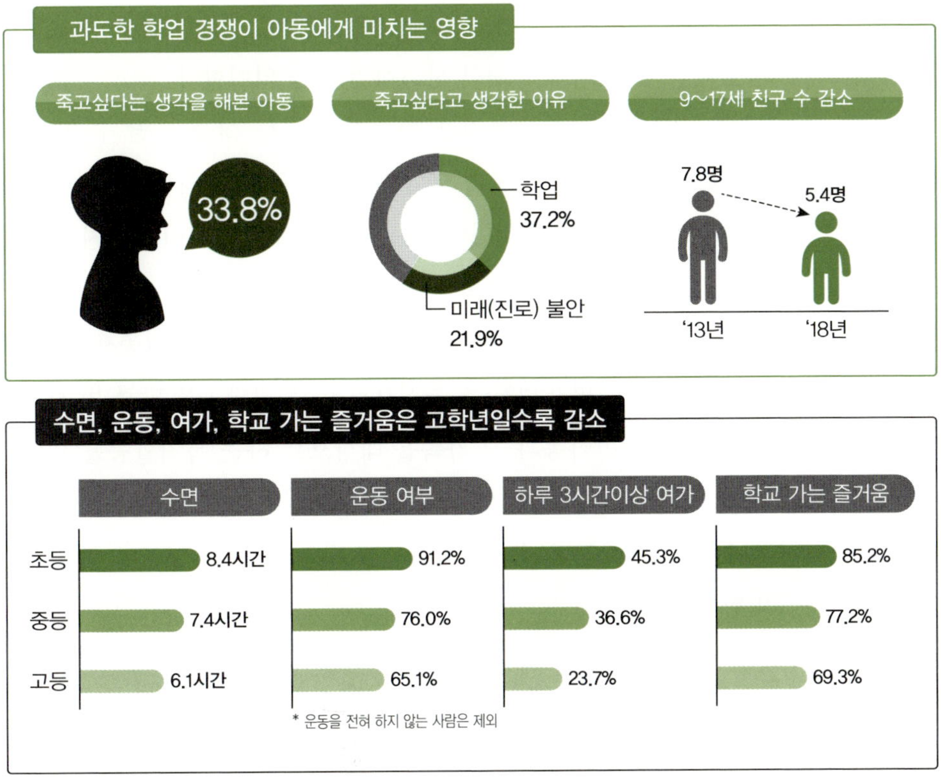

[그림 1-2] 학업과 아동행복지수

출처: 초록우산어린이재단(2023).

❷ 아동복지의 개념

1) 아동복지의 개념

복지란 welfare, wellbeing 등 다양하게 표현되고 있으며, 평안한 상태, 행복한 상태를 의미하는 용어로 사용되고 있다. 아동복지는 아동을 위한 행복하고 평안한 상태이며, 그러한 상태를 만들어 가기 위한 사회적 노력을 의미한다.

우리나라 「아동복지법」에서는 아동복지란 '아동이 행복한 삶을 누릴 수 있는 기본적인 여건을 조성하고 조화롭게 성장 발달할 수 있도록 하기 위한 경제적, 사회적, 정서적 지원을 말한다'고 정의하고 있다. 좀 더 구체적으로는 아동복지를 협의의 개념과 광의의 개념으로 구분하여 설명할 수 있다.

협의의 개념으로서의 아동복지란 특별한 문제나 욕구가 있는 아동(종전의 요보호아동에서 현재 보호대상아동으로 명칭 변경)을 중심으로 한 복지활동을 말하며, 광의의 개념으로서의 아동복지는 일반아동과 그 가족을 대상으로 하는 복지활동을 의미한다. 아동복지 대상에 가족이 포함되는 것은 아동복지의 일차적인 책임이 가족에 있다는 것을 의미하며, 최선의 아동복지는 아동양육에 대한 가족의 기능 및 역량을 강화해 주는 것이라 할 수 있다.

오늘날 대부분의 나라에서 넓은 의미의 아동복지 개념을 받아들이고 있으며, 아동복지란 특별한 문제가 있는 아동뿐 아니라 모든 아동이 건강하게 성장 발달할 수 있도록 아동과 가족에 대한 개인, 민간 국가 및 사회가 협력하는 모든 복지적 활동으로 정의할 수 있다.

2) 아동복지의 이념과 아동복지의 필요성

우리나라 「아동복지법」 제2조에서는 아동복지의 이념을 다음과 같이 규정하고 있다. 첫째, 아동은 자신 또는 부모의 성별, 연령, 종교, 사회적 신분, 재산, 장애 유무, 출생지역, 인종 등에 따른 어떠한 종류의 차별을 받지 아니하고 자라나야 하며, 둘째, 아동은 완전하고 조화로운 인격발달을 위하여 안정된 가정환경에서 행복하게 자라나야 하고, 셋째, 아동에 관한 모든 활동에 있어 아동의 이익이 최우선적으로 고려되어야 한다고 규정하고 있다.

위의 이념을 기반으로 아동복지는 아동의 기본적 생활보장, 미래 인력의 양성, 사회문제 예방이라는 측면에서 그 필요성이 강조되고 있다. 아동의 기본적 생활을 보장하기 위해 부모와 국가 및 사회는 아동을 보호하고 양육하는 책임과 의무를 가지며 이를 위해 국가 및 사회는 다양한 아동복지정책 및 서비스를 개발하고 시행해야 한다. 또한 아동은 미래 사회를 이끌어 가야 하는 존재로 건강한 성장을 지원받아야 하며 이는 아동에 대한 사회적 인적자원 형성 및 투자라는 관점에서 중요시되고 있다. 오늘날 아동의 성장 및 행복을 위협하는 사회적 상황은 아동의 학교 부적응, 학업중단, 비행 등 아동기의 건강한 성장을 저해하는 다양한 문제의 원인으로 대두되고 있다. 따라서 아동복지서비스는 아동에게 필요한 다양한 욕구를 충족시키며 궁극적으로 사회문제 발생 가능성을 방지할 수 있다.

3) 아동복지의 대상

아동복지의 대상은 18세 미만의 모든 아동이며, 아동을 보호하고 양육하는 성인 또는 보호자에 의해 아동복지가 좌우될 수 있으므로, 임산부를 포함하여 부모 및 아동을 보호하고 있는 보호자가 그 대상이 될 수 있다. 보호자란 친권자, 후견인, 아동을 보호, 양육 및 교육하고 있거나 그러한 의미가 있는 사람 또는 업무, 고용 등의 관계로 사실상 아동을 보호, 감독하는 사람을 의미한다. 구체적으로 아동복지의 대상을 보호대상아동, 지원대상아동 및 일반아동 및 보호자로 구분하여 지원이 이루어지고 있다.

'보호대상아동'이란 보호자가 없거나 보호자로부터 이탈된 아동 또는 보호자가 아동을 학대하는 경우 등 그 보호자가 아동을 양육하기에 적절하지 아니하거나 양육할 능력이 없는 경우의 아동을 말한다(아동복지법 제3조). 이전에는 요보호아동이라는 용어를 사용하였으나 현재는 보호대상아동으로 명칭이 변경되었으며, 보호대상아동의 경우, 부모의 사망, 아동유기, 부모의 질병, 수감 및 학대 등의 여러 이유로 가정 내 보호가 어려운 아동들로 아동양육시설, 일시보호시설, 공동생활가정 등의 시설입소와 가정위탁, 입양 등의 원가정이 아닌 타가정 또는 시설 보호를 필요로 하는 아동을 의미한다.

'지원대상아동'이란 아동이 조화롭고 건강하게 성장하는 데 필요한 기초적인 조건이 갖추어지지 아니하여 사회적, 경제적, 정서적 지원이 필요한 아동을 말한다. 지원대상아동은 저소득, 빈곤가정 아동으로 규정되며(빈곤아동 예방 및 지원에 관한 법률), 생활여건과 자원의 결핍으로 인해 복지, 교육, 문화 등의 격차를 해소하기 위하여 경제적 지원과 드림스타트, 지역아동센터를 통한 방과 후 돌봄, 결식지원 등의 서비스가 제공되고 있다.

'일반아동 및 보호자'의 경우 현재는 문제가 없으나, 아동복지의 실현은 건강한 가정에서 이루어진다는 것을 감안한다면, 아동과 아동을 보호하고 양육 및 교육하는 의무가 있는 보호자에 대한 지원이 함께 이루어져야 한다.

4) 아동복지의 조건과 원칙

(1) 아동복지의 조건

아동이 행복하고 건강하게 성장, 발달하기 위해서는 다음과 같은 조건들이 필요하며 구체적으로 다음과 같은 내용을 포함하고 있다.

① 안정된 가정환경

가정은 아동을 보호하고 양육하는 기본적인 기능을 하며, 가정 내 부모의 애정과 사랑은 아동들의 발달에 매우 필수적인 요인이라 할 수 있다. 특히, 부모와의 애착은 이후 아동의 모든 발달 영역에 영향을 미치므로 부모는 아동들의 발달과 욕구에 민감해야 하며 안정된 가정환경 조성을 위해 충분한 역할을 해야 한다. 아동권리협약 7조에서 아동이 자신의 부모를 알고 부모에 의해 양육받을 권리가 있음을 명시하고 있듯이 안정된 가정환경과 부모의 적절한 양육은 아동복지에서는 필수적인 요건이 된다. 특히, 부모나 보호자가 없거나 가정 내에서 부모 또는 보호자의 양육이 어려운 경우에는 아동들의 복지를 위해 최대한 가정과 같은 환경에서 보호, 양육될 수 있도록 아동복지 서비스가 제공되어야 한다.

② 경제적 안정

아동의 기본적인 의식주의 해결, 교육지원 및 문화적 경험 등은 아동발달에 있어 필수적인 요소이라 할 수 있다. 따라서 가정 내 경제적 어려움은 아동의 기본적 생활의 어려움뿐 아니라 심리적 부적응, 학교생활 부적응, 가출 및 비행과 같은 사회적 문제의 원인으로 작용될 수 있으므로 아동의 건강한 성장발달을 위해 경제적 안정이 보장되어야 한다. 따라서 가정의 빈곤으로 인해 아동 발달의 전반적인 영역에서 부정적 영향을 감소시키고, 빈곤의 대물림을 차단하기 위해 다양한 아동복지 접근이 필요하다.

③ 보건 및 의료 지원

아동권리협약 24조에서는 아동이 최상의 건강을 유지하고 질병치료와 의료서비스를 누려야 함을 명시하고 있다. 아동의 건강은 아동복지의 중요한 지표이며, 아동의 건강한 발달을 지원하기 위한 노력과 함께 임신 및 출산 지원을 통한 모자보건에 대한 중요성도 강조되고 있다. 특히, 영유아기 시기는 발달의 기초적 토대를 마련하는 시기로 영유아를 대상으로 하는 무료검진, 무료예방접종실시 등이 실시되고 있다. 또한 취약계층의 임산부들을 대상으로 하는 보건, 의료서비스의 제공은 저체중아, 미숙아 출산 등의 문제를 예방할 수 있다는 측면에서 그 의미가 크다.

④ 교육

교육이란 아동의 잠재력을 개발하기 위해 필수적인 것이며 모든 아동에게는 균등하게 교육받을 권리를 보장해야 한다. 교육은 아동을 위한 투자적 관점에서 그 중요성이 강조되고 있다. 이에 우리나라는 2018년까지는 중학교까지만 의무교육으로 지정되어 있으나, 2021년부터 고등학교 무상교육을 전면 시행하고 있다. 이를 통해 모든 아동에 대한 교육의 기회를 보편적으로 제공하는 것을 국가의 중요한 책임으로 강조하고 있음을 알 수 있다.

⑤ 노동으로부터의 보호

아동은 신체적, 심리적 발달과정 중에 있는 미성숙한 존재이므로, 노동 및 유해노동으로 보호되어야 한다. 현재 근로기준법에서는 15세 미만의 아동에 대한 근로를 금지하며 근로시간 규정을 통해 노동으로부터 아동을 보호하고 있다. 아동에게 노동을 금지시키는 규정은 아동은 아직 발달단계에 있는 존재로 노동으로 인해 발생될 수 있는 신체건강, 학업을 통한 인지발달, 학교 교육을 통한 전인적 인격발달 등의 부정적인 영향을 최소화하기 위한 중요한 요인이다.

⑥ 오락 및 놀 권리 보장

아동에게 오락 및 놀이는 아동 성장, 발달에 기본적인 요인으로, 아동의 신체적, 인지적, 심리적, 사회적 발달에 긍정적인 영향을 미치며, 이를 통해 욕구 및 감정 발산, 신체발달, 대인관계 기술을 습득할 수 있는 기회를 갖게 된다. 따라서 아동의 오락 및 놀이에 대한 권리보장을 위한 다양한 노력이 필요하다.

아이들은 놀이를 통해 배우고 성장한다. 아이들의 건강하고 행복한 성장은 '놀이'를 통해 시작된다고 해도 과언이 아닐 만큼 아동에게 놀이는 본능과도 같은 것이다. 그러나 최근 우리나라 아동들은 과도한 학업, 놀이터의 부족 등으로 놀이에서 소외되면서 아동의 행복도도 낮아지고 있는 실정이다. 따라서 아동들이 충분히 놀고 쉴

수 있는 사회적 환경을 조성하는 것이 무엇보다 시급한 상황이라 할 수 있다.

⑦ 특수보호

특수한 문제 및 욕구가 있는 아동에 대해서는 국가 및 사회가 그에 맞는 적절한 서비스를 마련하고 제공해야 한다. 장애아동, 영재아동 및 이주배경을 가진 아동 등과 같이 아동의 기본적 욕구 이외에 특별한 욕구가 있는 아동에 대한 전문적 지원이 이루어져야 한다.

⑧ 종교와 도덕

유엔아동권리협약에서는 아동의 사상, 양심, 종교에 대한 권리를 존중해야 함을 명시하고 있으며, 아동이 참된 인간으로서의 성장을 위한 기본적인 태도와 가치에 대한 교육이 필요함을 강조하고 있다.

(2) 아동복지의 원칙

① 권리와 책임의 원칙

아동복지는 아동, 부모, 국가 및 사회 3주체의 노력이 필요하며, 각자의 권리와 책임을 분명하게 규정하고 있다. 아동복지법, 아동권리에 관한 국제협약 등을 통해 아동의 권리를 명시하고 있으나, 아동들에게는 이러한 권리와 함께 책임도 부여되고 있다. 아동은 사회가 원하는 바람직한 인재로 성장해야 하며, 아동에게 부여되는 과업을 충실히 수행해야 한다. 부모의 경우, 아동을 보호하고 양육하는 1차적 책임이 있으며, 아동에 대한 친권을 행사할 수 있는 권리를 가지고 그들의 양육관에 따라 양육할 권리가 있다. 또한 자녀 양육에 필요한 정서적, 경제적, 교육적 지원을 해야 하는 책임을 갖는다. 국가 및 사회의 경우, 아동복지 증진을 위해 필요한 정책, 법률 및 전달체계를 마련하여 아동 및 부모의 복지 증진을 위한 최선의 노력을 기울어야 한다.

② 예방과 치료의 원칙

아동문제를 예방하기 위해 국가 및 사회는 다양한 아동복지 서비스를 제공하고 그에 대한 적절한 경제적 지원을 해야 할 필요가 있으며, 문제 발생 이후에 적절한 치료적 개입이 이루어져야 한다. 예를 들어 아동학대 및 방임 문제의 경우 다양한 홍보 및 교육 등을 통해 예방적 조치를 함께 문제 발생 시 아동 및 부모를 위한 다양한 상담, 치료, 법적 조치 등의 서비스를 제공해야 한다.

③ 보편성과 선별성의 원칙

아동복지 서비스는 모든 아동의 복지증진을 위해 차별 없이 제공되어야 한다. 이렇듯 아동의 조건과 관계없이 제공되는 서비스 원칙을 보편성의 원칙이라 한다. 보육서비스, 의무교육서비스 및 아동수당제도와 같은 아동복지서비스는 모든 아동에게 제공되는 대표적인 보편적인 아동복지 서비스라 할 수 있다. 그와는 달리 선별성의 원칙은 서비스의 대상이 되기 위한 조건에 해당되어 특별한 문제나 욕구가 있는 아동 및 부모에게 제공되는 서비스를 말한다. 드림스타트와 같은 빈곤아동 지원사업과 아동학대 및 보호대상 아동을 위한 입양, 가정위탁 및 시설보호 사업이 이에 해당된다. 이러한 서비스의 경우, 서비스를 제공받는 아동 및 부모에 대해서는 낙인문제가 발생되기도 한다.

④ 보호와 개발의 원칙

아동복지서비스는 아동의 문제에 대해 사후대책적인 기능을 가져야 하면서 동시에 아동문제를 사전에 예방하는 기능을 적극적으로 수행해야 한다. 따라서 아동복지서비스는 아동들의 다양한 욕구에 맞춰 개입되어야 함을 의미하며, 보호와 개발의 원칙은 아동이 가진 능력을 최대한 발휘할 수 있도록 하는 것으로, 모든 아동에게 적용되나 특히 발달상의 문제를 가진 아동 및 우수아동을 주 대상으로 서비스를 제공해야 함을 말한다.

⑤ 개별성과 종합성의 원칙

개별성의 원칙이란 아동복지서비스는 아동 및 부모 혹은 가족의 문제에 적절한 서비스가 제공되어야 함을 말한다. 이는 유사한 문제를 가진 아동 및 가족이라 하더라도 아동의 발달상황, 경제적 상황, 가정의 내외적 환경 등이 서로 상이하기 때문에 그에 맞는 적절한 개별화된 지원이 이루어져야 함을 의미한다.

종합성의 원칙이란 아동 및 가족의 문제는 하나의 서비스만으로 해결되기 어려운 상황이 대부분이라 할 수 있으며, 아동 및 가정의 상황을 파악하여 여러 가지 다양한 유형의 서비스를 제공해야 한다는 것을 의미한다.

⑥ 전문성의 원칙

아동복지는 아동복지에 대한 전문적 지식과 기술을 가진 전문가 및 전문기관에 의해 아동의 발달상황, 아동의 사회적 상황 등을 고려하여 필요한 서비스를 제공해야 한다.

❸ 아동과 권리

인권(人權)은 인간이라면 누구나 갖게 되는 보편적인 권리이며, 인간의 존엄성과 자유를 보호하며, 모든 사람이 균등하고 공정하게 대우받을 권리를 의미한다. 이러한 인권은 모든 인간이 태어날 때부터 보유하고 있는 기본적이고 불가침의 권리이며, 법률, 정부, 사회, 문화, 종교 등의 영향을 받지 않고 모든 인간이 누릴 수 있어야 한다. 인간의 인권은 인간의 존엄성에서 출발한 것으로, 인간이 원하는 것, 인간이 요구하는 것 등을 마땅히 누릴 수 있음을 의미한다.

아동권리란 아동의 성장발달과 관련하여 차별받지 않고 마땅히 누려야 하는 모든 것을 의미하며, 아동들을 단순히 의존적이고 미성숙한 존재로 간주하는 것이 아니라 아동 스스로 자신의 권리를 주장할 수 있는 독자적이고 독립된 인격체로 인식해야 한다. 따라서 아동들의 건강하고 행복한 성장을 지원하기 위해 보호자를 포함한 성인들은 아동들의 권리를 존중하고 보장해야 하며, 아동들 또한 자신의 권리를 누리기 위한 적극적인 참여가 필요하다.

1) 아동권리 보장을 위한 역사적 흐름

아동의 권리 보장을 위한 세계적 노력은 20세기 들어 적극적으로 논의되고 있으며, 다음의 3차례 국제적 노력을 통해 아동권리 보장에 대한 사회적 책임을 강조하고 있다.

(1) 1924년 아동권리에 관한 제네바 선언

산업혁명 이후, 아동의 노동과 열악한 생활환경이 주요한 사회문제로 대두되고 제1차 세계대전에서 수많은 아동이 전쟁으로 고통받으면서 아동의 문제는 국제적 차원에서 관심의 대상이 되기 시작하였다. 이에 아동권리를 보장하기 위해 1924년 6월 26일에 제네바에서 개최된 국제노동기구(ILO) 제1차 회의에서 아동권리에 관한 제네바 선언을 채택하며 아동의 권리와 복지를 보호하기 위해 국제사회의 책임을 강조하게 되었다. 이 선언에서는 사회가 아동에 대하여 최선의 것을 주어야 할 의무가 있음을 인정하고 인종, 국가, 신념과 관계없이 아동을 보호해야 함을 명시하고 있다.

아동권리에 관한 제네바 선언의 주요 내용은 다음과 같다.

- 아동은 물질적으로나 정신적으로 정상적인 발달을 위해 필요한 조건이 충족되어야 한다.
- 굶주린 아동은 먹어야 하며, 발달이 늦은 아동은 도움을 받아야 하며, 잘못에 빠진 아동은 교화되어야 하며, 고아와 집이 없는 아동은 보호와 구제되어야 한다.
- 아동은 재난 시에 가장 먼저 구조되어야 한다.
- 아동은 생계가 보장되어야 하며, 아동은 모든 형태의 착취로부터 보호되어야 한다.
- 아동은 자신의 능력을 널리 인류 동포를 위해 바칠 수 있도록 양육되어야 한다.

제네바 선언은 아동의 권리와 복지를 보호하기 위해 국가 및 국제사회에 대한 책임을 강조하고 있으며, 이후 국제적인 아동권리 보호와 발전을 위한 중요한 기반이 되었다.

(2) 1959년 아동권리선언

1924년 제네바 선언이 발표되기는 하였으나, 아동권리 보장이 제대로 이행되지 못하는 가운데 제2차 세계대전을 겪게 되면서 전쟁 재발방지, 평화 유지 및 국제 협력을 위해 유엔(United Nations)을 창설하였다. 유엔은 아동의 권리를 '인권'의 측면에서 강조하면서 국가와 사회가 적극적으로 보장해야 하는 것에 대한 필요성을 인식하게 되었다. 이후 1959년 전문 10조로 된 '세계아동권리선언'을 공포하고 아동들이 단순한 보호의 대상이 아닌 권리를 가진 독자적인 존재임을 강조하며, 아동에 대한 차별금지, 아동최선의 이익 강조, 국적을 가질 권리, 사회보장의 혜택을 받을 권리, 교육받을 권리 및 학대, 방임, 고용 등의 금지 등을 포함한 내용으로 이전의 제네바 선언에 비해 보다 구체적으로 아동들의 권리에 대해 명시하였다.

- 아동은 인종, 피부색, 성별, 언어, 종교, 정치적 사상, 국적 또는 사회적, 경제적 출신에 관계없이 어떠한 차별도 받지 않을 권리가 주어져야 한다.
- 아동은 신체적, 정신적, 도덕적, 사회적으로 건전하게 성장할 수 있도록 특별한 보호를 받을 권리가 있다.
- 아동은 이름과 국적을 가질 권리가 있다.
- 아동은 건전하게 성장 발달할 권리가 있다.
- 신체적, 정신적, 사회적 장애를 가진 아동은 특수한 상황에 따른 특별한 치료, 교육 및 보호를 받을 권리가 있다.
- 아동은 조화로운 인격발달을 위해 부모의 애정과 도덕적, 물질적 보장이 있는 환경에서 양육되어야 하며, 가정이 없거나 적절한 지지를 받을 수 없는 아동을 위한 특별한 보호는 국가와 사회가 의무적으로 제공해야 한다.
- 아동은 최소한 의무교육을 받을 권리가 있다.
- 아동은 모든 상황에서 제일 먼저 보고되고 구조되어야 한다.
- 아동은 모든 형태의 방임, 학대와 착취로부터 보호받을 권리가 있다.
- 아동은 인종, 종교, 기타 어떤 형태의 차별적인 양육으로부터 보호받을 권리가 있다.

(3) 유엔아동권리협약(Convention on the Rights of the Child: CRC)

'제네바 선언' 및 '세계아동권리선언' 등과 같은 아동권리에 대한 세계적인 관심과 노력에도 불구하고 법적 구속력이 없다는 이유로 아동권리 보장을 위한 사회적 제반 여건 조성이 구체화되기에는 한계가 있었다. 따라서 1989년 유엔에서는 '아동권리에 관한 국제 협약'을 선포하고 아동을 권리 주체로 인정하면서 법적 구속력을 가진 보다 포괄적인 아동권리에 관한 협약을 만들게 되었다.

'유엔아동권리협약(Convention on the Rights of the Child: CRC)'은 국제사회가 이 세상 모든 아이들을 위해, 그 아이들의 인권을 보호, 증진, 실현하기 위해 만든 약속이다. 유엔아동권리협약은 우리나라도 비준한 국제법이며, 우리나라 헌법 제6조에서는 헌법에 의하여 체결 · 공포된 조약과 일반적으로 승인된 국제법규는 국내법과 동일한 효과를 지님을 명시하고 있다. '유엔아동권리협약'에서 아동은 18세 미만의 모든 사람으로 정의되며, 아동은 부모의 소유나 미래를 준비하는 존재가 아닌 지금 현재 우리 사회를 구성하고 있는 존귀하고, 존엄한 존재이며, 권리의 주체자로 천명하고 있다. 그리고 아동을 폭력과 차별로 부터 자유롭게 하며, 그들의 참여를 촉진하고, 아동의 이익을 최우선으로 할 것을 명시하고 있다.

'유엔아동권리협약'은 각국이 아동복지를 위해 관련 법령 및 정책을 마련하고 적절한 서비스를 제공할 것을 규정하고 있다. 실제 이 협약을 계기로 아동권리가 보다 구체적이고 포괄적으로 보장되기 시작하였다. 또한 '유엔아동권리협약'은 아동들도 권리를 가진 주체로 인정한 유일한 협약이며, 국제협약 중 가장 많은 국가의 비준을 받은 협약(2019년 기준 비준국가 196개국)으로 우리나라는 1990년 9월에 협약에 서명하고 1991년 11월에 이 협약에 비준하여 협약 당사국이 되었다. 협약의 가입국은 매 5년마다 협약의 내용 이행에 관한 보고서를 제출해야 하는 의무를 가지고 있다.

'유엔아동권리협약'은 전문, 제3부 총 54개의 조문으로 구성되어 있으며, 비차별 원칙, 아동 최상의 이익 원칙, 생존 및 발달의 보장 원칙, 아동 의견존중 원칙의 4가지 기본 원칙하에 생존권, 보호권, 발달권 및 참여권의 4대 권리를 규정하고 있다.

〈표 1-3〉 아동권리협약의 원칙

기본원칙	내용
제2조 비차별 원칙	아동을 인종, 피부색, 성별, 언어, 종교, 정치적 의견, 민족적, 인종적 또는 사회적 출신, 재산, 무능력, 출생 또는 기타의 신분에 관계없이 어떠한 차별함 없이 존중하고 동등한 권리를 보장해야 한다.
제3조 아동 최상의 이익 원칙	공공 또는 민간 사회복지기관, 법원, 행정당국 및 입법기관은 아동에 관한 모든 활동에 있어 아동의 최상의 이익을 최우선적으로 고려해야 한다.
제6조 생존 및 발달 보장 원칙	모든 아동이 생명에 관한 고유의 권리를 가지고 있음을 인정하며, 가능한 한 최대한도로 아동의 생존과 발달을 보장해야 한다.
제12조 아동 의사존중과 참여 원칙	아동은 자신에게 영향을 미치는 모든 문제에 있어 자신의 견해를 표시할 권리가 보장되어야 하며, 아동의 연령과 성숙도에 따라 정당한 비중이 부여되어야 한다.

〈표 1-4〉 아동의 4대 권리

권리	내용
생존권	아동 생존에 필요한 모든 권리를 보장하는 것으로 아동이 적절한 생활수준을 누릴 권리, 안전한 주거지에서 살아갈 권리, 충분한 영양을 섭취하고 기본적인 보건서비스를 받을 권리 등, 기본적인 삶을 누리는 데 필요한 권리이다.
보호권	모든 형태의 학대와 방임, 차별, 폭력, 고문, 징집, 부당한 형사처벌, 과도한 노동, 약물과 성폭력 등 어린이에게 유해한 것으로부터 보호받을 권리를 말한다.
발달권	아동의 잠재능력을 최대한 발휘하는 데 필요한 권리로 교육받을 권리, 여가를 즐길 권리, 문화생활을 하고 정보를 얻을 권리, 생각과 양심과 종교의 자유를 누릴 권리를 말한다.
참여권	아동이 자신의 생활에 영향을 주는 일에 대하여 의견을 말할 수 있어야 하며, 그 의견을 말하고 존중받을 권리이다. 표현의 자유, 양심과 종교의 자유, 의견을 말할 권리, 평화로운 방법으로 모임을 자유롭게 열 수 있는 권리, 사생활을 보호받을 권리, 유익한 정보를 얻을 권리 등이 포함된다.

'유엔아동권리협약'은 과거의 어떠한 선언이나 헌장보다는 포괄적이며 구체적으로 아동의 권리를 보장하고 있으며, 아동권리보장을 위한 이행방법이 구체적으로 명시되어 있어 보다 적극적으로 아동권리를 보장한다는 점에서 그 의미가 크다. 또한 과거의 선언이나 헌장에 비해 법적 구속력을 갖는다는 점에서 당사국의 아동복지에 대한 적극적인 노력과 의지를 표명할 수 있다. 이를 통해 각국의 아동복지 제반 법률과 정책 및 서비스를 보완할 수 있는 이정표를 제시하고 있다. 우리나라는 '유엔아동권리협약'에서 규정하고 있는 아동의 권리 및 아동권리 원칙에 의거하여 아동권리보장을 위한 다양한 아동복지 서비스 및 정책을 입안하는 등 사회적, 제도적 여건 마련에 노력하고 있다.

2) 아동권리협약의 모니터링 제도

'유엔아동권리협약'의 모니터링은 협약의 이행과 국가들이 아동권리를 존중하고 보호하기 위해 취하는 조치들을 추적하고 검토하는 과정을 의미한다. 이를 위해 유엔아동권리위원회(Committee on the Rights of the Child)라는 독립적인 기구가 설립되었으며, 이 위원회는 협약 가입국들로부터 정기적으로 보고서를 받고 이를 검토하여 각 국가가 협약을 어떻게 이행하고 있는지 평가하고 있다. 유엔아동권리위원회는 가입국들에 대한 보고서 검토 외에도, 선택적 프로토콜(예: 아동 노동 및 아동 군사적 사용 금지 등)의 이행을 모니터링하고 국가들에 대한 권고와 조언을 제공하고 있다. 아동권리협약 모니터링은 국가들에게 그들이 어떻게 아동권리를 이행하고 있는지 점검하고 개선할 부분을 확인하는 기회를 제공하며, 국제사회에게 아동권리에 대한 이해를 높이고, 보호와 지원이 필요한 아동들을 돕기 위한 정책 개발과 실행을 촉진하고 있다.

UN아동권리협약

1조 아동의 정의	17조 정보 접근하기
2조 차별하지 않기	18조 부모의 책임
3조 아동의 이익을 최우선으로	19조 폭력으로부터 보호
4조 일상에서 누리는 권리	20조 가족이 없는 아동
5조 가족의 역할가족의 역할	21조 입양아동
6조 생존과 발달	22조 난민아동
7조 이름과 국적	23조 장애아동
8조 신분 보호	24조 영양과 건강, 환경
9조 가족은 늘 함께	25조 시설 아동 실태 조사
10조 다른 나라에 사는 부모님 만나기	26조 사회 경제적 지원사회 지원
11조 납치로부터 보호	27조 음식, 옷, 안전한 집
12조 아동의 의견 존중	28조 교육
13조 표현의 자유	29조 교육의 목적
14조 생각과 종교의 자유	30조 소수 문화, 언어와 종교
15조 모임 만들고 참여하기	31조 여가, 놀이, 문화, 예술
16조 사생활 보호	32조 위험한 노동으로부터 보호

33조 해로운 약물로부터 보호	37조 구금된 아동 보호
34조 성착취로부터 보호	38조 전쟁 상황에서 아동 보호
31조 여가, 놀이, 문화, 예술	39조 회복과 사회복귀
32조 위험한 노동으로부터 보호	40조 법을 어긴 아동
33조 해로운 약물로부터 보호	41조 아동을 위한 최선의 법
34조 성 착취로부터 보호	42조 아동권리 알리기
35조 인신매매와 유괴 예방	43-54조 협약의 이행
36조 모든 착취로부터 보호	

4 아동복지의 과제

아동복지의 발전을 위해 나가야 할 방향을 제시하면 다음과 같다.

1) 아동문제에 대한 예방적, 보편적 아동복지서비스 강화

아동복지란 아동의 행복한 삶을 보장하기 위한 실천적, 제도적 총체적 노력으로 국가 및 사회, 부모, 아동 모두의 참여와 노력이 필요하다. 아동복지는 미래 인력으로서의 아동이 건강하게 성장, 발달할 수 있도록 지원하며, 사회적 문제를 예방하기 위한 다각적 노력이 필요하다. 이러한 과정에서 아동복지는 사후, 선별적 대처가 아닌 사전 예방적이고 모든 아동에게 적용될 수 있는 다양한 지원이 이루어져야 한다. 이에 1981년 아동복지법의 개정을 통해 모든 아동의 복지 증진을 위한 노력이 지속적으로 이어져 왔다. 그러나 가족의 빈곤, 학대, 미혼모 발생들의 가족 기능의 약화로 인한 보호대상 아동이 꾸준히 증가하고 있는 사회적 상황을 반영한다면 가족의 아동보호 기능을 강화하기 위한 사회적, 경제적 측면에서의 보편적이고 예방적인 아동복지서비스를 적극적으로 추진해야 한다.

2) 아동권리에 입각한 아동복지서비스 강화

아동복지는 아동이 한 독립된 인간으로서 인간다운 생활을 영위할 권리가 있으며 사회와 국가는 이러한 권리를 보장해 주어야 할 의무가 있다는 데서 출발한다. 무엇보다도 사회구성원들이 이념적으로 아동의 권리를 인정하는 것이 아동복지를 이루기 위한 필수조건이 된다. 그러나 우리 사회에서 아동은 독립된 인격체로, 권리의 주체로 인정되기보다는 성인에 비해서 열등하여 보호받아야 할 존재이거나 또는 부모가 원하면 어떻게든 할 수 있는 존재로서 인식되는 경향이 강하다. 아동의 건전한 성장과 발달을 위해서 보장되어야 하는 권리는 매우 광범위한 영역에 걸쳐 있으며, 이 권리들은 가정을 포함하여 아동이 일상적으로 생활하는 환경뿐만 아니라 아동에게 영향을 미치는 사회의 여러 체계에서 구체적으로 실현되어야만 하는 것이다. 따라서 모든 사회 성원들이 아동권리에 소중함을 알고, 우리 사회의 아동권리 침해의 실태와 문제점을 인식하며, 아동의 권리를 옹호할 수 있도록 교육하고 계몽하는 것이 필요하다.

3) 지역사회의 역할 강화

'한 아동을 키우는 데는 한 마을이 필요하다'는 아프리카 속담이 있다. 이는 아동이 생활하는 밀접한 환경으로써의 지역사회는 아동의 복지 향상에 중요한 역할을 담당해야 한다는 의미로, 아동문제 발생 시 지역사회의 적극적인 관여가 필요하다. 아동학대의 발생, 보호대상 아동의 발생, 아동돌봄 등 아동문제 발생 시 지역사회 아동관련 전문가 및 지역사회 주민의 협조체계를 통해 아동문제에 적극적 개입이 이루어져야 한다. 따라서 아동 및 아동복지에 대한 지역사회 중심의 참여는 아동복지 증진에 있어 매우 중요한 요인으로 작용될 것이다.

4) 재원의 확보

아동의 권리와 복지를 강화하는 법적 장치가 마련되고 전문적인 서비스를 제공할 수 있는 규정이 있다 하더라도 이를 실행에 옮길 수 있는 인력과 시설을 위한 예산의 배당이 없이는 그 의미를 찾을 수 없다. 유엔아동권리위원회에 의하면 우리나라 정부예산에서 아동에게 할당된 예산이나 지출수준은 우리나라와 비슷한 경제발전 수준에 있는 다른 나라에 비해 적다고 지적하였다. 아동복지재원의 마련을 위하여 정부나 민간단체는 다각적인 노력을 기울여야 할 것이다.

한국 아동 · 청소년 87% "행복하지 않다"

우리나라 아동 · 청소년 상당수는 수면과 공부 등에 너무 적거나 많은 시간을 쓰는 탓에 행복하지 못한 일상을 사는 것으로 나타났다.

4일 초록우산어린이재단에 따르면 지난해 11월 22일부터 12월 29일까지 초등학교 5학년~고등학교 2학년 2231명을 대상으로 한 '2023 아동행복지수' 조사에서 86.9%인 1,940명의 행복지수가 '하(下)'로 집계됐다. 행복지수 '하'에 속하는 비율은 1년 전보다 2.5%포인트 증가했다.

아동행복지수는 수면 · 공부 · 미디어 · 운동 등 4가지 생활영역으로 아동의 하루를 분석하고 권장시간과 비교해 일상 균형 정도를 산출한 것이다.

올해 아동행복지수는 4점 만점에 1.66점으로 2021년(1.68점), 2022년(1.70점)과 비슷했다. 다만 수면 시간이 짧거나 공부 시간이 과다한 아동 · 청소년의 비율은 최근 3년 내내 증가했다.

(중략)

2021년과 비교하면 수면 시간이 부족한 아동 · 청소년이 10.4%포인트, 적정 기준보다 공부 시간이 많은 경우는 14.5% 포인트 늘었다.

운동 시간이 부족한 비율은 2021년 92.7%에서 2022년 87.5%로 하락했다가 올해 90.1%로 반등했다. 미디어 사용 시간이 과다한 경우는 2021년 53.8%에서 올해 38.7%로 감소했다. 같은 조사에서 우울 · 불안과 충동적 자살 생각, 보호자의 방임 · 정서학대는 꾸준히 증가하고 자아존중감은 하락한 것으로 나타났다. 특히 충동적으로 극단적 선택을 생각한 적이 있다는 응답은 2021년 4.4%, 2022년 7.7%에서 올해 10.2%로 꾸준히 늘었다.

행복지수가 낮은 아이들은 '늦은 수면', '집콕', '저녁 혼밥', '온라인 여가활동' 등이 특징이었다고 분석했다. 재단은 "아동 수면권과 휴식권을 보장하고 아이들이 밤늦게까지 공부하지 않고 가족과 저녁 식사를 하도록 하는 노력이 필요하다"며 "실외 활동 장려, 게임과 온라인 도박 중독 대책 마련, 대면 교제 공간 등을 확보해야"한다고 강조했다.

출처: 서울경제(2023. 05. 04.). https://www.sedaily.com/NewsView/29PG63EACM에서 2023년 8월 24일 인출.

유엔아동권리협약이 강조하는 '아동 참여권' 국민 절반은 몰라

유엔아동권리협약이 강조하는 아동의 주요 권리 중 하나인 참여권에 대해 우리 국민 절반은 제대로 알지 못해 인식개선과 교육, 참여 활동을 마련할 필요가 있다는 목소리가 나왔다.

국제아동권리 비정부기구(NGO) 세이브더칠드런은 지난달 아동 · 청소년 900명과 20세 이상 성인 1천명을 대상으로 실시한 '아동 참여권 인식 조사' 결과를 31일 발표했다.

(중략)

아동 참여권의 중요도에 관한 질문에는 아동 · 청소년의 97.1%, 성인의 90%가 중요하다고 답했다. 아동 참여권이 잘 지켜지고 있는지에 대한 질문에는 각각 46%, 24.9%가 긍정적으로 응답했다. 세이브더칠드런은 "우리 사회의 아동 참여권 시행 수준은 아동 참여권의 중요도에 훨씬 못 미치고 있다"고 지적했다.

응답자들은 아동 참여권이 잘 지켜지지 않는 이유에 대해 아동이 미숙하다는 성인의 편견, 아동이 참여할 기회 부족, 아동 참여권이 중요하다는 사회적 인식 부족, 아동 참여권에 대해 알 수 있는 교육 부족 등을 꼽았다. 또 아동 참여권 보장을 위해서는 아동을 둘러싼 사회 구성원이 아동 참여권을 바로 알아야 한다고 답했다. 아동의 목소리를 존중할 수 있도록 인식개선 및 교육, 참여 활동이 마련돼야 한다는 의견도 모였다. 세이브더칠드런은 '아동참여 표준 가이드라인'을 발표하고, 아동 참여권 이해 교육을 하고 있다. 아동권리 보호와 아동 참여에 대한 사회적 인식을 넓히는 대학생 아동권리 서포터즈 '영세이버'도 운영 중이다.

정태영 세이브더칠드런 총장은 "아동은 성인과 마찬가지로 자신의 권리를 가지며 권리를 행사하는 주체적인 존재"라며 "아동이 사회구성원으로서 목소리를 낼 수 있도록 어른들의 인식이 바뀌고, 가정과 학교, 사회 전반에서 아동의 목소리에 귀를 기울여야 한다"고 말했다.

출처: 연합뉴스(2023. 05. 31). https://www.yna.co.kr/view/AKR20230531049200371에서 2023년 10월 10일 인출.

Q·u·i·z /퀴즈/

1. 아동복지법상 아동은 (   )이라 규정하고 있다.

2. 아동복지 대상 중 아동이 조화롭고 건강하게 성장하는 데 필요한 기초적인 조건이 갖추어지지 아니하여 사회적, 경제적, 정서적 지원이 필요한 아동은?

   ① 보호대상아동 ② 지원대상아동 ③ 학대아동 ④ 일반아동

3. 유엔아동권리협약이 명시한 아동의 4대권리가 아닌 것은?

   ① 생존권 ② 보호권 ③ 발달권 ④ 자유권

4. 아동복지의 원칙 중 아동복지서비스는 모든 아동의 복지증진을 위해 아동의 조건과 관계없이 제공되는 서비스 원칙을 (   ) 원칙이라 한다.

Think·about·it /생각나누기/

1. 아동이 행복하기 위한 조건에 대해 생각해 봅시다.

2. 아동들에게 권리보장이 왜 중요한 것인지 생각해 봅시다.

3. 아동의 권리보장을 위한 우리의 노력은 무엇인가 고민해 봅시다.

/CHAPTER/ 02

아동복지 발달사

CHILD WELFARE

학/습/목/표
1. 아동관의 변화에 대해 설명할 수 있다.
2. 우리나라의 아동복지 발달사를 이해할 수 있다.
3. 외국의 아동복지 발달사를 이해할 수 있다.

1 아동관의 변화

1) 고대사회(기원 후 4세기까지)

고대사회에서는 아동 개개인의 권리나 가치는 아동이 속한 부족의 소유물로 간주되었으며, 개별 아동의 생명은 종족 보존의 수단으로 간주하였다. 아동에게 특별한 관심을 기울이지 않았으며, 아동은 대를 잇는 수단이나 경제적 가치로 인식하였다. 이 시기에는 가문이나 부족의 번영을 위하여 자녀를 많이 낳았으며, 아동을 신에게 제물로 바치거나 노예로 삼기도 하였다. 또한 기형아, 불구아, 허약아 등은 유기되거나 살해당하고, 아동 매매 등이 빈번하게 발생하였다. 로마에서는 영아 살해나 영아 유기가 성행하였으며, 아이를 살리거나 죽이는 것은 가장의 재량으로 인식되었다. 고대사회의 아동은 하나의 독립된 인격체가 아닌 성의 도움이 필요한 무력하고 귀찮은 존재로 간주하였다. 따라서 이 시기에는 아동복지에 대한 인식이 거의 없었고 실천 또한 이루어지지 않았다.

2) 중세사회(4세기~16세기)

중세사회는 엄격한 신분과 계급이 존재하는 봉건사회로서 인간은 종교적 입장에서 원죄를 갖고 태어나기 때문에 어려서부터 엄격한 체벌을 통하여 개조해야 한다고 생각하였다. 이 시기에는 종교사상의 영향이 지배적이었으며, "매를 아끼면 자식을 망친다"는 격언을 통해 알 수 있듯이 자녀양육에 있어 매우 엄격하였다. 또한 이 시기는 엄격한 신분제 사회로, 신분 계급이 낮은 하류 계층의 아동은 경제적, 군사적인 노동력 착취의 대상으로 간주하여 혹독한 노동에 시달리기도 하였고, 상류층 자녀는 부모가 아닌 제3자에 의해 양육되는 것이 일반적이었다.

중세사회에서의 아동은 성인의 축소판으로 바라봤으며, 아동들은 성인에 비해 능력이나 역할 등에서 다르지 않고 다만 신체적 크기에서만 다르다고 생각하여 성인과 같은 옷을 입고, 성인과 같은 노동을 하도록 하였다. 이러한 인식으로 아동은 미성숙한 성인, 어른보다 작고, 약하고 무능한 존재로 간주되었다.

3) 근대사회

아동의 특성에 대한 변화된 생각은 17세기에 이르러 철학적 관심으로 나타나기 시작되었으며, 17세기 경험주의 철학자 로크(Locke)는 아동을 백지상태로 개념화하였다. 아동은 기본적으로 약하지 않으며, 백지와 같은 상태에서 태어나 학습이나 경험 등 환경의 영향에 따라 서로 다른 인간으로 자라난다는 환경론적 견해를 강조하였다.

또한 18세기 루소(Rousseau)는 아동을 자연 또는 자연의 일부로 보는 자연주의 아동관을 주장하였고, 아동들은 옳고 그름의 감각이 자연적으로 길러지고 선천적으로 타고난 순서에 따라 성장, 발달한다고 주장하면서 사회적 환경의 영향은 중요하게 생각하지 않았다. 19세기 프뢰벨(Froebel)은 아동은 성인과 다르며 독자적인 심리적 세계를 가지고 있다는 근대적 아동관 확립, 유아를 위한 교육과정을 개발하여 아동교육 발달에 중요한 영향을 미쳤다.

근대사회에서는 아동을 있는 그대로 인식하고 그들의 독자적인 세계를 인정하면서 아동의 발달단계를 고려한 교육 및 개입의 중요성을 강조하기 시작하였다.

4) 현대사회

엘렌 키(Ellen Key, 1990)는 20세기를 '아동의 세기'라고 칭하면서, 아동은 튼튼하게 태어나고 건강하게 양육되어야 하는 권리를 가진 존재로 인식되어야 함을 강조하였다. 따라서 아동은 성인과는 다르며, 고유한 특성을 가진 독립된 인격체로 인간의 존엄성과 타고난 잠재 가능성을 가진 존재로 간주되었다.

현대적 의미의 아동관을 확립하는 데 여러 요인이 작용하였다. 아동에 관한 많은 학자들의 연구들이 축적되면서 아동기의 중요성이 강조되었는데, 행동주의학자인 왓슨(Watson)은 객관적인 실험과 관찰을 통하여 인간의 행동과 사고가 자극에 대한 반응으로부터 비롯된다고 믿었으며, 아동은 양육경험이나 학습에 의해 좌우된다고 주장하였다. 또한 피아제(Paiget)는 아동의 인지발달단계를 연구하여 아동의 사고는 성인과 다르다는 점을 강조하였다. 프로이드(Freud)는 아동의 초기경험의 중요성을 역설하였고, 무의식적 충동이나 욕구충족의 결여는 유아기에 형성되는 성격발달에 중요한 결함 초래한다는 점을 강조하면서 아동기 발달에 있어 양육 환경 및 사회 환경의 중요성이 인식되었다.

또한 제1, 2차 세계대전을 거치면서 국민의 복지에 대한 국가책임을 강조하면서 각종 사회복지제도가 확립되기 시작한 점도 아동관 확립에 영향을 미쳤으며, 아동보호와 교육에 대한 사회적 관심이 증진된 점도 현대사회에서 아동에 대한 새로운 인식을 하는 데 영향을 미쳤다.

현대적 의미의 아동관은 다음과 같다.

- 발달하는 존재로서의 아동
- 가능성의 존재로서의 아동
- 독립된 인격체로서 권리의 주체인 아동
- 독자적 존재로서의 아동
- 전인으로서의 아동

이와 아울러 아동복지와 관련된 단체의 출현과 아동권리에 관한 국제사회의 관심과 노력으로 인해 이전과 다른 새로운 아동관을 형성하는 계기를 마련하였다. 1924년 아동권리에 관한 제네바 선언을 시작으로 1959년 아동권리선언, 1989년 아동권리에 관한 국제협약에 이르기까지 아동을 권리의 주체로 인정하고 존중하기 위한 전 세계적인 노력이 이루어졌다.

5) 우리나라 아동관의 변화

우리나라의 현대적 의미의 아동관은 동학에 뿌리를 둔 천도교의 인내천(人乃天)사상을 이어받은 소파 방정환을 중심으로 1920년대 초 소년운동을 통해 아동권리를 옹호하기 위한 노력이 전개되었다. 이 시기에는 성인 중심의 전통사회로 아동을 성인의 소유물, 미성숙하고 부족한 존재로 인식되었던 것에 반해 아

▲ 소파 방정환(1899~1931년)

동의 성장하는 힘을 중요시하였다는 점에서 그 의미가 있다. 소파 방정환의 아동중심사상에서는 아동을 '어린이'라고 칭하며, 어린이를 '무한한 가능성을 지닌 존재, 부모의 소유가 아닌 존재, 존중되어야 하는 존재'로 인정하였다.

또한 1923년 5월 1일을 제1회 어린이날로 지정하고, 아동의 인권을 보호하기 위한 아동권리공약 3장을 발표하였다. 그 내용은 다음과 같다.

아동권리공약 3장

(1923년 5월 1일 소년운동선언 중)

- 어린이를 재래의 윤리적 압박으로부터 해방하여 그들에 대한 완전한 인격적 예우를 허하라.
- 어린이를 재래의 경제적 압박으로부터 해방하여 만 14세 이하의 어린이에 대해 무상 또는 유상의 노동을 폐하라.
- 어린이들에게 놀 권리를 허하라.

이후 1957년 대한민국 어린이 헌장을 제정(1988년 개정)하면서 아동이 누려야 할 기본적 인권 존중에 대해 보다 구체적으로 명시하였다. 대한민국 어린이 헌장을 통해 5월 5일을 어린이날로 제정하고, 어린이날의 참뜻을 바탕으로 어린이가 차별 없이 인간으로서 존엄성을 존중받고, 앞날을 이어 나갈 존재로서 존중되고, 바르고 씩씩하게 자라도록 함을 강조하였다.

1991년 유엔아동권리협약에 비준 이후에도 아동권리에 대한 인식이 향상되지 못하였고, 우리나라 아동들의 삶의 만족도가 OECD 국가들과 비교해 볼 때 최하위인 것으로 나타났다. 이러한 상황 속에서 2016년 보건복지부에서는 아동권리헌장을 제정하면서 아동권리에 대한 인식을 높이고, 아동들 스스로도 자신들의 권리를 인식하고 지킬 수 있게 만드는 계기가 되었다.

아동권리헌장

모든 아동은 독립된 인격체로 존중받고 차별받지 않아야 한다. 또한 생명을 존중받고 보호받으며 발달하고 참여할 수 있는 고유한 권리가 있다. 부모와 사회, 국가와 지방자치단체는 아동의 이익을 최우선적으로 고려해야 하며, 다음과 같은 아동의 권리를 확인하고 실현할 책임이 있다.

1. 아동은 생명을 존중받아야 하며 부모와 가족의 보살핌을 받을 권리가 있다.
2. 아동은 모든 형태의 학대와 방임, 폭력과 착취로부터 보호받을 권리가 있다.
3. 아동은 출신, 성별, 언어, 인종, 종교, 사회 · 경제적 배경, 학력, 연령, 장애 등의 이유로 차별받지 않을 권리가 있다.
4. 아동은 개인적인 생활이 부당하게 공개되지 않고 보호받을 권리가 있다.
5. 아동은 신체적 · 정신적 · 사회적으로 건강하게 성장하고 발달하는 데 필요한 기본적인 영양, 주거, 의료 등을 지원받을 권리가 있다.
6. 아동은 자신이 살아가는 데 필요한 지식과 정보를 알 권리가 있다.
7. 아동은 자유롭게 상상하고 도전하며 창의적으로 활동하고 자신의 능력과 소질에 따라 교육받을 권리가 있다.
8. 아동은 휴식과 여가를 누리며 다양한 놀이와 오락, 문화 · 예술 활동에 자유롭고 즐겁게 참여할 권리가 있다.
9. 아동은 자신의 생각이나 느낌 등을 자유롭게 표현할 수 있으며, 자신에게 영향을 주는 감정에 대해 의견을 말하고 이를 존중받을 권리가 있다.

2 우리나라 아동복지 발달사

1) 삼국시대~고려시대

삼국시대의 아동보호는 고아나 기아를 중심으로 제한적 방식으로 이루어졌다. 삼국시대에는 친족부양을 우선시하여 요보호아동의 문제를 가급적 가족 내에서 해결하도록 하였으며, 국가는 자연재해와 같은 위기 상황에서 일시적으로 고아들을 대상으로 구제를 실시했다. 민간차원에서는 고아를 노비나 양자로 양육되도록 장려하였다.

『삼국사기』에 의하면 신라 제3대 유리왕 때 관에서 고아의 무료 급식과 양육을 담당하도록 하였으며, 백제 온조왕 33년, 고구려 태조왕 56년에는 아동을 포함하여 재해를 당한 사람들에게 관곡을 배급하였다고 기록되어 있다.

고려시대에는 불교의 자비사상에 입각하여 사찰을 중심으로 고아, 기아, 빈곤아동을 보호하였다. 특히, 전쟁과 흉년으로 발생한 고아나 걸식아동을 승려나 사역승으로 양성하거나 민가에서 양자나 노비로 삼는 민가수양도 이루어졌다. 고려 성종 10년에는 부모나 친족이 없는 아동은 관에서 양곡을 주어 구호하는 최초의 시설 구제가 이루어졌으며, 왕명으로 10세까지 수용하여 양육하도록 하였고, 10세 이후에는 본인의 희망에 따라 거주하도록 하는 우리나라 최초의 시설구제 제도가 실시되었다. 또한, 충목왕 때에는 관립 영아원인 '해아도감(孩兒都監)'을 설치하여 영유아들을 보호하고 양육하기도 하였다.

2) 조선시대

조선시대는 고려시대보다는 진일보되어 고아와 기아 및 빈곤아동에 대한 법령을 제정하여 보호하기 시작하였다. 특히, 유기된 아동을 대상으로 관의 허가를 받아 민가수양을 실시했으며, 헌종 2년(1661년) 기아에 대해 관에 허가를 받아 민간수양이 가능해졌다. 또한 숙종 22년(1696년)에는 '수양임시사목(收養臨時事目)'을 제정함으로써 흉년에 일시적인 보호를 시작하였다. '수양임시사목(收養臨時事目)'에서는 수양을 원하는 사람이 있을 경우 부모나 보호자가 없는 아동을 대상으로 양육이 가능하도록 하였다. 1783년 정조왕 때에는 대표적인 아동복지법령인 '자휼전칙(字恤典則)'을 마련하면서 유기아 및 부랑, 결식아동에 대한 국가책임을 강조하였다.

자휼전칙의 주요 내용

- 나이 및 구제 기간을 행걸아는 4~6세, 7~10세로 나누고, 유기아는 3세 미만의 아동으로 자력을 생존이 불가한 아동으로 구분
- 행걸아 구제에 있어 친족 책임의 원칙
- 행걸아 구제방법은 민가수양과 류양이 있음
- 유기아 발견 및 보고 체계 마련
- 젖어미제 도입
- 행걸아, 유기아 입양제도 마련
- 서비스 절차와 사후감독 체계 마련
- 의복과 의료구제
- 지방에서의 절차와 재정

조선시대 '수양임시사목(收養臨時事目)'이나 '자휼전칙(字恤典則)'은 입양과 관련된 법령으로 모든 유기 또는 부랑 아동의 생명을 보호하기 위하여 국가에서 수용하여 보호하거나 민가에서 수양하여 양자녀나 노비로 삼는 것을 허가하는 제도로, 국가

는 고아와 기아 및 빈곤 아동의 보호를 수양제도로 개입하였으며, 민간차원에서도 이를 장려하였다.

3) 근대사회의 아동복지(조선말~일제시대)

근대사회는 우리나라의 아동복지 발전에 외국 선교사들의 기여도가 큰 시기이다. 이 시기에 천주교 및 기독교 성직자들에 의해 고아원이 설립되면서, 버려진 아동들을 돌보는 사업이 시설을 통해 진행되었다. 특히, 고종 25년(1883년) 프랑스 신부에 의해 명동 천주교 교회 내 최초의 고아원이 설립되었고, 1855년 프랑스 선교사인 메스트로(Maistre) 신부는 영해회를 조직하여 고아원 사업을 실시하였다. 광무 10년(1906년)에는 이필화가 경성고아원을 설립하는 등 고아들을 위한 아동복지 사업이 활발히 이루어졌다.

한일합방 이후 1901년 조선총독부 산하 재생원이 설립되면서 빈곤아동과 맹아교육이 시작되었다. 1921년에는 태화사회관이 설립되면서 영유아들을 대상으로 탁아사업, 급식 및 보건위생사업을 실시하였으며, 이는 우리나라 보육사업의 시초라 할 수 있다. 이 시기에는 공적 차원의 구호활동보다는 아동의 권리향상을 위한 민간차원의 운동이 활발히 전개되었다. 특히, 천도교 교인들을 중심으로 아동보호운동, 민족독립운동이 이루어졌는데, 방정환을 중심으로 색동회를 창설하면서 아동을 '어린이'라고 지칭하며 어린이날을 제정하는 등 아동문학을 중심으로 아동의 권리향상을 위한 노력이 활발히 이루어졌다.

1944년에는 조선구호령이 제정되었으며, 생활이 빈곤한 임산부, 13세 이하의 아동, 65세 이상의 노쇠자, 불구 · 폐질 · 질병 · 상병 기타 정신 또는 신체장애로 일할 수 없는 자를 대상으로 생활부조, 의료, 조산, 생업 부조의 거택구호를 실시하였다. 조선구호령의 재정은 매우 제한적이며 초보적인 수준의 구빈사업에 머물렀으며, 조선주민을 효과적으로 지배하기 위한 통치 수단으로써의 측면이 강했다.

4) 현대사회의 아동복지

(1) 아동구호시대(해방 이후~1960년)

해방 이후 1960년까지의 아동복지는 응급 구호적 성격이 강하였으며, 한국전쟁을 전후하여 요보호아동을 위한 복지는 시설수용보호를 중심으로 이루어졌다. 특히, 한국전쟁으로 수많은 고아, 미아 등의 요보호아동 및 가정이 급증하면서 외국의 원조단체들이 한국으로 들어와 긴급구호활동을 펼쳤으며, 외국원조단체들의 활동은 이후 외국민간원조단체한국연합회(Korea Association of Valuntary Agencies: KAVA)를 설립하면서 우리나라 아동복지발달에 많은 기여를 하였다. 그중 대표적인 단체인 기독교아동복리회(C.C.F., 이후 한국어린이재단, 한국복지재단으로 명칭이 변경되었고, 현 초록우산어린이재단), 선명회세계본부(월드비전으로 명칭 변경됨)는 1950년대 외원민간원조단체로 아동복지사업을 전개하였으며, 1970년대 외국의 원조가 철수된 이후에도 우리나라의 아동복지기관으로 자리매김하면서 아동복지 발전에 기틀을 제공하였다.

또한 한국전쟁으로 인하여 외국인과의 사이에서 태어난 혼혈 아동 문제가 대두되면서, 1954년 혼혈 아동의 해외 입양을 위해 정부에서 한국 최초의 입양기관인 한국아동양호회(현 대한사회복지회)를 설립하였다. 특히, 혼혈 아동의 입양은 미국의 해리홀트(Harry Holt)가 한국아동양호회의 도움으로 8명의 아동을 입양한 뒤 홀트해외양자회를 설립하면서 해외 입양사업이 본격적으로 시작되었다.

1950~1960년대까지의 아동복지는 국가책임의 원칙이나 전문화된 서비스 제공이 어려웠고, 민간과 해외 원조에 의존된 서비스가 주로 제공되었으며, 주로 고아, 미아, 빈곤계층의 아동들을 대상으로 사회구호적인 형태로 운영되었다. 1960년대까

지 아동복지시설의 수와 수용 아동의 인구가 급속도로 증가하였으나, 수용시설의 질은 열악한 상태였다.

출처: 초록우산어린이재단 홈페이지.

(2) 선별주의적 복지단계(1961년~1980년)

1961년「아동복리법」제정 이후부터 1980년까지는 요보호대상 아동을 중심으로 선별주의 원칙에 입각한 잔여적 형태의 아동복지 서비스가 운영이 되었으며, 아동복리법을 제정을 계기로 정부차원에서 복지정책을 수립하고 여러 가지 복지사업을 제도화시켜 아동복지의 기틀을 마련하였다. 1961년 아동복리법 제정을 시작으로 같은 해에「고아입양특례법」,「생활보호법」,「미성년자 보호법」, 1973년「모자보건법」, 1976년「입양특례법」등을 제정하였다. 이러한 법령의 제정은 요보호 아동문제에 대한 국가 책임을 강조하는 것이라 할 수 있으며, 그로 인해 아동복지 관련 업무가 다양해지기 시작하였다.

특히, 1961년 제정된「아동복리법」은 '아동이 그 보호자로부터 유실, 유기 또는 이탈되었을 경우, 그 보호자가 아동을 육성하기에 부적당하거나 양육할 수 없는 경우,

아동의 건전한 출생을 기할 수 없는 경우 또는 기타의 경우에 아동이 건전하고 행복하게 육성되도록 그 복리를 보장함을 목적'으로 삼고, 보호대상 아동의 연령을 이전의 조선구호령의 연령제한인 13세 이하에서 18세 미만으로 높였다.

1960년대에는 아동복지시설의 수가 증가하면서 가정과 지역사회 중심의 아동복지서비스 보다는 시설을 중심으로 하는 아동복지가 실시되었다. 이 당시 전국의 영육아원(부랑 아동, 장애 아동 시설 제외) 수는 지속적으로 증가하여, 1964년 당시 500개가 넘는 시설에서 6만 명 이상의 아동들이 보호되었다.

그러나 1960년대까지는 외국민간원조단체가 한국 아동복지시설 운영 재정의 50%를 차지하였으나 1970년대에 들어서 외국민간원조단체가 철수하면서 시설의 재정지원이 중단되고 아동시설과 시설 수용 아동의 수가 감소하는 추세를 보여기 시작하였다. 외국민간원조단체의 지원이 감소되면서 아동복지에 대한 국가 개입의 필요성이 제기되면서 「사회복지사업법」 제정을 통해 수많은 시설 운영에 관한 지원 방안을 마련하게 되었다. 또한 1970년대까지 아동입양사업이 확대되었으나, 국내입양보다는 국외입양이 주를 이루고 있었다. 이렇듯 1970년대까지의 아동복지는 모든 아동을 대상으로 실시되지 못하고 보호를 필요로 하는 아동들을 중심으로 선별적, 잔여적으로 이루졌다.

(3) 보편주의적 아동복지 단계(1981~1999년)

한국전쟁 이후 고아, 빈곤아동 등 요보호아동을 구제하기 위한 목적으로 1961년 제정된 「아동복리법」은 1981년 아동복지 대상을 요보호아동에 국한시키지 않고 모든 아동으로 규정하고 아동복지의 보편주의를 표방하면서 「아동복지법」으로 개정되었다. 특히, 「아동복지법」의 개정을 통해 보편주의에 입각한 아동복지서비스의 전문화와 다양화를 위한 노력이 이루어졌으며, 가정위탁 및 결연사업의 확대는 지금까지 수용시설 위주의 아동보호로부터 아동복지 서비스의 다양화를 추구하게 된 계기라 할 수 있다. 이를 통해 아동복지의 주류를 형성하였던 시설수용 보호사업의 중요성보다는 가정과 지역사회 중심의 보육서비스, 국내입양, 가정위탁, 재가복지 서비스의 중요성이 강조되기 시작하였다.

1990년대 이후 여성의 사회진출의 증가와 저출산 경향이 심화되면서 저출산을 극복하고 일과 자녀양육을 병행할 수 있도록 아동양육을 지원하는 것이 국가적 과제로 대두되어 국가적 차원의 개입과 재정지원의 필요성이 증대되고 있다. 이에 1991년 제정된「영유아보육법」의 제정은 탁아와 관련된 내용을 아동복지법에서 분리시켰으며, 6세 미만 아동의 보육 문제에 대한 국가의 책임을 강조하였다.「영유아보육법」을 통해 아동복지 정책이 보호대상아동과 사후대책 중심에서 모든 아동과 예방중심으로 변화되는 계기를 마련하였다. 또한 1989년 유엔아동권리협약이 체결되고 1991년 우리나라가 국회의 비준을 통해 협약국이 됨으로써 아동복지는 모든 아동의 권리를 보장하는 방향으로 나갈 수 있는 기초를 마련하게 되었다. 1997년 IMF 경제 위기로 인해 부모의 실직과 경제적 어려움으로 많은 가정이 해체되었고, 보호를 필요로 하는 아동의 수가 급증하게 되었고 결식아동 지원 및 빈곤가정에 대한 학자금지원 및 방과후교실 운영 등의 사업이 이루어졌다.

이 시기의 아동복지는 이전의 선별적인 성격의 복지제도에서 보편적이며, 국가책임을 강조하는 내용의 아동복지로 변화되었고 아동권리보장이 아동복지의 중요한 정책 방향으로 제시되었다는 점에서 그 의의를 찾을 수 있다.

(4) 권리지향적 아동복지단계(2000~현재)

2000년「아동복지법」전면개정 이후 현재까지는 아동학대나 안전과 같은 전반적인 아동의 권리가 중요한 사회적 이슈로 등장하면서 모든 아동에 대한 보편적인 서비스를 강조함과 아울러 아동에 대한 가족의 책임에서 국가의 책임으로 확대되었다. 1997년 말 IMF의 경제위기로 실업, 가정해체 등으로 인한 아동학대가 증가하면서 아동의 권리와 아동학대가 사회문제로 대두되었다. 이에 2000년 「아동복지법」 개정을 통해 아동학대에 대한 보호 및 아동안전에 대한 제도적 지원을 공고히 하게 되었다. 구체적으로 아동학대 신고를 의무화하고 24시간 긴급전화 설치 및 아동보호전문기관을 지정하여 아동학대의 접수와 개입을 위한 체계를 마련하게 되었다.

2004년에 「아동복지법」의 일부를 개정하면서 지역아동센터를 법정시설로 규정하면서 그동안 방임되었던 저소득가정의 아동을 지역사회 내에서 보호할 수 있는 계기가 마련되었다. 지역아동센터는 현재 아동복지시설 중 그 수가 가장 많은 것으로 지역사회를 중심으로 촘촘하게 아동복지사업을 전개하고 있다는 점에서 그 의의가 있다.

저소득가정 아동들의 건강한 성장을 지원하기 위한 노력의 일환으로 2007년에는 그동안 민간에서 실시되어 왔던 빈곤가정 아동지원프로그램인 위스타트(We-Start)사업을 벤치마킹하여 국가주도의 빈곤가정 아동의 전반적인 발달을 지원하기 위한 통합서비스인 드림스타트(Dream Start)사업을 실시하면서 취약아동의 권리 증진을 위한 노력이 전개되었다. 또한 2007년 아동에 대한 투자적 개념이 강조되면서 보호대상 및 지원대상 아동들의 자산형성을 지원하기 위한 디딤씨앗통장이 실시되었다.

2000년 이후 결혼이민자가정의 증가는 우리나라가 다문화사회로 진입하게 되는 계기를 마련하게 되었다. 이후 결혼이민자 가정뿐 아니라 외국인 근로자 가정 및 북한이탈주민의 증가 등 다문화 가정이 증가하면서 우리나라는 그 이전에 경험하지 못한 또 다른 사회적 문제가 발생되었다. 다문화가정 및 아동의 우리나라 사회에의 적응, 그들에 대한 편견 및 차별 등 다문화가정 및 아동의 문제를 해결하고 사회적 통합을 위한 정책의 일환으로 2008년 「다문화가족지원법」이 제정되었다.

2014년 발생된 아동학대 사건을 계기로 기존의 아동복지법의 아동학대 규정에 대한 변화가 필요했으며, 2014년 「아동학대범죄의 처벌 등에 관한 특례법(아동학대처벌법)」을 제정하면서 처음으로 아동학대범죄라는 용어를 사용하였고, 아동학대 예방 및 피해아동 조기 발견, 보호 종합대책 수립, 학대 아동 점검, 지역사회 감시 강화, 신고의무자 신고 강화, 유관 기관과의 협력 등을 통해 아동학대에 대한 전면적인 체계를 마련하게 되었다.

2018년 3월 아동수당 제도의 기반이 되는 「아동수당법」을 제정하면서, 아동에게 아동수당을 지급하여 아동 양육에 따른 부모의 경제적 부담을 경감하고 아동의 건강한 성장 환경을 조성함으로써 아동의 권리와 복지를 증진함을 밝히게 되었다. 이에 2018년 9월 아동수당 대상을 만 6세 미만의 아동(소득, 재산 기준 하위 90%)에서 2019년 9월부터 만 7세 미만의 모든 아동으로 확대 실시하게 되었다.

2019년 아동의 권리인 생존권, 보호권, 발달권, 참여권에 대한 국가 책임을 강조하고 아동보호 체계와 정책을 포괄하기 위해 아동복지법의 일부를 개정하여 아동권리보장원을 설립하였다. 아동권리보장원에서는 보호대상아동 지원, 보호대상이동 자립지원, 아동돌봄, 아동학대 대응 및 예방, 아동실종 대응 업무 등을 통합적으로 수행하며, 아동정책 영향 평가, 아동정책 기본 계획 수립 지원 등 정책 지원 기능을 수행하게 되었다. 아동권리보장원은 기존에 분산되어 운영되어 왔던 아동복지사업인 중앙입양원, 아동자립지원단, 드림스타트지원사업단, 실종아동전문기관, 중앙아동보호전문기관, 지역아동센터중앙지원단, 중앙가정위탁지원센터, 디딤씨앗지원사업단 등 8개 사업을 통합운영하기 설립되었다.

2020년~2024년에 걸쳐 실시되고 있는 아동정책기본계획에서는 아동이 행복한 나라를 비전으로 아동 권리의 존중이 실현되고 아동이 행복할 수 있는 환경 조성을 핵심 목표로 하고 있다. 이를 위해 권리주체인 아동의 권리 실현 및 건강하고 균형 있는 발달 지원, 아동의 공정한 출발을 지원하기 위한 국가책임 강화 등의 내용으로 다양한 아동복지 사업을 실시하고 있다.

아동권리보장원의 역할

1.아동정책 수립을 위한 자료 개발 및 정책 분석
2. 기본계획 수립 및 시행계획 평가 지원
3. 위원회 운영 지원
4. 아동정책영향평가 지원
5. 아동보호 서비스에 대한 기술지원
6. 아동학대의 예방과 방지를 위한 업무
7. 가정위탁사업 활성화를 위한 업무
8. 지역 아동복지사업 및 아동복지시설의 원활한 운영을 위한 지원
9. 입양특례법에 따른 국내입양 활성화 및 입양 사후관리를 위한 업무
10. 아동 관련 조사 및 통계 구축
11. 아동 관련 교육 및 홍보
12. 아동 관련 해외정책 조사 및 사례분석
13. 그 밖에 보건복지부장관, 국가 또는 지방자치단체로부터 위탁받은 업무

출처: 아동복지법 제10조 제2항.

출처: 아동권리보장원 홈페이지.

❸ 외국의 아동복지 발달사

1) 영국

영국은 아동복지를 위한 기틀을 가장 먼저 수립한 국가로, 영국의 아동복지는 산업화를 기점으로 큰 변화가 있었으며, 이후 세계 여러 나라의 아동복지 발달에 큰 영향을 미쳤다.

(1) 산업화 이전

산업화 이전에 아동은 특별한 욕구를 가진 존재로 인정되지 않았다. 이는 아동에 대한 열악한 처우로 이어졌으며, 아동은 노동력과 군사력으로 인식되었고, 대부분의 아동은 성인의 소유물과 같이 취급되었다.

1601년 「엘리자베스 구민법」의 제정으로 성인뿐만이 아니라 고아나 빈곤가정의 아동을 보호의 범위에 포함시켜 아동보호의 원칙이 세워졌다. 또한 아동을 위탁받아 양육할 의사가 있는 가정에게 고아나 빈곤아동을 무료로 위탁시킬 수 있는 조치를 마련하였다. 일부 아동은 도제(apprentice, 徒弟)로 보내 기술을 연마할 수 있는 기회를 주었다. 「엘리자베스 구민법」에서는 도제제도를 통해 보호가 필요한 아동들을 구제하고 그들의 자립능력을 키워주고자 하였으나, 이후 아동들의 노동력 착취 문제가 발생되기도 하였다. 「엘리자베스 구민법」은 후에 여러 차례 개정을 거쳐 점차 아동복지를 확립하는 데 기여하였다. 「엘리자베스 구민법」 개정으로 보호아동을 위해 지역학교와 육아원이 설립되었고 맹아와 농아를 교육하기 위한 특수학교가 설립되었다.

(2) 산업화 이후

산업혁명의 가속화로 도시의 빈민아동이 증가하고, 가정에서의 자녀양육의 기능이 약화되었으며 아동이 방임 상태에 놓이는 상황이 증가하였다. 이를 개선하기 위하여 1780년경부터 일요학교(유아학교)가 설립, 보급되어 영국에서의 공교육의 기틀을 마련하는 계기가 되었다. 1884년 런던에 아동학대예방협회가 설립되었고, 이어 1889년 아동학대방지법이 제정되었다. 1906년「학교급식법」이 제정되어 무료급식 시행, 1907년 교육법(Education Act) 제정을 통해 모든 아동에게 의무교육을 실시하였다.

1945년 정부는 아동의 실태를 파악하고, 그 문제점을 개선하기 위해 위원회를 조직하여 아동복지행정의 집중도를 높이고, 정상적으로 가정생활을 영위할 수 없는 아동에 대한 대책을 강구하였다. 이를 계기로 1945년「가족수당법(Family Allowance Act)」을 제정하여 경제적, 사회적 지위에 관계없이 한 가정에 자녀가 둘 이상일 경우, 16세 미만의 아동에게는 1인당 매주 수당을 지급할 수 있게 되었다.「가족수당법(Family Allowance Act)」은 아동 개개인의 욕구를 중시하며, 가정을 존중하도록 하는 데 의미가 있는 제도로 평가되고 있다.

1948년에는「아동법」의 제정을 통해 가족강화를 기본원리로 하는 영국의 아동복지를 확립하는 계기가 되었다. 1948년 제정된「아동법」은 양친이 없는 아동, 유기아동, 부모와 떨어져 사는 아동, 아동부양 능력이 없는 부모의 자녀들은 지역사회와 공공단체가 부모의 역할을 담당해야 한다는 개념이 확립되었다. 이 법의 목적은 사회보장제도에 의한 가정의 유지 및 강화를 기본 원리로 아동을 가능한 한 정상적인 가정환경에서 보호하는 데 있다. 이를 위해 국가는 아동에 대한 공적 책임의 명확화와 통일된 행정체제 확립, 아동 개별적 요구 중시, 가정의 존중 등 방침을 채택하였다.

또한 1974년에는 가족수당제도의 개선책으로「아동수당법」을 제정하여 모든 아동을 대상으로 수당을 지급하고 있다.

1989년에는 이전에 분산되어 있던 아동 관련 법률을 집대성하여「아동법 1989」를 제정하였으며, 이는 포괄적이고 획기적인 아동보호 입법으로 평가되었다.「아동법 1989」에서는 아동복지와 가족복지를 성취할 수 있는 서비스를 적극적으로 제공해야 한다는 점과 아동은 가족에 의해 양육되어야 한다는 점을 강조하고 있다. 또한 아동은 개별적으로 다루어져야 하며, 자신이 영향을 받을 수 있는 결정에 대해서는 자신의 의견을 표현할 수 있는 권리를 가지며, 모든 형태의 학대, 방임, 착취로부터 보호받아야 하는 권리를 강조하고 있다는 점에서 아동복지와 아동보호 체계의 구심적 역할을 하고 있다.

「아동법 1989」는 아동보호 과정에서 지방 정부와 부모에 대한 법원의 명령이 중요한 부분을 차지하고 있으며, 아동복지서비스는 민간부분과 공공부분이 역할을 분담하도록 구성되어 있으나, 핵심추진 주체는 지방 정부로 규정하였다. 지방 정부는 아동복지에 대한 구체적인 계획을 수립하고 실행과정에서 반드시 민간기관과 협력해야 함을 강조하고 있다.

1997년에는 슈어스타트(Sure Star)를 실시하여 정부 주도하에 빈곤아동의 발달을 지원하고 사회적 배제를 퇴치하기 위한 다양한 지원이 이루어졌다. 슈어스타트(Sure Star)란 빈곤층으로 열악한 환경에서 자라는 아동이 인생을 '어려서부터 확실하게(Sure) 출발(Start)'하도록 돕는다는 의미를 갖는다. 슈어스타트(Sure Star)의 목적은 0~4세 아동의 복지와 삶의 기회보장 및 성취에 있으며, 이를 위해 아동을 위한 보육 및 교육 서비스, 부모를 대상으로 일자리 창출을 지원하며, 가족 단위를 서비스 정책으로 자리매김 하게 되었다. 슈어스타트(Sure Star) 서비스는 어느 지역에서나 다음과 같은 서비스를 제공하도록 하고 있다.

- outreach와 가정방문
- 가족과 부모에 대한 지원

- 양질의 놀이와 학습, 아동을 위한 케어 경험지원
- 아동건강 및 발달과 가족건강에 대한 지역의료 보호와 안내
- 특별한 서비스를 필요로 하는 대상 지원

이후 1998년부터 만 4세 아동에 대한 무상교육이 실시되었고, 2005년부터는 만 3세까지 아동에 대해 무상보육을 실시하였다.

2) 미국

(1) 위탁가정운동

미국의 아동복지제도는 영국 사회복지제도의 영향을 많이 받았으며, 초기의 아동복지는 종교단체 주도의 시설보호를 중심으로 시작되었다. 1727년 뉴올리언스 지역에 인디언에게 부모를 잃은 아동을 위한 보호시설이 최초로 설립되었으며, 1740년에는 최초의 영속적인 보호시설인 베더스타 고아원을 설립하면서 보호를 필요로 하는 아동에 대한 시설보호가 활발히 이루어졌다. 1850년 이후에는 빈곤으로부터 아동을 보호하는 데 있어서 시설보다 가정이 적절다하는 취지하에 위탁가정운동이 전개되었다.

1853년에 뉴욕아동구제협회(New York Childrend's Aid Society)를 창설하면서 빈곤가정 아동에 대한 가정위탁사업을 적극적으로 실시하였다. 이 시기에 보호가 필요한 아동들을 기독교 농가에서 위탁양육하게 함으로써 도시의 범죄문제와 서부지역의 노동력 문제를 동시에 해결하고, 나아가 일을 통해 아동 자신의 자립능력을 키워 주고자 하였다. 이 과정에서 1853년에서 1929년까지 무려 15만 명이 넘는 아동이 고아열차를 타고 뉴욕에서 서부지역으로 옮겨 가게 되었다. 그러나 초기의 위탁

가정운동은 위탁아동의 특성이나 욕구보다는 위탁가정의 필요와 아동의 노동력 착취 및 위탁가정 내에서 아동학대가 일어났다는 사실로 인해 비판을 받기도 하였다.

그럼에도 불구하고 보호가 필요한 아동에 대해 시설보호보다는 위탁가정보호로 전환되었다는 점에서 중요한 의미가 있다. 1895년에는 14세 이하 아동의 노동시간 제한 규정의 내용을 담은 아동노동법이 제정되어 노동으로부터 아동을 보호하고 아동의 학습권을 보장하기 위한 노력을 시작하였다.

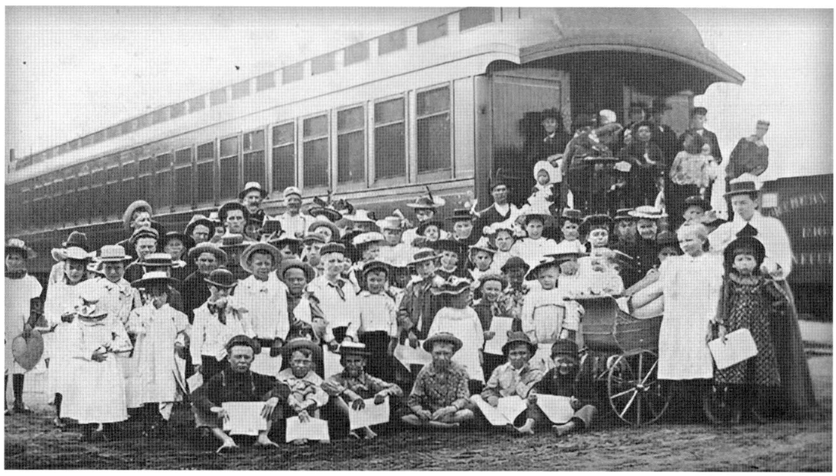

▲ 미국의 고아열차(Between 1854 and 1929 over 250,000 orphans)
출처: https://academic-accelerator.com/encyclopedia/kr/orphan-train

(2) 제1차 백악관회의

아동문제에 대한 관심이 전국적으로 확산된 계기는 1909년 제1회 백악관 회의로, 이 회의를 통해 아동에 대한 부모의 양육 책임을 강조하고 아동복지에 대한 국가의 책임을 강조하게 되었다. 제1차 백악관회의는 대규모의 아동수용시설에서 아동과 양육자 간의 애정결핍으로 인해 유발되는 문제의 심각성이 제기되면서 소집된 것이다. 회의 결과를 근거로 루즈벨트(Roosevelt) 대통령은 아동발달에서 부모역할과 가정생활의 중요성을 언급하면서 다음과 같은 원칙을 제시하였다.

첫째, 가난하다는 이유만으로 아동이 가정으로부터 분리되어서는 안 되며, 둘째, 불가피하게 가정으로부터 분리될 경우 엄선된 위탁가정을 차선책으로 고려할 수 있으며, 셋째, 시설을 이용할 경우에는 '소숙사 형태(cottage system)'가 바람직하다는 것이다.

아동에 대해 가정 양육의 중요성을 강조하고, 보호가 필요한 아동에 대해 가능한 가정과 같은 보호형태인 가정위탁을, 대규모의 시설보호보다는 소규모의 시설을 통해 아동이 충분히 보호받을 수 있는 제도를 제시한 것은 현대의 아동복지에서도 추구하고 있는 지향점이라는 점에서 그 의의가 크다. 제1차 백악관회의를 계기로 1912년 아동문제를 전담하는 아동국이 설립되어 전반적인 아동문제를 담당하게 되었다. 아동국의 설립은 바로 아동복지에 대한 국가의 책임을 인정한 것이며, 정부차원에서 아동의 권리와 아동복지를 위한 기관설립의 필요성을 인식하였다는 점에서 그 의의를 찾을 수 있다. 또한 1930년의 제3차 백악관회의에서는 19개조로 구성된 아동헌장을 채택하여 발표하였다.

(3) 사회보장법의 제정

미국은 아동복지를 포함한 모든 사회복지법이 주를 중심으로 발전해 왔다. 연방법에는 아동복지 관련 기본법이 별도로 명시되어 있지 않으며, 이와 관련된 내용은 「사회보장법」에 포함되어 있다. 1935년 제정된 사회보장법(Social Security Act)으로 부터 미국의 아동복지사업의 국가적 체계가 갖춰지게 되었다. 특히, 요보호아동부조 프로그램(자녀를 둔 가정에 대한 지원, Aid to Families With Dependent Children: AFDC)을 통해 빈곤계층의 한부모 여성과 아동들에 대해 국가 차원에서 생계보조를 실시하였다.

(4) 다양한 아동복지의 등장

1965년 당시 미국은 사회구성원 간의 갈등, 계층 간 빈부격차 심화, 반전 운동, 페미니스트 운동 등 다양한 사회운동이 활발히 등장하였다. 뿐만 아니라 남부지역에서는 심각한 인종차별과 인종분리 현상이 나타나기도 했다. 이러한 시대적 상황하에서 존슨 대통령은 빈곤퇴치가 경제성장의 원동력이 되고 국가 발전의 기반임을 강조하며 학령 전 아동을 위한 통합적인 아동발달 프로그램인 헤드스타트(Head Start)를 시작하였다. 헤드스타트(Head Start)의 주 대상은 만 3세 이상의 빈곤아동이며, 만 3세 미만의 아동은 조기 헤드스타트(Early Head Start) 프로그램을 통해 지원하였다. 또한 1965년 더불어 아동과 그 가족을 대상으로 하는 포괄적인 아동발달 지원사업으로 식품권(Food Stamp), 의료부조(Meadicaid), 학교급식 등을 통해 빈곤아동 및 가족을 지원하였다.

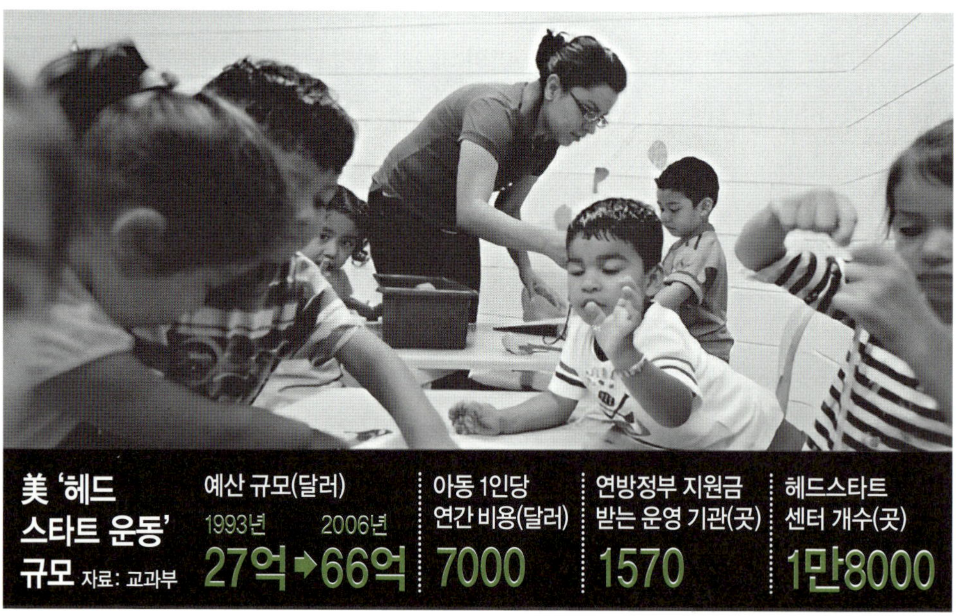

출처: 조선에듀(2011. 12. 9.). [자본주의 4.0] 英 · 美는 한 살 때부터 공교육 · 보육 지원. https://edu.chosun.com/m/view.html?contid=2011120900811

1974년 미국의 50개 주에서는 「아동학대예방 및 처우법」을 제정하면서 아동학대에 대한 사회적 관심이 고조되었으며, 1980년 입양관련법이 입법되면서 위기 가족에 대한 예방적 서비스와 함께 특별한 욕구를 가진 아동의 입양비 지원이 이루어졌다.

1980년대 이후 전 세계적으로 경제적 여건이 악화되면서 미국의 아동복지는 심각한 문제만을 대상으로 하는 복지서비스로 범위가 축소되었고, 1996년 이후 빈곤에 대한 지원정책에서도 변화가 불가피하게 되었다. 특히, 이전에 요보호아동 부조 프로그램(자녀를 둔 가정에 대한 지원, Aid to Families With Dependent Children: AFDC)의 범위를 축소하였고, 빈곤가정에 대한 지원에서 기간제한을 두거나 모의 취업을 의무화하는 일시부조프로그램인 TANF(Temporary Assistance for Needed Families)를 실시하였다. 이는 복지수혜자들의 자립을 강조하고, 아동복지정책이 가족 전체를 대상으로 하는 방향으로 전환되는 계기가 되었다.

1997년에는 「입양 및 안전가족법」이 제정되었는데, 아동의 안전을 가장 우선적으로 보장하고, 아동에게 영구적인 가정을 제공하고, 가정으로 안전하게 돌아갈 수 없는 아동에 대해서는 입양을 통해 영구적 가정을 만들어 주는 것을 주 내용으로 하고 있다.

현재 미국의 아동복지정책은 3S모델을 근간으로 하고 있다. 3S모델은 부모역할을 위한 지지적 서비스, 부모역할에 대한 보조적 서비스, 부모역할에 대한 대리적 서비스를 의미한다. 미국의 아동복지는 아동 및 가족 구성원 개개인보다는 가족 전체를 대상으로 서비스를 제공하는 방향으로 변화하고 있다.

최초의 어린이날은 어디? '세계 속 어린이날'

"어린이는 어른보다 한 시대 더 새로운 사람입니다"

- 1923년 소파 방정환

어린이들이 올바르고 슬기로우며 씩씩하게 자라도록 하고, 어린이에 대한 애호 사상을 앙양하기 위해 지정한 날. 바로 오는 5일 어린이들이 손꼽아 기다리는 '어린이날'이다.

독립운동가이자 어린이 인권운동가 소파 방정환은 1922년 5월 1일 국내 최초로 어린이날을 제정했다. 어린이날 1주년인 1923년에는 '어린이 해방선언문'을 발표하며 전국적으로 기념하기도 했다. 이 어린이 해방선언문은 발표된 지 올해로 100주년을 맞았다.

당시의 어린이날은 지금의 모습과는 사뭇 달랐다. 일본으로부터 광복을 맞이하기 전에는 공공장소에 모여 축제를 즐길 수 없었기 때문이다. 어린이들을 위한 행사와 활동은 광복 이후 본격적으로 시작됐다. 1961년 '아동복지법'에 의해 5월 5일 어린이날이 공식 지정됐으며, 1975년부터 공휴일로 제정돼 오늘날 우리가 아는 '어린이날'이 됐다. (중략)

"세계 최초 어린이날 수립" 터키

터키는 세계 최초로 어린이날을 만든 나라로, 독립기념일과 같은 4월 23일을 어린이날로 선포했다. 제1차 세계대전 당시 전쟁에서 패해 점령됐던 터키는 독립전쟁 끝에 터키공화국으로 재탄생했다. 이때 부모를 잃은 어린이들에게 꿈과 희망을 주기 위해 지정됐다.

이날 터키의 어린이들은 전통의상을 입거나 분장을 하고 기념잔치에 참여한다. 어린이들이 국회나 정부에서 어른을 대신해 어린이 관련 정책을 직접 논의하고 처리하는 행사도 펼쳐진다.

"어린이는 나라의 미래다" 인도

인도의 어린이날은 11월 14일이다. 인도 초대 수상인 자와할랄 네루는 어린이를 인도의 미래라고 생각하며 매우 사랑했다. 자와할랄 네루가 별세한 후 인도 정부는 어린이를 향한 그의 헌신과 노력을 기억하기 위해 그의 생일을 어린이날로 지정했다.

인도의 학교에서는 어린이들이 즐겁게 기념할 수 있는 다양한 행사를 진행하고, 부모들은 어린이들과 함께 뜻깊은 시간을 보낸다.

"종이인형을 부수면 과자가?!" 멕시코

멕시코의 어린이날인 4월 30일에는 과자 · 사탕 · 장난감이 가득 든 종이인형 '파니타'를 막대로 쳐서 부수는 놀이를 즐긴다. 학교에서는 게임과 이벤트를 준비하고, 어린이들은 좋아하는 음식을 가져와 친구들과 나눠 먹는다.

(중략)

"비가 오지 않는 맑은 어린이날" 태국

1955년 태국의 어린이날이 처음 제정될 당시에는 10월 첫째 주 월요일을 어린이날로 삼았다. 그러나 우기와 겹친 탓에 어린이날에 비가 오는 경우가 많았다. 하여 태국은 맑은 날 어린이날을 즐길 수 있도록 비가 거의 내리지 않는 1월 둘째 주 토요일로 일자를 변경했다.

태국의 어린이날에는 정부 부처, 행정기관, 교육기관에서 어린이를 위한 다양한 행사가 진행된다. 놀이공원 등 주요 시설에서도 어린이들에게 선물을 증정하거나 할인 혜택을 제공하고 있다.

"어린이날이 2개?" 일본

일본은 남녀 어린이날이 따로 존재한다. 우리나라와 같은 5월 5일은 남자 어린이날로, 문 앞에 잉어 모양의 연을 매달고 건강과 출세를 기원한다. 여자 어린이날인 3월 3일에는 어린이의 성장을 축하하며 보낸다. 며칠 전부터 아기새 인형을 만들어 집안에 두고 복을 빈다.

이 밖에도 많은 나라에서 어린이날을 기념하고 있다.

출처: 조선에듀(2023. 05. 02.). https://edu.chosun.com/m/edu_article.html?contid=2023042702247에서 2023년 10월 4일 인출.

Q·u·i·z /퀴즈/

1. 1950년대~1960년대 우리나라의 아동복지는 응급구호적인 성격으로 전개되었는데, 한국전쟁 당시 우리나라의 아동복지서비스를 주도하였던 단체를 무엇이라 하는가?

2. 1960년대~1980년대 제정된 아동복지 제도가 아닌 것은?

① 아동복리법 ② 영유아보육법 ③ 고아입양특례법 ④ 모자보건법

3. 우리나라 아동복지서비스 중 가장 최근에 실시되고 있는 제도는?

① 입양특례법 ② 아동수당법 ③ 다문화가족지원법 ④ 아동학대특례법

4. 미국의 아동복지는 민간차원에서 실시된 가정위탁 제도를 중심으로 발달하기 시작하였다.(O, X)

Think·about·it /생각나누기/

1. 아동관의 변화와 아동권리에 대한 자신의 생각을 나누어 봅시다.

2. 우리나라 아동복지 발달사를 통해 아동에 대한 견해가 어떻게 달라져 왔는지 생각해 봅시다.

아동의 발달

/CHAPTER/ 03

CHILD WELFARE

학/습/목/표
1. 아동발달 특성에 대해 알 수 있다.
2. 아동발달 쟁점이 되는 내용을 이해할 수 있다.
3. 아동발달 이론에 대해 알 수 있다.

1 아동발달의 특성

아동발달의 특성을 알기 위해서 아동연령에 따라 발달이 어떻게 이루어지는지, 다양한 영역에서 어떻게 연관되는지 이해해야 한다. 아동발달은 복잡한 과정이자 일정한 규칙에 따라 질서정연하게 진행되며(오정수, 정익중, 2020), 이러한 특성은 모든 아동에게 적용되는 것으로 신체, 언어, 정서, 사회적 발달 등에 영향을 미치게 된다. 아동발달의 일반적인 특성을 살펴보면 다음과 같다.

1) 방향성

발달의 속도는 아동마다 다를 수 있지만 발달의 순서는 일정하게 진행된다. 먼저 발달은 상부에서 하부로 진행되는데, 머리 부분이 팔다리 부분보다 먼저 발달한다. 운동능력도 이 순서로 발달되는데, 아기는 먼저 머리와 목의 근육을 조절한 후 팔과 복부를 움직이고, 제일 나중에 다리로 걸을 수 있다. 두 번째는, 중추에서 말초로 진행된다. 아동은 신체의 중심에 가까운 팔을 움직이다가 차차 손목, 손가락을 움직일 수 있게 된다.

2) 연속성과 다양성

발달의 속도는 사람마다 일정하지 않지만 연속적이다. 발달이 매우 느리고 혹은 정지한 것처럼 보일 수 있지만 다음 단계의 발달을 위한 준비가 진행되고 있는 것이다. 일반적으로 발달속도는 출생 초기에 빠르다가 후기에 접어들면서 느리게 진행되며, 신체 각 부분의 발달속도도 각기 다르다. 예를 들면 두뇌의 경우 2세에 80% 정도까지 급속한 발달을 보이다가 그 후에 서서히 변화거나, 변화가 거의 보이지 않게 된다. 반면 생식기관은 생의 초반부에는 거의 변화가 없다가 청소년기에 들어서 급격하게 발달한다.

3) 유전인자와 환경 간의 상호작용

예전부터 발달이 유전에 의한 것인지, 환경에 의한 것인지에 끊임없는 논쟁이 있어 왔으나 최근에는 유전과 환경 둘 다 영향이 미치는 것으로 알려져 있다. 생물학적으로 부모로부터 물려받은 유전적 요소만으로 성장하지 못하며, 유전적인 소질이 없는 상황에서 환경자극이 아무리 주어져도 발달에 어려움이 있다. 예를 들어 1920년 인도에서 늑대가 키운 두 명의 소녀가 발견됐다. 두 소녀는 각각 교육학자와 목사의 가정으로 옮겨졌고, 그들 가정은 소녀들을 사람답게 만들려고 힘을 썼다. 그러나 한 명은 1년 만에 죽고 다른 한 명도 9년밖에 더 살지 못했다. 더 오래 살아남은 소녀가 9년 동안 배운 것이라고는 단어 45개와 겨우 포크를 사용해 음식을 먹을 수 있는 정도였다고 한다.

이와 같이, 발달은 인간이 유전인자를 가지고 태어나도 환경 자극에 따라 영향을 받으며, 환경이 아무리 자극을 해도 유전인자가 준비되지 않았다면 발달하기 어렵다. 즉, 유전과 환경은 서로 상호작용한다고 볼 수 있다.

4) 개별성

모든 아동은 다 각기 다른 특성과 개별성을 가지고 있다. 아동의 발달 순서는 같으나 아동마다 발달의 속도, 정도, 종결시점은 다 다르게 진행된다. 예를 들면 어떤 아동은 신체적, 언어 속도가 빠르게 성장하는 아동이 있는가 반면, 어떤 아동은 초반에 속도가 느리나 어느 시점에서 급속히 성장하는 아동도 있다. 아동들마다 개성, 특성, 다름을 설명하기는 어려우나 대다수의 아동들은 유사점을 가지고 있다.

5) 분화와 통합과정

발달은 전체적인 측면에서 점차적으로 분화되기도 하고, 각 측면들이 통합되는 과정을 거치기도 한다. 예를 들어, 아동은 세분화된 움직임이 나타나기 전에는 손 전체로 연필을 잡지만, 성장하면서 엄지, 검지, 중지, 그리고 약지의 손끝으로 연필을 안정화시키게 된다. 이런 발달은 신체뿐만 아니라 언어, 정서, 인지 등에도 나타난다.

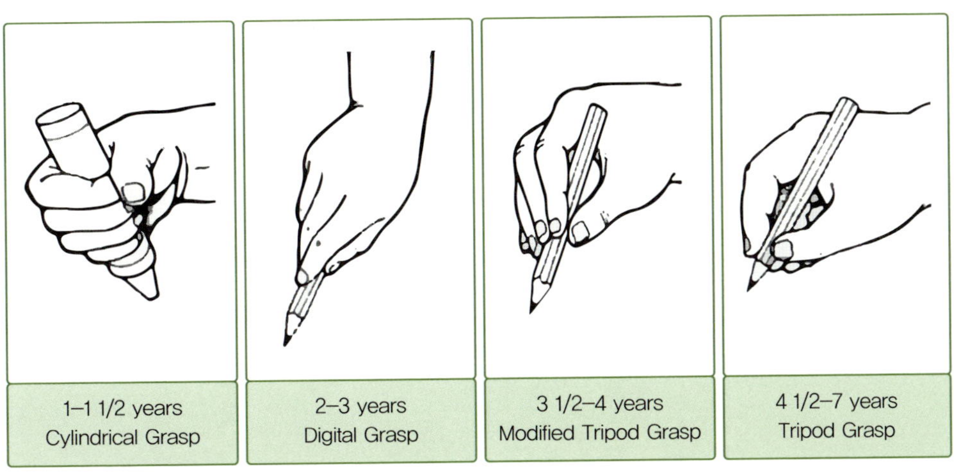

1–1 1/2 years Cylindrical Grasp	2–3 years Digital Grasp	3 1/2–4 years Modified Tripod Grasp	4 1/2–7 years Tripod Grasp

출처: http://www.graphotherapeute-savoie.fr

6) 상호관련성

아동발달은 여러 측면과 밀접하게 관계되어 있다. 예를 들어 영아기에 부모와의 안정적인 애착관계가 형성되면 그 이후 사회성, 인지, 언어, 건강 등에 긍정적인 영향을 미치는 것으로 나타났다. 즉 신체, 정서, 언어, 사회성, 인지, 도덕성 등 각 발달 측면은 독립적으로 발달하는 것이 아닌, 서로 상호관련성이 있는 밀접한 관계로 성장하게 된다.

7) 기초성

아동기의 경험은 성인의 여러 가지 특성을 결정하는 원인으로 아동기 시기는 기초가 형성되는 중요한 시기라고 볼 수 있다. 우리 속담에 '한번 검으면 희기 어렵다'는 말이 있다. 이는 흰 천에 한번 검은 물을 들이면 아무리 빨아도 다시 희어지기 힘들다는 뜻으로 나쁜 사상이나 버릇에 물들면 말끔히 씻어내 고치기가 어려움을 이른다. 비슷한 속담으로 '어릴 때 굽은 길마가지'로 나무가 어릴 때부터 굽어버려서 자라더라도 소의 등에 씌우는 안장용 도구로 밖에 사용될 수 없다는 의미로 좋지 않은 버릇이 아주 어렸을 때부터 굳어 버려서 다시 고치기 어려운 경우를 말한다. 아동기는 초기에 양육자와의 관계, 영양섭취, 정서, 언어, 신체발달 등 적절한 자극이 있어야 전반적인 측면에서 양호한 발달적 성취를 보이나, 그렇지 않을 시 아동은 대인관계, 정서, 언어, 신체 등의 영역에서 발달지체를 초래하기 쉬우며 여러 어려움을 겪을 수 있다.

8) 적기성

아동의 모든 발달에는 최적기가 있으며, 특히 결정적 시기에 적절한 자극이 이루어지거나 특정 경험들이 발달에 영향을 미치게 된다. 즉, 각 발달단계별로 제 시기에 이루어져야 할 과업이 적절히 이루어져야 하며, 만약 과업이 이루어지지 못할 시에는 성장시기에 부정적인 영향을 미칠 수 있다. 예를 들면, 영아기는 일생에서 사춘기와 더불어 신체적 발달이 가장 급속도로 이루어지는 시기로 '제1성장 급등기'라고도 하며 출생 후 첫해에 약 25cm 성장하고 수명 주기 동안 가장 높은 체중 증가율을 보인다. 영아기는 신체 및 운동 능력이 발달될 뿐 아니라, 다양한 기능을 가진 신경 연결이 연속적으로 발달하는 등 인간의 두뇌가 빠르게 발달하기도 한다. 만약 이 시기에 아이가 정상적인 성장을 하지 못한다면 앞으로의 성장과 발달에 큰 영향을 미칠 수 있다(동아일보, 2023). 이렇게 볼 때, 아동기 전반으로 적기성에 해당된다고 볼 수 있다.

9) 누적성

누적성이란 성장발달에 성취 혹은 결손이 생기면 그 이후 발달에도 계속적으로 영향을 미치는 것을 말한다. 예를 들어 영아기에 어머니와의 애착관계가 잘 형성된 아동은 이후의 대인관계가 원만하고 신뢰가 형성되며 원만한 인간관계를 형성하기가 쉽다. 그러나 이 시기에 불신감이 형성되면, 이 불신감이 누적되어 이후의 부모-자녀 관계뿐만 아니라 가족관계, 친구관계 및 사회생활에서 어려움을 가질 수 있다.

이런한 면에서 학교적응이 어려운 아동이나, 학교폭력, 가출 아동 등의 원인 중 하나로 영, 유아기 시절 부모에 대한 불신감이나, 가족관계의 불화가 누적이 되어서 발생했을 가능성이 높은 것으로 나타났다.

10) 불가역성

불가역성이란 이미 이루어진 발달적 손상이 최적기를 놓쳐 그후의 노력으로도 회복하기가 매우 어려움을 뜻한다. 예를 들면, 태아기 및 영유아가 이 시기에 영양 섭취가 제대로 되지 않고 발달적 손상을 입게 되면 후일에 영양을 보충해 주어도 손상을 완전히 회복하기 어렵다. 또한 어린 시기에 언어습득이 충분하지 않으면 이후 발달에 영향을 미치며, 이를 교정, 보충하는 데 한계가 있다.

2 아동발달에 대한 쟁점

아동발달에 대한 쟁점은 오랫동안 지속되고 있다. 발달을 천성 대 양육인지, 능동 대 수동적으로 기여하는 것인지, 연속적인 과정인지 비연속적인 과정인지에 여러 입장을 취하고 있다(송길연 외 역, 2001). 하지만 현대 발달학자들은 아동발달이 이렇다 할 대변할 이론이 없다는 것에 동의하고 각각의 이론들이 아동발달의 과정을 설명하는 데 공헌하고 있음을 인정하였다.

1) 연속성 대 비연속성

아동의 발달이 연속성인가 비연속성인가 하는 문제이다. 연속성 이론가들은 아동의 발달적 변화가 양적이라고 주장하고 있으며, 아동들이 연령이 증가하면서 점점 더 커지고 빨라지고, 많은 지식을 습득한다고 보았다. 비연속성 이론가들은 아동의 발달을 질적이며, 급진적으로 변화가 있음을 주장하고 있다.

2) 천성 대 양육

아동발달이 부모로부터 타고난 생물학적인 힘의 결과인 천성인지 아니면 양육(nuture), 즉 주위 환경의 영향으로부터 비롯됐는지의 논란이 계속되고 있다. 최근 학자들은 어느 하나가 중요한 것이 아닌 천성과 양육의 기여에 따라 달라진다고 보고 있다. 따라서 천성이냐 양육이냐의 논쟁이 아닌 서로가 어떻게 영향받고 어떻게 상호작용하는지, 어떻게 하면 발달된 변화가 오는지 논의하는 것이 바람직하다.

3) 능동적 존재 대 수동적 존재

아동은 능동적 존재인가 아니면 환경으로부터 일방적으로 영향을 받는 수동적 존재인가 하는 관점이다. 아동을 수동적 관점에서 볼 때는 아동의 주변 환경과 주 양육자가 아동발달의 중요한 요인으로 보고 있으나, 아동은 스스로 선택하고 자질 또한 아동발달에 영향을 주는 요인으로 보는 능동적 존재관점도 간과할 수 없다. 따라서 아동은 주위 환경에 영향을 받지만 또한 아동이 가지고 있는 자질과 능동적인 역할도 중요하다고 볼 수 있다.

3 아동발달의 이론

1) 정신분석이론

정신분석이론은 프로이트(Sigmund Freud) 심리학적 이론에서 비롯된다. 프로이트에 의하면 다섯 살 때까지 약 5년 동안 일련의 단계를 거치며, 이 단계를 통해 퍼스널리티 형성에 결정적 시기가 된다고 주장하였다.

▲ Sigmund Freud (1856~1936)

(1) 의식구조

프로이트는 의식수준을 무의식, 전의식, 의식으로 나누었다. 무의식은 감각기관을 통해 알아차릴 수 없는 마음속 깊은 곳에 감춰 있어 기억하지 못하는 정신세계로의 본능, 정열, 억압된 관념 및 감정 등이 잠재되어 있다(도미향 외, 2015: 59). 전의식은 무의식과 의식 사이에 있으며 억압되어 있지만 주의를 집중하고 노력하면 의식으로 회상시킬 수 있는 정신세계라고 보았다. 의식은 인간이 감각기관을 통해 알아차리는 모든 것을 말한다(도미향 외, 2015: 59).

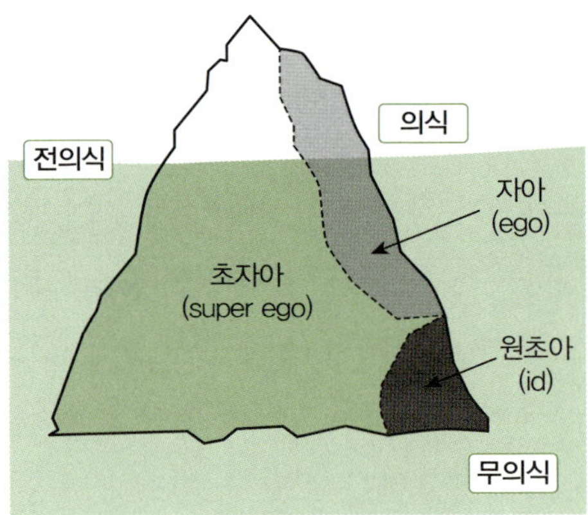

(2) 성격구조

프로이트는 성격구조를 세 가지로 나누었으며 원초아(id), 자아(ego), 초자아(superego)로 구성된다고 보았다. 원초아(id)는 인간의 기본 욕구 저장고이며, 본능적인 부분으로 무의식적이라고 할 수 있다. 이는 성격의 기초로 고통을 피하고자 하는 쾌락원리에 따르며, 쾌락을 추구하고 있다. 원초아의 충동을 주로 성적 본능(Libido)과 공격성으로 보고 있다.

자아(ego)는 원초아 욕구를 충족시키거나 통제하기 위해 현실적 관계를 통해 발달하는 인간 의식의 일부이다. 자아는 원초아, 초자아를 만족시키려고 하며, 현실의 원리(reality principle)에 의해 작용하고 있다.

초자아(superego)는 성격의 도덕적 측면으로 자기통제 형태의 완벽을 지향하고, 현실보다는 이상을 강조한다(오정수 외, 2013). 초자아는 사회문화적 규범이 내면화되어 있어 부모나 주위 사람에게 영향을 받으며 사회의 도덕적 관념을 형성한다. 따라서 초자아는 도덕의 저장소로 사회적 원리(social principle)를 따른다고 볼 수 있다.

(3) 발달단계별 특성

프로이트는 인간의 성격은 5단계에 걸쳐서 발달한다고 보았다. 태어날 때부터 5세까지 결정적인 시기에 영향을 받으며 각 단계마다 원초아, 자아, 초자아 간의 상호작용 및 조정능력이 영향을 미치게 된다고 보았다(오정수 외, 2020: 105). 또한 각각 신체의 특정한 부분의 반응 형태에 따라 의미있는 역할을 한다고 보았다.

① 구강기(0~1세)

구강기(Oral stage)는 출생부터 1세까지로 이 시기의 영아는 입에서 쾌락을 얻는다. 주로 먹고, 빨고, 삼키고, 내뱉고, 씹고, 깨무는 등 구강에 집중되는 행동을 함으로써 쾌감을 느끼며 생후 1년 동안은 입이 성적, 공격적 욕구를 충족하는 시기라고 보았다. 출생 후 6개월 후 이가 나면서 음식물을 씹고 깨무는 구강활동이 활발히 이루어지며, 구강활동을 통해 성적 욕구를 충족시키게 된다.

만약 이 시기에 구강만족을 하지 못하면 여기에 집착하게 되고 다음 발달단계로 이행하지 못한채 고착된다. 여기서 고착은 이전 단계의 문제점이나 쾌락에 계속 집착하는 것을 의미한다. 만약 아동이 구강기에 고착되었다면 이후의 발달과정에서 손가락 빨기, 과음, 과식, 과도한 흡연, 수다 떨기, 손톱 깨물기 등의 현상이 나타날 수 있다(도미향 외, 2015: 61).

② 항문기(1~3세)

항문기(Anal stage)는 1~3세까지로 리비도 방향이 항문으로 이동한다. 대소변을 통해 쾌감이 생겨나며 불안의 요소가 제거되는데 이 시기에는 배변훈련을 통해 청결습관을 기르게 된다. 아동은 외부의 규제를 통해 배변훈련이 성공하면 사회적 승인을 얻는 쾌감을 경험하고 창조적이며 생산적인 성격특성이 발달한다. 반면 부모가 강압적인 방법으로 대소변 가리기 훈련을 시키게 되면 대소변 훈련이 실패되거나 위축되고 아동의 긍정적인 성격형성에 역효과를 가져올 수 있다. 때로는 어떤 아동은 본능적인 충동을 방해하는 외적 통제를 방해하기 위해 부적절한 장소나 부적절한 시기에 배설하여 양육자를 어렵게 하는 경우가 있다. 이러한 행동이 다른 영역에도 보편화되면 화를 내거나, 고집 및 인색하게 되고, 상황에 맞지 않는 상태에 대소변을 보면서 분노를 표출하는 경우가 있다.

따라서 이 시기에 대소변 훈련을 긍정적으로 자극을 주며, 강압적이지 않고 칭찬을 통해 훈련을 시키는 것이 중요하다. 또한 대소변 가리기가 늦더라도 재촉하지 않고 아이를 믿고 천천히 기다려 주는 양육자의 태도가 아동의 창조력과 생산력에 큰 영향을 주게 된다.

항문기 단계를 통해 아동은 타인과 의사소통을 하게 되고, 이를 통해 자신을 통제하고 사회의 기대에 순응하는 것을 배우게 된다. 자기통제를 통해 의존에서 벗어나 자립, 자부심, 자존감 등을 습득하게 된다.

③ 남근기(3~6세)

남근기(phallic stage)는 3~6세까지로, 아동이 자신의 성기에 대해 관심을 갖게 되고 성기를 통해 쾌감을 느끼는 시기를 말한다. 남근기의 아동은 자신과 반대되는 이성 부모에게 성적 관심을 갖게 되고 동성의 부모에게는 성적 동일시를 하므로 남자아이는 남자답게, 여자아이는 여자답게 행동하려고 한다.

프로이트는 남자아이가 어머니 사랑을 갈망하고 아버지를 싫어하는 경향을 오이디푸스 콤플렉스(oedipus complex)라고 하였다. 남자아이가 어머니에 대한 근친상간적 욕구를 아버지에게 발각될까 공포를 느끼고, 아버지가 성적 활동기관인 자기의 남근을 거세할까 두려워하는 거세불안(castration anxiety)을 경험한다고 보았다. 반면, 여자아이가 아버지를 좋아하고 어머니를 싫어하는 경향을 엘렉트라 콤플렉스(electra complex)라고 하였으며, 이 시기에 남근을 부러워하는 남근선망증(penisenvy)의 심리상태도 보일 수 있다고 하였다.

아동은 이성의 부모로부터 독점적 관심을 받고 싶어 하거나 동성의 부모로부터 적대감이나 보복을 초래하지 않을까 두려워하는 등, 즉 오이디푸스 콤플렉스와 엘렉트라 콤플렉스는 양가감정을 초래한다고 하였다.

프로이트는 남근기 남아의 경우 오이디푸스 콤플렉스를 통해 초자아가 확립한다고 보았다. 그 이유는 남아는 거세불안을 극복하게 되고, 근친상간의 본능을 억압하게 되면서 초자아가 발달한다고 하였다. 반면 남근기에 일어날 수 있는 다양한 외상(trauma) 경험은 신경증을 일으킬 수 있고, 외상후스트레스 장애(PTSD)를 일으키기도 한다. 예를 들어 양육자의 신체적, 정서적, 성적 학대 등 여러 가지 원인으로 아동을 억압할 시 아동은 신경증뿐만 아니라, 심할 경우에는 여러 장애를 겪을 가능성이 있다. 이 단계에 순조롭게 넘어가지 못하고 고착을 하게 되면 남자는 경솔하거나, 야심이 강하고 여자는 난잡하고, 유혹적이며, 경박할 가능성이 있다고 보았다.

④ 잠복기(6~12세)

잠복기(latency stage)는 6~12세까지의 시기를 말한다. 이 시기에는 리비도가 어느 한 부분으로 한정된 곳이 없으며, 성적인 힘도 잠재된다. 오디푸스의 감정 또한 무의식 속에 계속 존재한다. 이 시기 원초아는 약해지고 자아와 초자아가 발달하면서 초자아의 기능이 강화되며, 성격에도 많은 영향을 미치게 한다. 잠복기에는 신체의 발육과 성장이 급속도록 발달하면서 친구에게 관심이 많아지고 동일시 대상도 주로 친구가 되기도 한다. 또한 친구와 같이 운동하고 우정을 쌓게 되며, 지적인 활동에 관심을 가지고 에너지를 집중하게 된다.

이 시기에 성적 억압을 하게 되면 수치심, 도덕적 반동 형성, 혐오감에 빠질 수 있으며, 잠복기에 고착되면 성인이 되어서도 이성에 대한 정상적 친밀감을 갖지 못한다. 예를 들어, 동성 간의 우정에 지나치게 고착되면 다음 시기인 생식기에서도 분리되지 못하고 동성애로 발전될 가능성이 있다. 또한 이성과의 성적 관계를 회피하고 정서적 교류없이 단지 공격적 방식으로 성적 행동을 하기도 한다(주수길, 주영국, 2015).

⑤ 생식기(12세 이후)

생식기(genital stage)는 12세 이후의 시기로 전 단계에서 성 에너지가 무의식에서 의식 세계로 나오게 된다. 이 시기의 청소년들은 호르몬과 생리적 요인들로 인해 그동안 억압되었던 성적 감정들이 크게 강화되고, 성적 충동을 현실적으로 수행가능한 능력을 갖게 되면서 이성에 대해 관심을 갖게 된다. 이 시기를 격동적 단계로 부르기도 한다. 이 시기에 순조로운 발달을 보이는 청소년은 타인의 대한 관심을 갖게 되고 이타적인 사람으로 성숙하게 된다(도미향 외, 2015).

2) 심리사회이론

에릭슨(Erikson)의 심리사회이론은 인간이 일생동안 여덟 단계의 심리사회적 위기를 경험하게 되며, 그 위기의 결과가 성격에 영향을 주는 것으로 보았다. 각 단계마다 특정 발달과업을 성취하느냐, 못하느냐에 따라 정상적 측면과 비정상적 측면이 나타난다고 보았다.

▲ Erik Erikson(1902~1994)

에릭슨은 인간의 전생애 발달단계를 여덟 단계라고 보았으며 그중 아동은 5단계에 해당된다고 하였다. 그 내용은 다음과 같다.

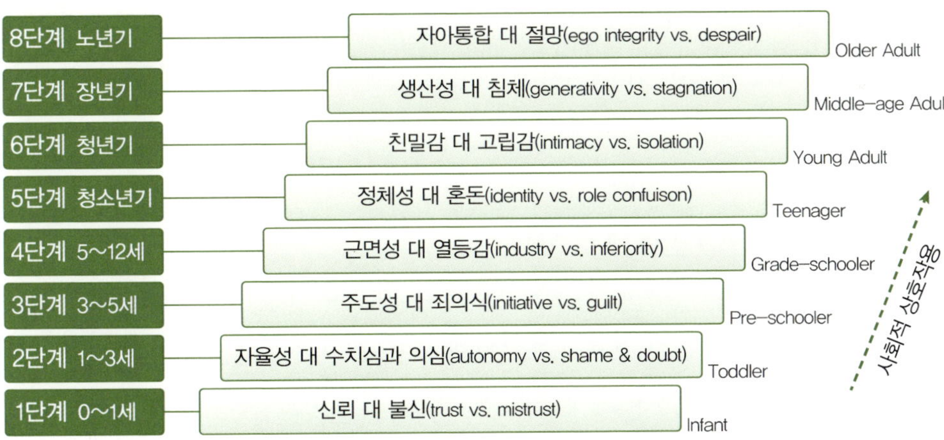

[그림 3-1] 에릭슨 심리사회적 발달 8단계

① 제1단계(0~1세): 기본적 신뢰감 대 불신감

이 단계는 출생부터 1세경까지로 영아가 구강을 통해 만족을 얻는 시기이다. 영아는 입이 닿는 대상이 있으면 빨고, 삼키며 발달을 하지만, 더 중요한 것은 양적인 구강적 욕구충족보다는 양육자와의 관계이다. 관계를 통해 세상을 안전하고 믿을 수 있는 곳이라고 받아들인다.

이 시기에 중요한 요소는 신뢰감이다. 자신과 다른 사람에 대한 신뢰감은 생후 1년 동안 집중적으로 발달한다. 만일 아이를 돌보는 양육자의 행동이 전혀 예측할 수 없고 부적절하며 일관성 없이 아이를 양육한다면 아이는 불신감을 갖게 되며 이로 인해 공포와 의심을 가지고 살아가게 된다.

② 제2단계(1~3세): 자율성 대 수치심과 회의

초기 아동기는 1세 반에서 3세까지 지속된다. 이 단계에 부모로부터 신뢰감을 갖게 되면 아동은 자율성을 갖고자 하는 강한 욕구를 갖게 된다. 양육자가 아동 스스로 할 수 있는 놀이나 신체동작을 격려하고 허용한다면 아동은 스스로 하려는 행동이 증가된다. 그러나 양육자가 기다리지 않고 모든 것을 대신 해주거나 간섭하고 통제한다면 상대방에게 의존하고 스스로는 할 수 없다고 생각한다. 또한 아동이 부적절한 행동을 했을 때 지나친 지적과 수치심을 준다면 아동은 자율성을 잃게 된다. 이러한 자율성은 이후에 독립심과 자아존중감을 기르는 데 중요한 요소가 된다.

③ 제3단계(3~5세): 주도성 대 죄책감

아동이 전 단계에서 자율성과 독립성을 갖게 된다면 이 시기에는 적극적으로 신체활동을 하게 되고 언어의 사용이 증가하게 된다. 이를 통해 주도적으로 자기 스스로 계획 및 추진하며, 어떠한 상황에도 도전하는 행동을 보이기도 한다. 이를 자발성의 요구라고 한다. 이 시기에 안전한 상황에서 자유롭게 탐색하고 실험하도록 지원하며, 양육자가 적절한 자극을 주면서 아동 스스로 문제를 해결하고, 의지를 가질 수 있도록 하면 주도성이 발달한다. 반면 아동에게 민감하게 반응하지 않고 아동이 하고자 하는 활동에 지나치게 제한을 하게 된다면 아동은 자신의 행동에 심한 죄책감을 갖게 된다. 순수한 자발성은 이후 포부와 야망 형성에 중요한 기초가 된다(도미향 외, 2015: 61).

④ 제4단계(5~12세): 근면성 대 열등감

초등학교 시기로 아동은 다양한 활동을 추구하며, 지적 호기심과 성취하고자 하는 욕구가 생겨난다. 다양한 상황에 호기심이 생기며, 어떠한 일을 스스로 해내고자 하는 성취감과 인정받기를 원한다. 또한 자신의 능력과 가능성을 발견하고, 끊임없이 노력하는 과정에서 격려와 지지가 있으면 성취감이 생긴다. 그러나 어른이 아동에게 노력할 기회를 주지 않거나, 다양한 경험을 갖지 못하게 하면 좌절감을 경험하게 되고, 낮은 피드백만 있을시 아동은 심한 열등감을 갖게 된다.

⑤ 제5단계(청소년기): 정체감 대 정체감 혼미

청소년기에는 신체적으로 성숙이 이루어지며 부모로부터 심리적으로 독립하기 시작한다. 자신의 앞날에 대해 생각하고, 앞으로 어떤 사람이 될 것인지 대해 많은 관심을 갖게 된다. 끊임없이 나는 어떤 사람인지? 나는 누구인지? 내가 좋아하는 게 무엇인지, 내가 원하는 것은 무엇인지 등 끊임없는 질문과 이를 위해 많은 노력을 하게 된다. 그 결과 얻는 것이 자아정체감이며, 이 자아정체감은 자신의 장래 진로와 직업선택, 배우자 선택, 인생관의 확립 등에 중요한 역할을 하게 된다. 이것이 해결되지 않으면 청소년 시기에 반항하게 되고 역할혼란(role confusion), 또는 자아동일성 분산(identity diffusion)으로 표출될 수 있다. 또한 성역할과 인생의 가치관이 심한 갈등을 불러일으킬 수 있다.

에릭슨의 심리사회이론은 프로이트와는 달리 인생 전체를 두고 각 단계에서 일어나는 대인관계와 사회관계의 변화 등 발달에 대한 포괄적 통찰을 하여 의미가 매우 크다(김광웅, 1988; Biehler, 1987). 이 이론에서는 단계의 성격 특징이나 행동 그리고 이들의 관계는 연령단계에 따라 각기 특별한 의의를 갖고 발달한다는 점을 강조하고 있다.

3) 인지발달이론

인지발달이론의 대표적인 학자는 피아제(Piaget)이다. 피아제는 인간은 주어진 환경 내의 상황을 이해하고, 이런 상황에 적응하기 위해 자신의 내재적 정신구조를 바꾸어가는 것으로 보았다(도미향 외, 2015: 61). 피아제는 인지를 정보를 획득 및 저장하고, 활용하는 높은 수준의 정신과정이라고 보았다. 또한 인지과정 속에는 지적 과정, 기억, 지각, 지능, 학습, 회상, 상상 추리, 판단능력, 문제해결 등 눈으로 볼 수도 없고 손으로 만질 수도 없는 일련의 정신과정이라고 하였다(최순남, 2000: 309).

▲ Jean Piaget(1896~1980)

피아제는 인지발달단계를 감각운동기, 전조작기, 구체적 조작기, 형식적 조작기로 구분하였다. 각 단계는 지속적이고 상호의존적이며, 새로운 발달단계는 이전 발달단계에서 형성된 인지적 구조에 의존하고 새로운 능력과 기능이 성숙하면서 사고와 지식이 질적인 측면에서 새로운 접근방법으로 통합된다고 보았다(김성경 외, 2015: 70).

① 감각운동기(0~2세)

출생에서 2세까지로 유아는 감각적이고 동작적인 행동을 하는 시기이며, 이 기간에 많은 발달이 이루어지고, 발달된 정신은 다음 단계에서 영향을 미친다. 선천적으로 타고난 반사기능은 점차로 복잡해지며 이는 2세경에 협응된 감각동작적 행동으로 발달한다. 또한 감각과 신체적 운동 경험이 인지발달의 기초를 이룬다. 정신적 표방에 의한 개념적 사고가 시작되며, 지연 모방, 대상영속성의 개념 획득이 가능하다(도미형 외, 2015: 67).

② 전조작기(2~7세)

전조작기 아동은 2세가 지나면서 감각운동적 양식에 의존하던 것을 점차 새로운 언어를 습득하면서 다양한 상징적 능력이 발달하게 된다. 단순한 감각운동기에서 동작적인 활동과 개념적, 상징화된 놀이로 바뀌게 되고, 자기가 경험하는 사물을 대상으로 그 변화에 대한 유추와 판단이 가능해진다. 그러나 이 시기의 아동은 자기중심적이며, 보존개념이 제대로 형성되지 못하여 기본적으로 비체계적이고 비논리적이라고 볼 수 있다.

③ 구체적 조작기(7~12세)

구체적 조작기에서는 아동의 사고가 급속도록 조직화되고 논리적으로 변화된다. 아동은 구체적 문제를 적용할 수 있는 논리적 사고과정을 발달시키며, 가역적 사고와 보존개념이 형성된다. 전조작기에는 지각적으로 표상하였으나 구체적 조작기에는 정신적으로 영향을 줄 수 있다. 일반적인 것으로 관점이 확대되고 탈중심화 능력이 획득된다. 계열화, 분류 같은 도식들이 발달하고 인과성, 시간과 공간, 속도 등의 관련된 개념이 구체화된다. 이는 전조작기의 자아중심성에서 벗어나 이를 극복하기 시작하며, 사회적 상호작용에 있어서도 상대방의 요구도 고려하게 된다.

④ 형식적 조작기(12세 이후)

형식적 조작기에는 추상적이고 논리적인 사고를 할 수 있으며 모든 문제를 해결할 수 있는 능력이 발달한다. 이 기간에는 아동은 가설을 할 수 있으며, 확률과 가능성에 대한 생각을 확산하기도 한다. 여러 문제 상황에서도 모든 방안을 모색할 수 있으며, 가장 체계적이면서 과학적인 추론도 가능하게 된다. 따라서 형식적 조작기의 아동은 문제가 제기되었을 때, 가장 타당한 해결방안을 찾기 위해 먼저 그 문제를 해결할 수 있는 모든 가능한 방법들을 생각해서 그것을 차례로 검토해 본 다음, 결론을 내리는 사고를 하게 된다(성영혜 외, 2001).

피아제의 아동발달이론은 아동의 사고가 성인과 다르다는 점을 인식시켜 주었으며, 아동의 인지발달을 지도하는 데 강력한 이론적 배경을 제공해 주었다(김광웅, 1989). 그러나 인지성장과 관련된 것 외에 정서나 인지발달에 대해 거의 논의하지 않았으며 교육과 문화가 수행(performance)에 미치는 영향에 대해서 언급하지 않았다. 또한 표준화된 실험과정에서 결과를 얻은 것이 아니라는 비판을 받고 있다.

4) 행동주의 이론

행동주의 이론에 관해서는 다양한 견해들이 있으나 인간의 행동은 학습되거나 학습에 의해 수정된다고 보고 있다. 행동주의 이론은 20세기 초 러시아 생리학자 파블로프(Ivan P. Pavlov)의 연구에 근거를 두고 있다(도미향 외, 2015). 행동주의 이론에서는 발달의 주요 추진력이 유기체 내부가 아닌 환경에 있다고 주장하고 있으며, 인간의 행동은 자극과 반응의 관계에 있다고 보고 있다.

(1) 파블로프(Pavlov)의 고전적 조건화

고전적 조건화는 파블로프의 개 실험에서 보고되었는데, 1920년에 개의 소화기관을 연구하던 중 개에게 먹이를 주면 타액이 분비되는 것을 보았다(윤매자 외, 2014). 여러 번 먹이를 주면서, 개가 음식을 먹기 전에 타액을 분비하는 것을 볼 수 있었으며, 나중에는 음식을 주는 사람의 발소리만 들어도 타액을 분비하였다. 그는 개의 조건현상에 의한 타액분비의 양을 측정하는 장치를 만들어 일정한 속도로 종을 울리고, 그와 동시에 개의 입에 음식을 넣어주는 실험을 반

▲ Ivan P. Pavlov (1849~1936)

복하였다. 음식물을 무조건 자극이라고 하고, 이 자극에 의해 유발되는 반응을 무조건 반응이라고 보았다. 종소리는 자연 상태에서는 타액 분비와는 무관한 중성자극이라고 하였다. 그러나 2단계의 짝 지움을 통해 타액 분비 반응을 이끌어낼 수 있었다. 이는 행동을 유발하는 힘이 없는 중립자극에 반응유발능력을 불어넣어 조건자극으로 변화시키는 과정이 고전적 조건화라고 보았다. 이러한 조건화에 의해 형성된 행동을 반응적 행동이라고 보았으며 반응적 행동의 예로는 타액 분비, 눈물, 재채기 등이 있다(도미향 외, 2015).

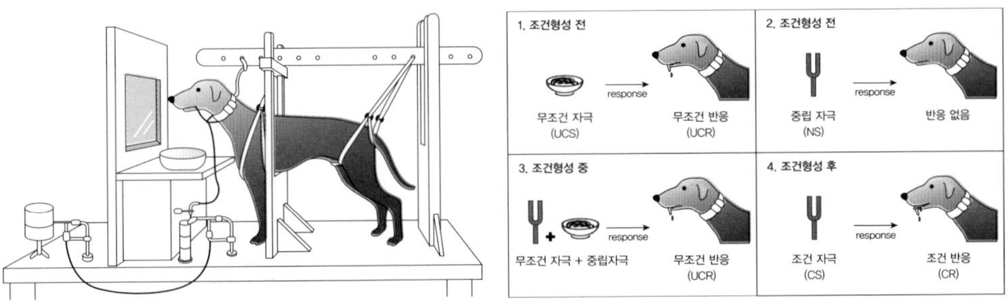

[그림 3-2] 파블로프 개의 조건현상

고전적 조건형성 이론을 인간에게 적용하면서 구체화하는 성과를 보인 사람은 왓슨(Watson)이다. 왓슨은 유아를 대상으로 실험했으며, 흰쥐에 대해 아무런 반응을 보이지 않는 유아에게 반복적으로 쥐를 보여주면서 큰소리(쇠막대기를 두드림)를 내면서 겁을 주었다. 수차례 반복 후에 흰쥐만 보여줘도 유아는 울음을 터트리며 거부반응 및 두려움을 표현했다. 왓슨은 아동이 성장하면서 조건형성을 통해 정서적인 반응을 한다고 보았다.

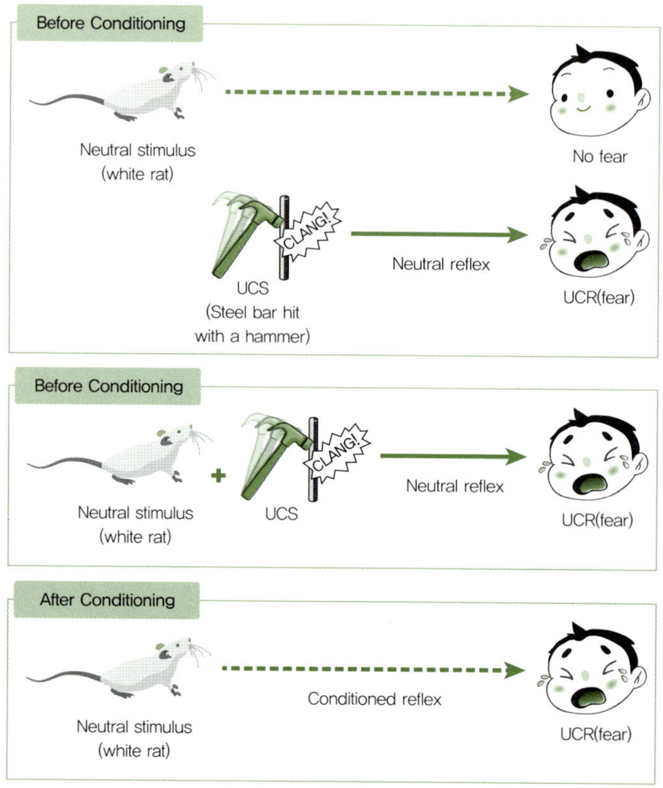

(2) 스키너(Skinner)의 조작적 조건형성

조작적 조건화는 스키너(Skinner)와 함께 일부 학습이론가들이 발달시켰다. 스키너에 따르면 인간의 행동을 결정하는 것은 인간의 내적인 힘이 아닌 인간이 오랜 과거 경험에서 비롯해 강화, 보상, 처벌에 의해서 영향을 받는다고 보았다. 보상을 받지 못한 행동이나 처벌받은 행동은 사라지며, 보상을 받으면 그 행동이 지속된다고 보았다.

▲ Burrhus Frederic Skinner(1904~1990)

스키너는 작은 상자의 한쪽 벽에 지렛대를 장치하고, 지렛대를 누르면 먹이가 나올 수 있도록 고안한 후 굶주린 쥐를 넣어두고 쥐가 상자 안을 돌아다닐 수 있도록 하였다. 쥐는 이리저리 움직이다가 우연히 지렛대를 누르게 되었고, 그 결과 먹이를 먹게 되었다. 긍정적 결과가 여러 번 반복되다 보면 쥐는 점차 지렛대와 먹이관계를 학습하게 된다.

스키너는 조작적 조건화가 인간에게도 적용된다고 보았으며, 보상이 주어지거나 긍정적인 강화를 받게 되면 그 행동은 반복되고, 반대로 강화되지 않거나 처벌을 하게 되면 발생확률이 줄어든다고 보았다. 강화는 어떤 행동의 강도와 발생빈도를 증가시키는 것으로 정적강화와 부적강화가 있다. 정적강화는 어떤 행동의 결과가 좋을 경우 칭찬이나 보상을 받으며, 부적강화는 싫어하는 것을 제거하기 위해서 어떤 행동이 증가되는 것이다. 예를 들어, 공부를 열심히 해서 성적이 올랐을 때 숙제를 면제해 주는 것을 말한다.

스키너는 인간의 행동은 환경적 자극에 의해 동기화되며, 행동에 따르는 강화에 의해 전적으로 결정된다고 보았다(도미향 외, 2015).

(3) 반두라(Bandura)의 사회학습이론

반두라(Bandura)의 사회학습이론에서는 인간의 행동은 학습되며, 자신의 발달단계나 행동의 특성이 그의 둘러싼 환경과 그 환경의 해석에 의해 결정된다고 보았다. 사회학습이론은 외적 강화 없이도 타인의 행동을 관찰 및 모방을 통해서 행동이 변화할 수 있다고 강조하였으며, 일상적인 사회적 학습에서 이루어지기 때문에 이를 사회학습이론이라고도 부른다.

▲ Albert Bandura (1925~2021)

사회학습이론은 기본적으로 강화에 토대를 두고 있으나, 아동 자신이 직접적 강화를 받지 않더라도, 다른 아동이 칭찬(보상)받거나, 벌을 받는 것을 관찰함으로써, 직간접적으로 강화된다고 보고 있다. 이를 관찰학습 또는 대리적 조건 형성이라고 한다.

반두라는 외적 보상이나 벌에 의해 행동이 학습된다는 전통적 행동주의의자들의 관점을 인정하지만 간접적인 경험으로 학습과 인지적 요인이 중요하다고 하였다. 특히 자아강화와 자아효능감을 중시하였다는 것이 차이점이라고 볼 수 있다. 인간은 감정, 사고, 행동을 통제할 수 있는 자기반응적 능력을 가지고 있으며, 개인행동은 자아강화(self reinforcement)와 외적 영향요인에 의해서 결정된다고 하였다. 즉, 자아강화는 각 개인이 수행 및 성취 기준을 설정하고 자신의 기대를 달성하거나 그렇지 못할 경우에 자신에게 보상 또는 벌을 내린다고 보고 있다.

(4) 아동발달에 대한 시사점

행동주의 이론의 관점은 아동의 행동은 환경 자극에 의해 영향을 받는다는 기본 전제에서 출발하며, 아동은 직접적 강화뿐만 아니라 타인의 행동을 관찰함으로써 조성된다고 보았다. 또한 아동의 긍정적인 행동을 증진하기 위해서는 아동에게 직접적으로 칭찬하거나, 바람직한 행동모델을 보여주면 가능하다. 행동주의 이론은 아동의 행동은 환경적 자극에 의해서 조성된 것이기 때문에 환경조정을 통해서 변화가 가능하고 결정론적 관점의 한계를 뛰어넘었다고 볼 수 있다. 행동주의적 개입기법으로는 자기주장훈련, 토큰경제, 체계적 둔감화, 이완훈련, 혐오기법, 격리 등의 방법이 있다.

오늘날 행동주의 이론은 아동의 행동발달을 위한 다양한 실천현장에서 가장 많이 적용되고 있으나 아동의 문제행동 수정을 위한 개입기법은 충분히 검증이 되어야 한다.

5) 기타 이론

(1) 생태학적 이론

생태학적 이론은 가족, 지역사회, 문화 등 인간이 속해 있는 생태환경을 보다 체계적으로 구조화되어 있다고 보았으며, 이 체계는 변화하는 사람과 환경 간 상호작용의 산물로 보고 있다. 브론펜브레너(Bronfenbrenner)의 생태학적 이론에서는 미시체계, 중간체계, 외체계, 거시체계, 시간체계로 구분하고 이 각각의 체계는 서로 다른 체계와 상호작용하며 인간과 상호작용하여 발달에 중요한 영향을 준다고 보았다. 이러한 환경의 경험은 추후 아동발달에 영향을 미친다.

미시체계는 아동에게 가장 근접한 환경 내에서 경험하는 역할 및 대인관계로서 가정, 학교, 또래집단처럼 아동발달에 직접적으로 영향을 미치는 환경을 말한다. 중간체계는 미시체계들 간의 상호관계로 집, 학교, 이웃, 아동보호기관과 같은 미시체계 사이의 관계를 말한다. 중간체계들 간의 관계가 밀접할수록 바람직한 아동발달이 촉진된다고 보았다. 외체계는 아동발달에 영향을 주지만 아동에게 직접적 역할을 제공하지 않는 것으로 사회 · 경제적 변인과 같은 요인이 아동의 행동에 어떠한 영향을 미치는지를 파악하는 것이다. 마지막으로 거시체계는 중간체계와 외체계를 포괄하는 체계로서 아동이 살고 있는 사회와 문화의 이념, 가치, 법률, 제도, 규칙, 관습 등을 의미한다. 시간체계는 아동이 발달해 감에 따라 아동이 살고 있는 환경 내에서 발생하는 사건과 생의 전환점이 되는 사건들로 아동의 발달에 영향을 미친다고 보았다.

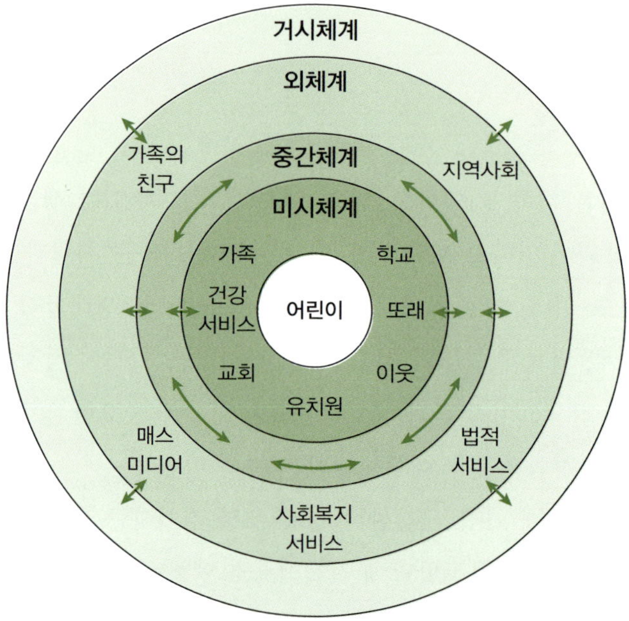

[그림 3-3] 브론펜브레너(Bronfenbrenner)의 생태체계

생태학적 이론은 아동을 직, 간접으로 둘러싸고 있는 여러 환경체계에 대해 이해하기 쉽게 설명해 놓았다. 또래나 성인과의 상호작용하는 기회를 더 많이 가질 수 있으며, 그로 인해 사회적으로 긍정적인 발달을 가져올 수 있다.

(2) 매슬로(Maslow)의 인본주의 이론

매슬로(Maslow)의 인본주의 이론은 인간은 개인적 발달을 위한 잠재력을 지니고 있으며, 본질적으로 선하고 자아실현(self-actualization)을 위해 노력하는 존재라고 보았다. 매슬로(1954; 1968; 1971)는 사람들이 동기화되는 요인이 무엇인지, 또한 개인을 완전하게 기능하는 삶으로 이끌어가는 동기 등에 관심을 가졌으며, 완전하게 기능하는 사람만이 자아를 실현하는 것으로 보았다. 자아실현 동기가 그 사람의 삶을 지배하기까지는 몇 개의 욕구단계를 거친다고 가정하였으며, 생리적 욕구, 안전의 욕구, 소속감과 사랑의 욕구, 자아존중감의 욕구, 자아실현의 욕구 5단계로 분류하였다. 각 계층에서 최소한의 충족이 있으면 다음의 욕구단계로 넘어간다고 보았다.

① 생리적 욕구

생리적 욕구(physiological needs)는 인간의 생명 유지에 대한 기본적 욕구로서 음식, 물, 공기, 수면성 등으로 볼 수 있다. 이것은 인간의 욕망을 지배하고 있으며, 만일 이것이 제대로 충족되지 못하면 사회의 안전망 및 인간의 정상적 행동의 균형을 잃게 된다. 이 단계에서의 욕구가 만족되면 다음 단계의 욕구가 일어난다.

② 안전의 욕구

안전욕구(safety needs)는 인간의 편안하고 안전하며, 위험이 없는 자기보존에 대한 욕구, 불안, 무질서로부터의 자유 추구의 욕구라 할 수 있다. 대부분의 인간은 이 같은 안전의 욕구가 존재한다고 볼 수 있다.

③ 소속감과 사랑의 욕구

생리적 욕구와 안전의 욕구가 어느 정도 충족되면, 소속감과 사랑의 욕구가 생겨난다. 이 단계에서는 다른 사람과 친하거나, 사랑하고 소속되기를 바라며, 친밀한 관계, 특별한 친구관계, 연인관계를 맺고 싶어 한다. 인간은 사랑을 주고받음으로써 자신이 가치 있는 존재라는 감정을 가지게 된다. 더 나아가 결혼을 하거나 직장생활, 취미활동, 동창회활동 등 여러 가지 모임에 참여하고 싶은 욕구가 생긴다.

④ 자아존중의 욕구

자아존중(esteem needs)의 욕구는 소속감과 사랑의 욕구가 만족되면 후에 나타나

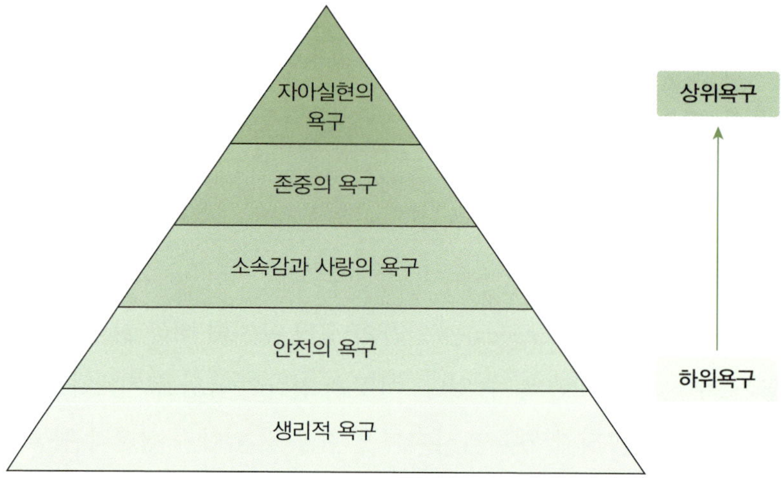

[그림 3-4] 매슬로 욕구 5단계

는 욕구로 자기 자신과 다른 사람으로부터 존경받고 싶은 욕구이다. 자기의 행동이나 인격을 타인으로부터 승인, 칭찬, 존경을 받고 싶어 하며, 이로 인해 자신감, 명성, 힘이 있다고 보고, 주위에 영향력이 있다고 느낀다. 이러한 욕구가 만족되면 다음 단계인 자아실현의 욕구가 생기게 된다.

⑤ 자아실현의 욕구

자아실현 욕구(self-actualization needs)는 발달의 마지막 단계로 인간 최상의 욕구라고 볼 수 있다. 이 욕구는 자신의 가능성, 잠재력을 최대한으로 실현함으로써 인생의 최대가치와 목적을 이루려고 한다. 이 단계에 있는 사람들은 창의적 활동, 대인관계, 자연 및 예술감상, 부모의 역할을 수행할 때 절정의 경험에 도달한다. 자신을 알리려고 노력하고, 안정보다는 용기를 갖고 정상에 올라가려고 노력한다.

인본주의 이론이 가지는 시사점을 살펴보면 다음과 같다.

첫째, 인본주의에서 바라보는 관점으로 아동 모두에게 성장을 즐기고 스스로 새로운 경험을 할 수 있도록 하며, 아동 스스로 자신의 것을 탐색하고 선택할 수 있도록 적절한 기회를 제공해 주어야 한다. 둘째, 아동은 스스로 내재된 고유한 결정요소가 있으므로 아동 스스로 자신의 행동을 조장하고 통제해 나갈 수 있도록 자유를 주어야 한다. 셋째, 양육자는 아동의 성장발달을 위해 아동의 생리적 욕구와 안전, 소속감과 사랑, 자아존중, 자아실현의 욕구 등을 적절히 충족시켜 주는 것이 바람직하다.

영유아기만의 독특하고 고유한 발달 특징에 대해 이야기해 보고자 한다.

신체 및 운동능력의 발달: 일상생활 속에서 신체를 움직일 기회의 중요성

영유아의 신체는 급속히 발달한다. 특히, 영아기는 신체 발달이 일생 중 가장 빠르게 이루어지는 시기로, 신체 발달의 결정적 시기이다(조복희, 2017; Berk, 2005, 2019). 신체 발달에 영향을 미치는 요인은 생물학적 요인과 환경적인 요인뿐만 아니라, 운동능력 기술을 연습할 기회가 얼마나 주어졌는가 역시 중요한 요인이다. 즉, 영유아는 매일 놀면서 생활 속에서 자연스럽게 운동능력을 터득해야 한다.

뇌발달: 영유아기는 뇌 성장의 급등기

인간이 평생 갖게 되는 1~2억 개의 뉴런(신경세포)은 태내기 때 이미 다 형성되나, 시냅스(뉴런과 뉴런을 연결하는 공간)의 형성이 급속하게 이루어지는 시기인 영유아기가 뇌 성장의 급등기이다. 따라서 이 시기에 적절한 환경적인 자극과 경험은 필수적이다(Berk, 2005, 2019). 영유아가 '직접' 사물을 보고 만지고, 언어와 다른 소리를 듣고, 환경을 탐색하는 일상적인 경험에서부터 뇌는 정상적으로 성장하게 된다.

언어발달: 영유아기는 모국어 습득의 민감기

대뇌피질의 언어영역 시냅스는 생애 첫 2년 동안 빠르게 형성되며 이후 가지치기를 한 후, 만 6세 경에 성인의 수준에 도달한다. 따라서 모국어는 생의 초기에 획득되어야 하며, 이 시기가 바로 언어 자극에 가장 민감한 시기이다(Berk, 2005, 2019).

사회정서 발달: 함께 생활하며 긍정적인 정서를 야기하는 풍요로운 경험의 중요성

영유아기는 사회정서 발달의 발아기이다. 생애 첫 학교인 유아교육기관에서 영유아는 사회적으로 용인되는 수준으로 자신의 감정과 요구를 어떻게 표현할 수 있는지 배우고 실제 사람과 관계를 맺어가면서 사회적으로 바람직하게 여겨지는 행동이나 가치관을 습득해나가는 사회화(socialization) 과정을 거친다.

인지발달: 영유아는 직접적인 경험을 통해 지식을 습득하는 능동적인 학습자

유아교육에 영향을 미친 사상가 중 체계적인 인지발달 이론을 처음 제시한 피아제(Piaget, 1983)는 영유아가 자신의 학습에서 능동적인 역할을 한다는 것을 강조하였다. 영유아는 비록 성인이 보기에는 비논리적일지라도, 경험과 성숙, 내적인 사고작용을 통하여 지식을 구성하는 학습의 주체자로서 고유한 정체성을 지니고 있다.

출처: 베이비뉴스(2022. 12. 01.). https://www.ibabynews.com

Q·u·i·z /퀴즈/

1. 아동의 일반적인 특성 내용이 아닌 것은?

① 방향성 ② 연속성 ③ 개별성 ④ 다양성 ⑤ 복합성

2. 프로이트는 의식수준을 ( ), ( ), ( )으로 나눴다. 괄호 안에 들어갈 말은?

3. 프로이트는 성격구조를 세 가지로 구성된다고 보았다. 세 가지는 무엇인가?

4. 아동발달이론에서 프로이트의 발달단계가 아닌 것은?

① 구강기 ② 항문기 ③ 고착기 ④ 잠복기 ⑤생식기

5. 에릭슨 심리사회적 발달 8단계 중 아동에 해당되는 5단계를 설명해 보시오.

6. 피아제의 인지발달단계는?

7. 고전적 조건형성 이론을 인간에게 적용하면서 구체화하는 성과를 보인 사람은 ( ) 이다. 괄호 안에 들어갈 말은?

8. 조작적 조건화는 ( )와 함께 일부 학습이론가들이 발달시켰다. ( )에 따르면 인간의 행동을 결정하는 것은 인간의 내적인 힘이 아닌 인간이 오랜 과거 경험에서 비롯해 강화, 보상, 처벌에 의해서 영향을 받는다고 보았다. 괄호 안에 들어갈 학자는?

9. 브론펜브레너(Bronfenbrenner)의 생태학적 체계이론의 특징과 5가지 환경은 무엇인가?

10. 매슬로(Maslow)의 욕구 5단계는 무엇인가?

Think·about·it

/생각나누기/

1. 나의 어린 시절을 어떻게 지냈는지, 어린 시절의 경험이 지금의 나의 성격에 어떠한 영향을 미쳤는지 이야기해 봅시다.

2. 본인이 생각하기에 아동시기에 중요한 요인은 무엇이라고 생각하는지 이야기해 봅시다.

/CHAPTER/ 04

아동복지 대상 및 서비스

CHILD WELFARE

학/습/목/표
1. 아동복지 대상에 대해 알 수 있다.
2. 아동복지 서비스 분류에 대해 알 수 있다.
3. 우리나라 아동복지서비스의 현황에 대해 알 수 있다.

1 아동복지 대상

1) 우리나라 아동인구의 변화추이

아동인구는 아동복지법 제3조 제1호에서 규정하고 있는 18세 미만인 사람을 뜻한다.[1] 최근 몇 년간의 아동인구 수와 아동인구가 총인구에서 차지하는 비율의 추이를 살펴보면 아동인구 수는 1970년대 정점을 기록한 이후 계속 감소하고 있는 추세이다. 1970년대에는 약 1,600만 명으로 전체 인구의 49%를 차지하였으나, 2010년대 이후 처음으로 900만 명대에 진입하였으며 앞으로도 아동인구는 감소할 것으로 보인다.

2023년 9월 통계청에 따르면 우리나라의 총인구는 51,370,001명이며, 남자는 25,592,335명, 여자는 25,777,666로 추정됐다. 이 중 아동인구는 8,049,055명이며, 0~9세는 3,379,370명, 10세~18세는 4,669,685명으로 저연령 아동인구 수가 감소한 것으로 추정해 볼 수 있다. 저출산 현상이 장기화되고, 고령화가 심화될수록 아동인구의 감소는 더욱 가속화될 것으로 전망되고 있다(통계청, 2023).

1) (유엔아동권리협약 제1조) 이 협약의 목적상, "아동"이라 함은 아동에게 적용되는 법에 의하여 보다 조기에 성인 연령에 달하지 아니하는 한 18세 미만의 모든 사람을 말함.

〈표 4-1〉 총인구 중 아동(0~만 18세)인구 구성비 (단위: 명, %)

	2011	2012	2013	2014	2015	2016	2017	2018	2019	2020	2021
총 인구수	50,734,284	50,948,272	51,141,463	51,327,916	51,529,338	51,696,216	51,778,544	51,826,059	51,849,861	51,829,023	51,638,109
아동 인구수	9,921,012	9,691,876	9,431,699	9,186,841	8,961,805	8,736,051	8,480,447	8,176,335	7,928,907	7,710,946	7,483,944
비율 (구성비)	20	19	18	18	17	17	16	16	15	15	15

출처: 지표누리(www.index.go.kr).

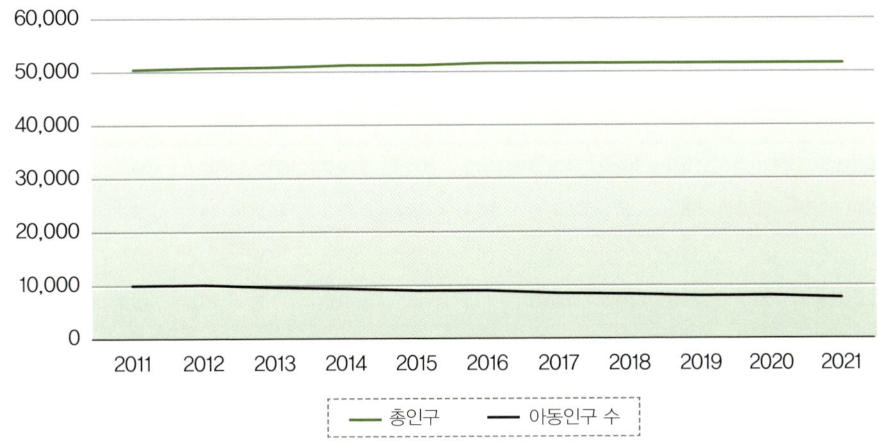

[그림 4-1] 아동인구 수

출처: 지표누리(www.index.go.kr).

이처럼 저출산문제가 지속되면서 성인들의 인식이 변화하고, 아동을 보호하고 책임져야 하는 가정의 해체 현상도 간과할 수 없는 문제로 대두되고 있다. 통계청(2023)이 발표한 '2022년 이혼통계' 자료에 따르면, 2022년 이혼한 부부는 19만 2천 건으로 전년대비 0.4%(-0.8천 건)가 감소했다고 한다. 조(粗)이혼율(인구 1천 명당 이혼건수)은 1.8건, 유배우 이혼율(유배우 인구 1천 명당 이혼건수)은 3.7건으로 나타났으며, 평균이혼연령은 남자 49.9세, 여자 46.6세로 남자는 0.2세 감소, 여자는 0.1세 감소하였다. 연령별 이혼에서는(해당연령 인구 1천 명당 이혼건수) 남녀 모두 40대 초반에서 6.9건, 7.6건으로 가장 높게 나타났으며, 혼인지속기간 0~4년이 전체 이혼의 18.6%로 가장 많고, 5~9년(18.0%), 30년 이상(16.8%) 순으로 나타났다. 외국인과의 이혼은 6천 건으로 전년대비 5.9%(-0.4천 건) 감소하였다. 미성년 자녀가 있는 부부의 이혼은 3만 9천 건으로 전체 이혼의 41.7%이며, 미성년 자녀가 1명인 이혼 부부의 구성비는 22.1%, 2명은 16.3%, 3명 이상은 3.3%를 차지하고 있다. 이러한 가족의 해체현상은 아동인구 수를 감안하더라도 지속적으로 보호가 필요한 아동을 계속 증대시키고 있다고 볼 수 있다.

〈표 4-2〉 미성년 자녀 유무별 이혼건수 및 구성비(2012~2022) (단위: 천 건, %)

	2012	구성비	2013	2014	2015	2016	2017	2018	2019	2020	2021	2022	구성비	전년대비 증감률
계*	114.3	(100.0)	115.3	115.5	109.2	107.3	106.0	108.7	110.8	106.5	101.7	93.2	100.0	-8.3
미성년 자녀 있음	60.3	(52.8)	59.0	57.2	52.8	51.0	50.1	49.4	49.0	45.0	41.2	38.9	41.7	-5.5
1명	29.9	(26.2)	30.1	30.0	27.8	27.3	26.7	27.0	26.2	23.9	22.0	20.6	22.1	-6.4
2명	26.2	(23.0)	24.7	23.3	21.2	20.0	19.7	18.7	19.0	17.5	15.9	15.2	16.3	-4.8
3명 이상	4.1	(3.6)	4.2	3.9	3.8	3.7	3.7	3.7	3.8	3.5	3.2	3.1	3.3	-3.0
미성년 자녀 없음	53.7	(47.0)	56.1	58.1	55.6	55.4	54.4	57.6	59.4	58.7	57.9	51.2	54.9	-11.6

* 미상 포함

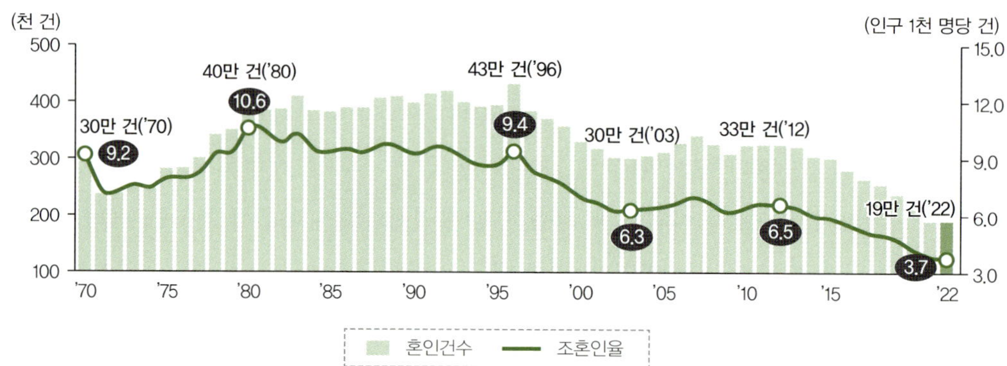

[그림 4-2] 미성년자녀 이혼건수 및 구성비

출처: 통계청(2023). 2022년 혼인, 이혼통계.

이혼 그 자체가 문제이기보다는 이혼으로 인해 취약가구로 이어질 가능성이 높으며, 이혼, 사별, 별거로 가족이 빈곤에 처할 경우, 가족기능에 문제를 보일 수 있다.

2023년 통계청 자료에 따르면 2022년 총가구 22,383 중 한부모가구는 1,494가구이며, 저소득 한부모가족은 474,193명으로 보고하고 있다. 이혼이나 미혼가구 증가 추세에 따라 가족정책의 방향도 이들에 대한 지원정책에 초점을 맞출 필요가 있다(통계청, 2023).

이렇듯 전통적 가족의 해체, 여성의 사회진출 증대, 한부모 · 미혼가정의 증대는 아동인구의 감소에도 불구하고 아동복지서비스가 필요한 대상과 영역을 오히려 확대시킬 필요가 있다.

마지막으로 우리나라 사회 가족구조 형태로 등장한 다문화가족이 증가하고 있다. 2021년 다문화 가구원 수는 112만 명이며 다문화가족의 정착이 장기화됨에 따라 만 7~18세 다문화가족 자녀가 빠르게 증가하는 추세다. 만 7~18세 자녀 수는 2017년 약 10만 7,000명에서 2021년 약 17만 5,000명으로 63% 급증했다. 이러한 다문화가족 아동의 증가를 고려할 때, 향후 다문화가족 아동을 위한 다양한 복지서비스가 증가되어야 한다고 본다.

2) 아동복지의 대상체계

아동복지의 대상체계는 아동과 부모, 가정이 포함된다. 부모와 가정이 대상체계가 되는 이유는 아동이 건강하게 자라기 위해서 발달 특성상 보호자가 필요하며, 부모는 아동을 보호할 일차적인 책임이 있다. 부모는 아동이 건강하게 자라기 위한 환경을 만들어 주고, 아동을 보호하는 가족체계의 건강과 안정성을 확보할 수 있어야 한다. 이에 아동복지서비스는 아동이 중심적이고 가족친화적인 서비스로 제공될 필요가 있다.

「아동복지법」에 근거하면 아동을 18세 미만의 자로 규정하여 모두 아동복지의 대상이 되며, 요보호아동과 일반아동으로 구분해서 살펴보고자 한다.

(1) 요보호아동

우리나라 「아동복지법」을 살펴보면 '보호를 필요로 하는 아동'은 보호자가 없거나 보호자로부터 이탈된 아동, 또는 보호자가 아동을 학대하는 경우 등 보호자가 아동을 양육하기에 부적당하거나 양육할 능력이 없는 경우의 아동으로 규정하고 있다(아동복지법」 제2조 제2항). 보호자는 친부모뿐만 아니라 친권자, 후견인, 아동을 보호 · 양육 교육, 그 의무가 있는 자 또는 업무 · 고용 등의 관계로 사실상 아동을 보호 · 감독하는 자를 모두 포함이 된다. 정익중과 오정수(2021)는 요보호아동을 다음과 같이 분류하고 있는데 첫째, 양육환경상의 보호가 필요한 아동이다. 가족의 구조와 기능이 결손되어 건강한 양육환경에서 성장하기 힘든 아동들로, 구체적으로는 빈곤 가정 아동, 결손가정 아동, 부모부재 아동 등이 포함된다. 둘째, 신체적 · 정신적 · 정서적으로 문제나 장애를 지닌 아동이다. 이 아동들은 자신들이 가진 독특한 심신상의 결함으로 정상적인 사회참여에 제한을 받고 있고, 독립적인 인격체로서의 존엄성을 침해당하고 있다. 장애아동은 크게 신체장애아동 · 정신장애아동 · 정서장애아동 등으로 분류될 수 있다. 셋째, 사회적 · 법적 보호가 필요한 아동이다. 가출아동 · 비행아동 등이 포함된다. 넷째, 특별보호를 요하는 아동이다. 학대 및 유기된 아동, 미혼모의 아동 등이 포함될 수 있다.

2023년 보건복지부 자료에 의하면 '2022년 요보호 아동현황수'는 3,756명이며, 보호조치 아동이 발생하는 이유에 대해서는 부모학대가 1,103명으로 가장 높게 나타났으며, 부모이혼이 296명, 부모사망은 235명 순으로 나타났다.

〈표 4-3〉 보호조치 아동의 발생원인

구분 연도	보호대상아동발생수	귀가 및 연고자 인도	보호조치 아동의 발생원인													장애여부		
			계	남	여	유기	미혼부모·혼외자	미아	비행가출부랑	학대	부모빈곤·실직	부모사망	부모질병	부모교정시설입소	부모이혼 등	계	비장애	장애
2022	3,756	1,467	2,289	1,115	1,174	73	252	0	11	1,103	139	235	70	110	296	2,289	2,179	110
2021	4,521	1,084	3,437	1,741	1,696	117	366	0	293	1,660	170	275	101	99	356	3,437	3,316	121
2020	5,053	933	4,120	2,188	1,932	169	466	11	468	1,766	181	279	75	166	539	4,120	3,944	176
2019	4,612	565	4,047	2,135	1,912	237	464	8	473	1,484	265	297	83		736	4,047	3,905	142

출처: 보건복지부(2023). 2022년 보호대상아동 현황.

〈표 4-4〉 보호조치 현황

보호조치																					
중장기보호 조치																	일시보호조치				
계	시설입소									가정보호							소계	남	여	시설	가정형보호
	소계	남	여	양육시설	일시보호시설	자립지원시설	보호치료시설	공동생활가정	기타	소계	남	여	소년소녀가정	입양	가정위탁	입양전위탁					
1,881	913	438	475	567	0	0	12	287	47	968	474	494	0	52	802	114	408	203	205	381	27
3,437	2,183	1,105	1,078	996	243	33	282	546	83	1,254	636	618	0	75	1,028	151					
4,120	2,727	1,439	1,288	1,131	342	20	452	714	68	1,393	749	644	0	88	1,068	237					
4,047	2,739	1,447	1,292	1,707	401			625	6	1,308	688	620	5	104	1,003	196					

출처: 보건복지부(2023). 2022년 보호대상아동 현황.

(2) 일반아동과 부모(보호자)

일반아동은 외부로부터 도움을 받지 않고 가정에서 제공되는 보호를 받으면서 생활하는 아동을 의미한다. 따라서 우선적으로 사회적인 보호와 책임이 필요한 요보호아동과는 명확히 구분되는 아동의 개념이라 할 수 있다. 그러나 일반아동은 문제가 전혀 없다는 개념은 아니다. 여러 가지 문제가 발생하지 않도록 예방적 차원에서 일반아동에게도 아동복지서비스를 제공해야 한다. 아동이 건강하게 성장할 수 있도록 다방면으로 지원을 해야 하며, 특히 아동의 일차적인 책임을 지고 있는 가족들에게 제 역할을 다 할 수 있도록 아동수당, 무상교육, 급식지원 육아휴직, 보육서비스 등 다양한 아동복지서비스가 제공이 되어야 한다.

보호자는 「아동복지법」 제3조제3호에서 친권자, 후견인, 아동을 보호 · 양육 · 교육하거나 그러한 의무가 있는 자 또는 업무 · 고용 등의 관계로 사실상 아동을 보호 · 감독하는 자를 말한다고 규정하고 있다. 또한 동법 제4조 제1호에서는 국가와 지방자치단체는 아동의 안전 · 건강 및 복지증진을 위하여 아동과 그 보호자 및 가정을 지원하기 위한 정책을 수립 · 시행하여야 한다. 제6호에서는 아동의 보호자가 아동을 행복하고 안전하게 양육하기 위하여 필요한 교육을 지원하여야 한다고 규정하고 있다.

2 아동복지서비스의 분류

아동복지서비스는 서비스를 제공하는 장소, 서비스가 수행하는 주기능, 서비스가 수행하는 방어선의 위치에 따라 분류될 수 있다.

1) 서비스 제공 장소에 의한 분류

(1) 가정 내 서비스

가정 내 서비스(in-home service)는 가정 내에서 부모 및 가족구성원들과 함께 생활하면서 필요한 양육과 서비스를 제공받는 경우다. 우리나라 「아동복지법」 제3조(기본이념)에서는 아동은 완전하고 조화로운 인격발달을 위하여 안정된 가정환경에서 행복하게 자라나야 한다고 명시되어 있다. 이는 아동이 건강하게 성장하기 위해 가정중심의 보호가 중요하며, 가정 내 양육과 서비스를 제공하는 필요하다고 강조되고 있다.

(2) 가정 외 서비스

가정 외 서비스(out-of-home service)는 가정 밖에서 이루어지는 서비스로 장소간에 내왕하면서 보호 및 서비스를 받는 경우, 자신의 출생가정을 떠나서 일시적 또는 장기적으로 보호시설에 거주하는 등 양육이나 서비스를 제공받는 경우를 모두 포함한다. 가정생활 중심으로 가정중심의 보호원칙이 있음에도 불구하고 가정이 해체되거나, 불가피하게 보호를 받을 수 없는 경우 이에 해당된다. 이러한 경우 가정 외 서비스를 적극적인 선택(positive choice)으로서 아동의 복지를 위한 최선의 대안으로 제공하여야 한다.

2) 서비스의 기능에 의한 분류

서비스의 기능에 의한 분류는 미국 아동복지학자 카두신(A. Kadushin)의 유형 분류로, 아동양육을 위한 가정의 역할에 아동서비스가 어떠한 기능을 하는가에 따라 지지적 서비스, 보충적 서비스, 대리적 서비스로 나눴다.

(1) 지지적 서비스

지지적 서비스(supportive service)는 부모가 아동발달에 대한 지식과 기술이 부족하거나 부모-아동, 부부관계, 기타관계 등으로 어려움을 겪고 있을 때 필요한 서비스이다.

문제를 해결할 수 있도록 상담 및 교육 프로그램 등으로 가족의 기능을 지원하고 능력을 강화시켜 주는 예방적 서비스로 다른 서비스와는 달리 아동들이 자신의 가정에 머물러 생활하면서 받을 수 있다. 부모나 아동의 역할을 대신하기보다는, 가족 구조나 구성원의 역할을 침해하지 않고 외부에서 가족 내부의 역할과 기능이 제대로 수행될 수 있도록 지원해 주는 역할을 한다.

지지적 서비스의 목표는 가족 구성원의 사회적 기능을 높여 가족의 붕괴위험을 줄이는 것이다. 따라서 가족이 모든 역할과 기능을 담당하지만 가족 상담, 아동학대 예방 등과 같이 가족이 그 역할과 기능을 더 잘할 수 있도록 제공하는 서비스이다(서울시 아동복지백서, 2021: 86). 아동과 보호자에 대한 상담, 지도실시, 가정에서 아동을 보호·양육할 수 있도록 필요한 복지 급여 및 서비스를 연계 지원한다(서울시 아동복지백서, 2021: 98).

(2) 보충적 서비스

보충적 서비스(supplementary service)는 아동이 가정에서 생활하도록 지원하면서 부모의 역할을 일부 대신하는 것으로, 아동 양육을 위한 부모의 역할이 일시적으로 충족되지 못할 때 필요한 서비스이다. 부모는 경제적인 활동을 통하여 소득을 마련하여야 하지만 부모의 사망, 질병, 장애, 실업 등 예기치 않은 상황이 닥치면 가족의 역할을 대신해 줄 사회적 장치가 필요하다. 즉, 보충적 서비스는 가족이 적절하게 역할을 수행하지 못할 때 아동의 욕구를 충족시키는 사회적 장치이다. 가장 대표적인 서비스는 어린이집, 드림스타트, 지역아동센터, 지역아동복지센터, 우리동네키움센터 등이다(서울시 아동복지백서, 2021: 104).

(3) 대리적 서비스

대리적 서비스(substitute service)는 아동이 원가정에서 부모와 함께 생활할 수 없는 경우 부모가 아닌 제3자가 부모의 역할을 대신하는 것이다. 대리적 서비스는 아동이 가정을 떠나 다른 가족이나 양육자, 생활 시설 등에 의해 일시적 혹은 영구적으로 보호받는다. 대리적 서비스는 가장 마지막에 선택되어야 할 서비스이지만, 우리나라는 한국전쟁 이후 수많은 전쟁고아와 기아, 미아를 수용해야 했기에 시설 보호 중심의 정책과 서비스가 발전하였고 오랫동안 대표적인 사회복지로 인식되었다. 우리나라에서 원가족이나 부모에게 보호받지 못하는 아동의 보호 및 양육 기능을 담당하고 있는 대표적인 시설 보호 체계는 아동양육시설과 자립지원시설이 있고, 가정 보호 체계는 가정위탁, 공동생활가정(그룹홈), 입양 등이 있다(서울시 아동복지백서, 2021: 128).

아동복지서비스

지지적 서비스	보충적 서비스	대리적 서비스
가족 구조나 구성원의 역할을 침해하지 않고 외부에서 가족 내부의 역할과 기능이 제대로 수행될 수 있도록 지원	부적절하거나 제약된 부모의 보호를 보상하거나 아동이 받아야 할 보호를 보충함	아동의 개별적 욕구에 따라 제 3자가 부모의 보호를 부분 또는 전체를 대신함
• 가족 상담 • 아동학대 예방 • 학대, 방임 아동을 위한 보호 서비스 • 미혼부모, 한부모를 위한 서비스 • 복지 급여 및 서비스	• 어린이집 • 드림스타트 • 지역아동센터 • 지역아동복지센터 • 우리동네키움센터 • 소득보충프로그램 • 가정봉사원파견서비스	• 가정위탁 • 공동생활가정(그룹홈) • 입양 • 쉼터 • 아동생활시설 • 아동치료보호시설 등

[그림 4-3] 카두신의 아동복지서비스 유형분류

출처: Kadushin, P.(1974). p. 29에서 수정.

3) 방어선의 위치에 의한 분류

방어선 위치에 의한 분류는 주커만(Zuckerman)에 의해서 주장되었으며, 그의 저서『아동복지』(1983)에서 다음과 같은 방어선의 개념에 의해 아동복지서비스를 체계적으로 분류하였다(Zuckerman, 1983: 26-31). 주커만은 지지적 서비스와 보충적 서비스 대부분을 1차 방어선(The First Line of Defence)으로 보았으며, 대리적 서비스 중 가정 형태의 서비스를 제공하는 가정위탁과 입양을 2차 방어선(The Second Line of Defence), 집단보호서비스를 3차 방어선(The Third Line of Defence)으로 구분하였다.

(1) 제1차 방어선으로서 가정 내 서비스

가정은 아동에게 일차적인 방어선으로서의 기능을 수행한다. 가정이 아동의 기본적인 욕구를 충족하지 못하거나, 부모-자녀 역할관계에 어려움 등이 있을 경우, 가정의 사회적 기능회복, 유지, 강화함으로써 제1차 방어선으로서의 역할을 수행한다고 보았다. 가정에서 생활하는 아동과 가족을 위한 서비스는 지역사회의 기관에서 제공하는 아동상담이나 가족복지서비스 등이 대표적이다.

(2) 제2차 방어선으로서 대리가정서비스

2차 방어선으로서 대리가정서비스는 아동이 정상적인 기능을 수행하지 못하거나 아동에게 원가정의 역할을 대신할 수 있도록 다른 보호의 장이 요구된다. 골드슈타인, 프로이드, 솔닛(Goldstein, Freud & Solnit, 1973)은 최소침해대안(the least detrimental alternative)의 원칙이라고 불렀는데, 가정의 기능을 제대로 하지 못했을 경우, 아동에게 가장 적절한 형태의 보호와 서비스를 제공하는 게 필요하다. 이 원칙에서는 아동의 삶과 가정에 대하여 제한적인 요소를 최소한도로 줄이는 것이다. 구조화된 생활시설이나 가정과 비슷한 생활의 환경에서, 지역사회에 자유롭게 접근할 수 있는 보호의 장으로 대리가정이 제안되는 것이다. 대리가정서비스의 대표적인 형태로는 가정위탁과 입양서비스를 들 수 있다

(3) 제3차 방어선으로서 집단보호(생활시설)서비스

아동생활시설이나 아동공동생활가정에서는 최소침해대안의 원칙에 따라 아동의 욕구가 출생가정이나 대리가정에 의하여 충족될 수 없는 경우에 한하여 집단적인 보호를 제공하는 것이다. 또래 집단관계가 중요한 것만큼 집단적인 생활환경이 필요한 아동, 특수한 욕구를 가진 장애아동에게 이러한 집단적 주거환경에 의한 서비

스가 제공된다. 집단보호는 6~12명의 아동을 수용한 소규모 집단가정에서부터 대규모 수용시설에 이르기까지 규모와 형태가 다양하다. 어떤 가정은 직원이 대리부모의 역할을 수행함으로써 가정의 형태로 운영되기도 한다. 신체적 학대 및 학대를 정서적인 장애를 지닌 아동이나 가정에서 행동장애를 일으킨 아동을 위하여 치료적인 기능을 수행하는 시설도 있다. 대부분의 집단보호 프로그램은 민간복지기관와 공공에 의하여 운영되며 공공재원의 지원을 받는다.

❸ 우리나라 아동복지서비스의 현황

우리나라 「아동복지법」 제52조 아동복지시설의 종류[2]에 대해 살펴보면 12가지 유형으로 분류할 수 있으며, 아동양육시설, 아동일시보호시설, 아동보호치료시설, 공동생활가정, 자립지원시설, 아동상담소, 아동전용시설, 지역아동센터 등이 있다. 이들 시설의 유형별 주요 목적은 〈표 4-5〉에 제시된 바와 같다.

〈표 4-5〉 아동복지사업을 수행하는 시설 종류

유형	목적
아동양육시설	보호대상아동을 입소시켜 보호, 양육 및 취업훈련, 자립지원 서비스 등을 제공
아동일시 보호시설	보호대상아동을 일시보호하고 아동에 대한 향후의 양육대책수립 및 보호조치를 행하는 것

2) 「아동복지법」. 제52조(아동복지시설의 종류) 〈개정 2016. 3. 22., 2017. 10. 24., 2019. 1. 15., 2021. 12. 21.〉

아동보호 치료시설	아동에게 보호 및 치료 서비스를 제공 가. 불량행위를 하거나 불량행위를 할 우려가 있는 아동으로서 보호자가 없거나 친권자나 후견인이 입소를 신청한 아동 또는 가정법원, 지방법원소년부지원에서 보호위탁된 19세 미만인 사람을 입소시켜 치료와 선도를 통하여 건전한 사회인으로 육성 나. 정서적 · 행동적 장애로 인하여 어려움을 겪고 있는 아동 또는 학대로 인하여 부모로부터 일시 격리되어 치료받을 필요가 있는 아동을 보호 · 치료하는 시설
공동생활가정	보호대상아동에게 가정과 같은 주거여건과 보호, 양육, 자립지원 서비스를 제공
자립지원시설	아동복지시설에서 퇴소한 사람에게 취업준비기간 또는 취업 후 일정 기간 동안 보호함으로써 자립을 지원
아동상담소	아동과 그 가족의 문제에 관한 상담, 치료, 예방 및 연구 등
아동전용시설	어린이공원, 어린이놀이터, 아동회관, 체육 · 연극 · 영화 · 과학실험전시 시설, 아동휴게숙박시설, 야영장 등 아동에게 건전한 놀이 · 오락, 그 밖의 각종 편의를 제공하여 심신의 건강유지와 복지증진에 필요한 서비스를 제공
지역아동센터	지역사회 아동의 보호 · 교육, 건전한 놀이와 오락의 제공, 보호자와 지역사회의 연계 등 아동의 건전육성을 위하여 종합적인 아동복지서비스를 제공
아동보호 전문기관	학대받은 아동의 치료, 아동학대의 재발 방지 등 사례관리 및 아동학대 예방
가정위탁 지원센터	부모의 빈곤, 이혼, 질병, 가출, 학대 등의 사유로 보호가 필요한 아동에게 보호아동을 양육하기 희망하는 위탁가정을 발굴 · 배치하고, 아동에게 전문적이고 체계적인 아동복지서비스를 제공
보장원	아동정책 및 아동복지 관련 사업을 종합적 · 효율적으로 수행하여 아동의 권리를 보장함으로써 아동의 삶의 질 향상에 기여
자립지원 전담기관	아동복지시설 및 가정 위탁 보호를 받고 있는아동들이 퇴소 후 겪는 어려움에 대한 자립준비를 돕고, 보호시설퇴소와 위탁종료 아동들의 안정된 자립기반 조성을 지원

출처: 아동복지법(2021. 12. 21.).

아동복지시설은 각 시설 고유한 업무 외에 아동가정지원사업, 아동주간보호사업, 아동전문상담사업, 학대아동보호사업, 공동생활가정사업, 방과후 아동지도사업 등을 실시할 수 있다. 이러한 사업의 주요 내용은 다음 〈표 4-6〉과 같다.

〈표 4-6〉 아동복지사업 유형

유형	목적
아동가정지원사업	지역사회아동의 건전한 발달을 위하여 아동, 가정, 지역주민에게 상담, 조언 및 정보를 제공
아동주간보호사업	부득이한 사유로 가정에서 낮 동안 보호를 받을 수 없는 아동을 대상으로 개별적인 보호와 교육을 통하여 아동의 건전한 성장을 도모
아동전문상담사업	학교부적응아동 등을 대상으로 올바른 인격형성을 위한 상담, 치료 및 학교폭력 예방을 실시
학대아동보호사업	학대아동의 발견, 보호, 치료 및 아동학대의 예방 등을 전문적으로 실시
공동생활가정사업	보호대상아동에게 가정과 같은 주거여건과 보호를 제공
방과 후 아동지도사업	저소득층 아동을 대상으로 방과 후 개별적인 보호와 교육을 통하여 건전한 인격 형성

출처: 아동복지법(2021. 12. 21.).

독일은 아동수당 25세까지 지급… "우리도 17세까지는 줍시다"

현재 만 7세 아동까지 월 10만 원을 지급하는 아동수당을 대폭 확대해야 한다는 국회입법조사처의 지적이 나왔다. 아동수당 지급 대상을 고등학생까지 넓히고, 지급액도 높여 출산 · 양육 가구의 소득을 보다 적극적으로 보전해 줄 필요가 있다는 제언이다.

국회입법조사처는 16일 발간 예정인 '2023년 국정감사 이슈분석'에서 "합계출산율이 2022년 0.78명까지 하락한 상태에서도 재정 부담을 이유로 다수 국가가 시행 중인 아동기 전체에 대한 아동수당 지급을 유예하는 것은 합당하게 보이지 않는다"며 "현재 0~7세까지인 아동수당 지급 대상을 17세까지로 높여야 한다"고 밝혔다.

국가	지급 대상	지급액
스웨덴	• 16세 이하 • 연장아동수당: 아동이 16세에 도달하더라도 고등학교 졸업시까지 지급	• 월 1,250크로나
독일	• 18세 이하 • 미취업 혹은 구직 중인 경우 21세까지, 대학 재학 또는 직업훈련 중인 경우 25세까지	• 월 250유로
영국	• 16세 이하 • 정규교육 또는 직업훈련 중인 경우 20세까지	• 첫째 아이 주 21.8파운드 • 둘째 아이부터 주 14.45파운드
캐나다	• 18세 이하	• 6세 미만: 연 최대 6,833＄(월 583＄) • 6세~17세: 연 최대 5,903＄(월 492＄)
일본	• 중학생 이하 아동 • 소득기준: 부양가족수 1명-660만엔, 2명-698만엔, 3명-736만엔, 4명-774만엔, 5명 이상-4명 기준 38만엔씩 가산	• 0~3세: 15,000엔 • 3세~초등학교 졸업: 첫째~둘째아이 10,000엔, 셋째아이 이후 15,000엔 • 중학생: 10,000엔 • 소득기준 초과: 5,000엔
	소득 제한 철폐, 고교 졸업까지 확대	외국 제도 참고 검토

실제로 해외 다수 선진국들은 아동의 성장기 전체를 아동수당 지급 대상으로 하고 있다. 독일은 기본적인 아동수당 대상 연령은 18세까지지만 구직 중이면 21세까지, 대학에 재학

중이거나 직업훈련을 받고 있으면 25세까지 월 250유로(약 36만 원)의 수당을 지급한다.

최근엔 소득기준을 두고 중학생 이하까지만 아동수당을 지급해왔던 일본도 소득기준을 삭제하고 고등학생까지 수당을 지급하는 안을 검토 중이다. 입법조사처는 "현금급여 사각지대인 8~17세 아동에 대한 수당 지급을 시행할 필요가 있다"고 강조했다.

출처: 한국경제(2023. 08. 10.).

Q·u·i·z /퀴즈/

1. 서비스의 기능에 의한 분류는 미국 아동복지학자 (   )에 의해 아동양육을 위한 가정의 역할에 아동 서비스가 어떠한 기능을 하는가에 따라 지지적서비스, 보완적 서비스, 대리적 서비스로 나눴다. 괄호 안에 알맞은 학자의 이름은?

① 반두라 ② 카두신 ③ 스키너 ④ 주커만 ⑤ 로저스

2. 부모가 아동 발달에 대한 지식과 기술이 부족하거나 부모-아동, 부부관계, 기타관계 등으로 어려움을 겪고 있을 때 이 서비스가 필요하다. 이를 무슨 서비스라고 하는가?

① 지지적 서비스 ② 보충적 서비스 ③ 대리적 서비스
④ 직접서비스 ⑤ 간접서비스

3. 아동이 원가정에서 부모와 함께 생활할 수 없는 경우 부모가 아닌 제3자가 부모의 역할을 대신하는 것이다. 이는 무슨 서비스라고 하는가?

① 지지적 서비스 ② 보충적 서비스 ③ 대리적 서비스
④ 직접서비스 ⑤ 간접서비스

4. 지지적 서비스 내용이 아닌 것은?

① 가족상담 ② 아동학대예방 ③ 미혼부모, 한부모를 위한 서비스
④ 복지 급여 및 서비스 ⑤ 소득보충프로그램

5. 보충적 서비스 내용이 아닌 것은?

① 어린이집 ② 드림스타트 ③ 아동생활시설
④ 지역아동센터 ⑤ 우리동네키움센터

6. 대리적 서비스 내용이 아닌 것은?

① 가정봉사원 파견서비스 ② 가정위탁 ③ 공동생활가정
④ 입양 ⑤ 쉼터

Think·about·it /생각나누기/

1. 현재 우리나라 아동복지서비스 실태는 어떠한지 자료를 찾아보고 긍정적인 부분과 부정적인 부분에 대해 토론해 봅시다.

2. 앞으로 우리나라 아동복지서비스는 어떠한 방향으로 가야 하는지 논의해 봅시다.

아동복지 접근방법

/CHAPTER/ 05

CHILD WELFARE

학/습/목/표
1. 아동복지의 정책적 접근에 대해 알 수 있다.
2. 아동복지서비스 실천과정과 방법에 대해 알 수 있다.

아동복지의 실천은 접근방법에 따라 구체적 실행방법도 다양하다. 아동복지 정책적 접근방법은 우리나라 아동복지의 현 정책과 전달체계 및 아동복지 관련법 등을 살펴볼 수 있으며, 전문적 접근방법은 개별, 집단, 지역사회적 개입에 따른 실천과 기술로 구분할 수 있다. 전문적인 접근방법에 있어서는 초기 · 중간 · 종결단계의 실천과정에 대해 알아보고 아동복지실천기술에 대하여 살펴보고자 한다.

1 아동복지의 정책적 접근

아동복지정책이란 무엇인지 알아보고, 아동복지정책은 어떤 것들이 시행되고 있는지 알아본다. 그리고 민 · 관의 아동복지 전달체계, 아동복지서비스 수행기관 및 시설, 아동복지 관련법을 알아보고자 한다.

1) 아동복지정책

아동정책이란 '아동복지를 위한 행동 노선과 계획'이라 할 수 있으며, 아동복지를 위한 활동을 하는 데 필요한 원칙과 방향을 정하거나 계획하는 것으로 아동문제의 해결은 국가의 정책적 고려가 요구된다. 좀더 구체적으로 살펴보기 위해 정책이란 무엇이고, 현 정부의 아동정책은 어떤 것이 있는지 알아보고자 한다.

(1) 정책

정책이란 바람직한 사회상태를 이룩하려는 정책목표와 이를 달성하는 데 필요한 정책수단에 대해 권위 있는 정부기관이 공식적으로 결정하는 기본 방침으로 대다수의 사람들에게 영향을 미치는 행동의 선택과정(Macrae & Wilde, 1979)이라고 할 수 있다. 아동복지정책이란 카두신과 마틴에 의하면 '아동에게 영향을 미치는 모든 정책, 프로그램 및 활동이다(Kadushin & Martin, 1988)'라고 정의하고 있다.

(2) 아동정책

우리나라의 아동정책 배경은 어린이날은 3 · 1 운동(1919년)을 계기로, 1923년 방정환을 포함한 '색동회'(일본유학생 모임)가 주축이 되어 5월 1일을 어린이날로 지정하였다. 일제의 탄압으로 인해 잠시 중단되었던 어린이날은 1946년에 광복 이후 다시 부활되었고, 1961년에 제정된 「아동복지법」에서는 매년 5월 5일을 어린이날로 정하였고, 1975년부터 공휴일로 지정되었다.

아동은 「아동복지법」에서 18세 미만인 사람으로 규정하고 있어, 어린이는 아동에 포함되는 개념이며, 「아동복지법」 제6조에서 '어린이날(5.5) 및 어린이주간(5.1~7)'을 규정하고 있다.

우리나라의 아동정책은 아동복지법에 의해 매 5년마다 수립되는 아동분야 중기계획이다. 제1차 아동정책기본계획에 잘 나타나 있으며, 제2차 아동정책기본계획(20~24년)에서는 아동의 행복한 나라를 위한 권리주체로서 아동권리 실현, 건강하고 균형 있는 발달지원, 공정한 출발을 위한 국가책임 강화, 코로나 19대응 아동정책 혁신 등 4대 전략을 추진을 하고 있다(보건복지부, 2023).

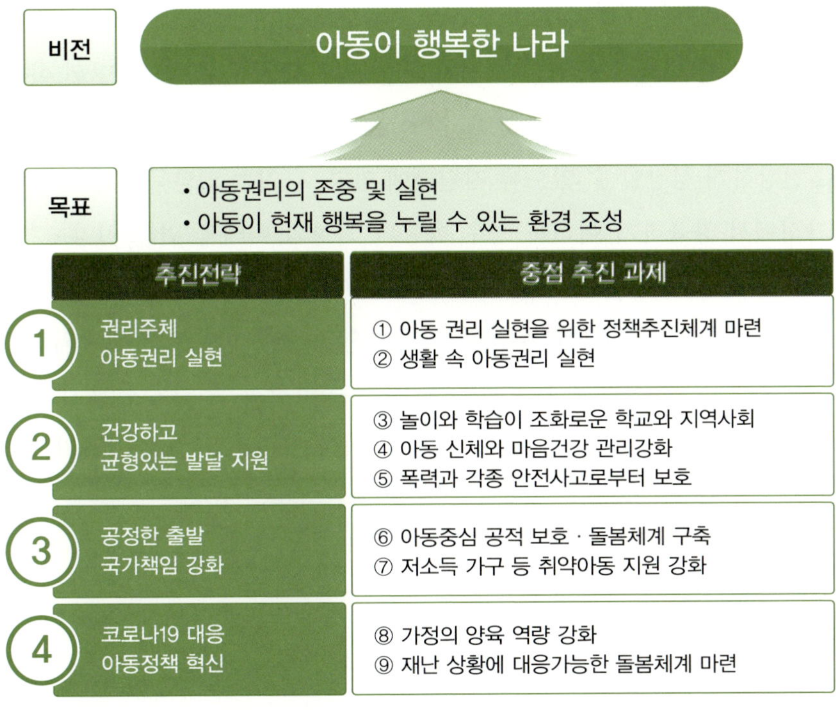

[그림 5-1] 제2차 아동정책기본계획(20~24년)

출처: 보건복지부(2023). 제2차 아동정책기본계획(20~24년).

(3) 아동복지정책

아동복지정책과 관련하여 실시하고 있는 사업 중 2023년 보건복지부 '아동분야 사업안내'에 언급되어 있는 13가지 사업에 대해 살펴보고자 한다. 가정입양 지원, 가정위탁 보호, 소년소녀가정 지원, 결연사업 운영, 아동복지시설 운영, 아동복지교사 지원, 보호아동 자립 지원, 디딤씨앗통장사업, 경계선지능아동 맞춤형 사례관리서비스, 자립수당, 시도 자립지원전담기관 설치 및 운영, 아동학대 예방및 피해아동 보호, 실종아동 보호 등이다(보건복지부, 2023).

① 가정입양 지원

가정입양 지원 정책의 목적은 보호자가 없거나 보호자로부터 이탈된 아동 등의 권익과 복지를 증진하기 위한 가정을 영구적으로 제공하여 신체적 · 정서적 · 사회적으로 건강하게 성장할 수 있도록 지원함에 있다. 근거는 입양특례법에 있으며, 태어난 가정에서 양육하기 어려운 경우 아동의 최상의 이익을 위해 입양 · 가정위탁 등 가정보호 지원, 보호가 필요한 아동에 대해 시설보호보다는 가정보호(입양 등)조치가 우선될 수 있도록 지자체 협조 필요, 국내입양을 우선으로 하며 국외입양을 차선책으로 추진, 입양가정 및 아동에 대한 사후관리 강화, 입양가정에 대한 경제적 제도적 지원을 통한 국내입양 활성화, 혈연중심의 가족문화, 비밀입양위주 입양문화 개선을 위한 대국민 홍보를 강화하고 있다(보건복지부, 2023).

② 가정위탁 보호

가정위탁 보호의 목적은 보호대상아동(요보호아동)을 보호 · 양육하기를 희망하는 가정에 위탁 양육함으로써 가정적인 분위기에서 건전한 사회인으로 자랄 수 있도록 지원하는 것이다(보호대상아동 발생시 가정보호를 우선하도록 하며, 특히 2세 이하 (36개월 미만) 영아의 경우 가정보호가 우선되어야 함). 근거는 「아동복지법」, 「국민기초생활 보장법」, 「의료급여법」이며, 양육보조금, 전문아동보호비, 일시위탁보호비, 아동용품구입비, 「국민기초생활보장법」에 의한 생계비, 가정위탁아동 상해보험 가입, 심리검사 · 치료비, 위탁가정 전세주택(국토교통부), 자립정착금, 자립수당 등이 있다(보건복지부, 2023).

③ 소년소녀가정 지원

소년소녀가정 지정을 금지하고 기존의 소년소녀가정은 가정위탁보호로 전환 추진하고 있다(소년소녀가정 제도는 아동에게 위험을 초래할 수 있고 UN 등에서도 폐지 권고). 2013년부터는 추가지정 금지하며, 단, 아동이 만 15세 이상으로 「아동복지법」 제19조에 의해 후견인을 선임하는 경우에 한해 추가지정이 가능하도록 되어 있다. 생계 · 교육급여(국민기초생활보장법에 의한 생계급여 및 교육급여), 의료급여(의료급여법에 의한 의료급여), 부가급여(200천 원 이상/인 · 월(지방이양) 권고)를 지원하고 있다(보건복지부, 2023).

④ 결연사업 운영

결연사업은 시설보호아동, 가정위탁세대 아동, 소년소녀가정 등의 아동과 지역사회 이웃과의 결연으로 물질적, 정서적 지원을 하여, 이웃사랑의 사회기풍을 조성하고 아동의 건전한 육성을 도모하는 것이 목적이다. 사업수행은 후원금을 모금하여 관리하고 있다(보건복지부, 2023).

⑤ 아동복지시설 운영

아동복지시설이란 보호대상아동을 건전한 사회인으로 자랄 수 있도록 보호조치하기 전 일시보호하거나 가정 복귀, 입양, 가정위탁이 어려운 아동을 보호 및 양육하는 것이다. 아동복지시설을 퇴소한 사람에게 취업준비기간 또는 취업 후 일정 기간 동안 보호함으로써 자립 지원을 하고 있다. 근거는 「아동복지법」, 「국민기초생활보장법」, 「의료급여법」이다. 아동복지시설의 종류는 아동양육시설, 아동일시보호시설, 아동보호치료시설, 공동생활가정('97년부터 시범사업 실시, 「아동복지법」상 아동복지시설 종류에 공동생활가정 추가 '04.1월), 자립지원시설, 아동상담소이다.

지원내용은 기초생활보장 생계비 등 지원, 아동발달지원계좌 지원, 후원자 연계 및 후원금 관리, 아동의 건강한 심신 보존 및 치료, 대학 진학 자금 등 지원, 자립 준비 프로그램 운영, 아동공동생활가정 운영 프로그램(아동 · 청소년의 자립 능력 향상, 원가족과의 관계 회복, 학교와 관계 형성, 지역 내 자원 활용), 보호종료 예정 아동 자립정착금 지원, 시설 밖 거주 보호연장아동 일반 생계급여(개별급여) 지급 등이 있다(보건복지부, 2023).

⑥ 아동복지교사 지원

아동복지교사 지원은 지역사회에서 방치되기 쉬운 취약계층 아동에게 다양한 교육 프로그램을 제공하여 아동의 건전한 성장과 발달을 지원하는 데 목적이 있다. 2007년 6월 재정지원 일자리 사업으로 아동복지교사 지원사업 시작이 되었으며 기초학습, 영어, 독서지도, 예체능, 보건위생 등 10개 분야 아동복지교사 2,722명 지역아동센터에 파견되었다. 현장 중심의 맞춤형 서비스 제공을 위해 사업추진체계 변경되었으며, 지원대상 기관 수요 파악, 아동복지교사 채용 및 복무관리 등 사업관리 주체를 시 · 도에서 시 · 군 · 구 드림스타트로 변경이 되었다. 21년 말 기준 3,913명의 아동복지교사 파견 중에 있으며, 기본분야(주 25시간 및 주 12시간) 교사는 기초학습, 외국어지도, 독서지도, 예체능지도, 다문화 · 장애아동지도가 있다. 기타분야로 시 · 군 · 구청장이 아동복지교사 지원이 필요하다고 인정하는 분야(예: 아동인권, 진로지도, 수학 등)도 지도하고 있다. 특화분야(주 40시간) 교사는 시 · 군 · 구 내부 또는 타 기관으로부터 의뢰된 만 13~18세 미만 취약계층 아동의 서비스 제공 기관(청소년지원기관 등) 연계, 지역사회 돌봄 필요아동 발굴 및 돌봄기관(지역아동센터 등) 연계, 방과후 돌봄서비스 연계체제 구축 · 운영에 요구되는 실무 지원을 하고 있다(보건복지부, 2023).

⑦ 보호아동 자립지원

보호아동 자립지원은 보호대상아동의 자립준비 역량강화 및 보호종료 후 안정적인 사회진출과 자립실현을 목적으로 하고 있다. 근거는 「아동복지법」 제38조(자립지원), 제39조(자립지원계획의 수립 등), 제40조(자립지원 관련 업무의 위탁), 제41조(아동자립지원추진협의회)를 두고 있다. 자립지원 대상으로 대리양육 또는 가정위탁보호 중인 사람, 아동복지시설에서 보호 중인 사람, 아동복지시설에서 퇴소 또는 가정위탁 보호종료 후 5년이 지나지 아니한 사람이다.

지원내용으로는 보호대상아동의 보호종료 이후 자립에 필요한 주거 · 생활 · 교육 · 취업 등의 지원, 자립에 필요한 자립정착금 및 자립수당 지급, 자립에 필요한 자산의 형성 및 관리 지원(자산형성 지원), 자립에 관한 실태조사 및 연구, 사후관리 체계 구축 및 운영, 자립생활 역량강화를 위한 프로그램 등을 운영하고 있다(보건복지부, 2023).

⑧ 디딤씨앗통장사업

디딤씨앗통장사업은 취약계층 아동의 사회진출 시 학자금 · 취업 · 창업 · 주거마련 등에 소요되는 초기비용 마련을 위한 자산형성을 적극적 · 장기적으로 지원하기 위해 마련되었다. 2007년 4월부터 미래 성장 동력인 아동에 대한 사회투자로 빈곤의 대물림을 방지하고 건전한 사회인 육성을 위해 '아동발달지원계좌(Child Development Account: CDA)'가 추진되고 있다.

지원대상은 보호대상아동 만 18세 미만의 아동복지시설(아동양육시설, 공동생활가정) 보호아동, 가정위탁 보호아동, 장애인거주시설 아동, 소년소녀가정 아동과 기초생활수급가구 아동이다. 기본배칭적립으로 아동이 후원자 또는 보호자의 도움 등으로 적립 시 월 5만 원 내의 범위(최대 적립금액은 월 50만 원)에서 1:2로 매칭하여 국가(지자체)가 월 10만 원 내 지원이 가능하다. 추가 적립액은 아동(보호자, 후원자 등)은 월 최대 50만 원(연간 600만 원)까지 적립이 가능하나, 월 5만 원을 넘는 추가 적립액에 대한 국가 매칭 불가(매칭지원금은 월 최대 10만 원)하다. 만 18세(만기) 이후 학자금, 기술자격 및 취업훈련비용, 창업지원금, 주거마련 지원 등 자립을 위한 용도에 한하여 사용 가능 만 24세까지 학자금 · 기술자격취득 · 주거마련 등 자립사용용도가 발생하지 않은 경우, 만 24세 도달 시 사용 용도 제한 없이 아동 적립금 및 정부 매칭지원금의 지급 가능하다(보건복지부, 2023).

⑨ 경계선지능아동 맞춤형 사례관리서비스

경계선지능아동 맞춤형 사례관리서비스는 경계선지능아동에 특화된 자립지원서비스를 제공하여 자립능력을 향상하고 전문인력 양성을 통해 경계선지능아동에게 양질의 맞춤형 서비스 제공하는 데 목적을 둔다. 근거는 「아동복지법」 제38조(자립지원)이며, 대상자는 경계선지능아동(종합심리검사 결과 경계선지능아동으로 진단받은 아동복지시설 보호아동 중 종합심사를 거쳐 최종 선정된 자), 아동복지시설 및 종사자(경계선지능아동 맞춤형 사례관리서비스 대상으로 선정된 아동양육시설 · 공동생활가정 · 가정위탁 아동(이하 "사업대상 시설") 및 경계선지능아동 돌봄에 참여하는 종사자 또는 위탁부모)이다.

지원내용은 선정아동 대상 맞춤형 사례관리서비스 제공하고 있으며, 경계선지능아동지도사 양성 · 보수 교육을 통해 전문인력 양성을 실시하고 있다(보건복지부, 2023).

⑩ 자립수당

자립수당 지원은 자립준비청년(보호종료아동)에게 자립수당을 지급하여 보호종료 후 경제적 부담을 완화하고 복지향상을 통해 안정적인 사회정착 및 성공적 자립에 기여하는 데 목적이 있다. 법적 근거는 「아동복지법」 제38조 제1항 제1호의2 자립에 필요한 자립정착금 및 자립수당 지급('21.12.21. 공포, 6.22. 시행)에 있으며, 대상자는 아동복지시설, 가정위탁 보호종료 5년 이내 아동 중 만 18세 이후 만기 또는 연장 보호종료된 자(단, '18.8월 이후 보호종료된 자), 보호종료일을 기준으로, 과거 2년 이상 연속하여 보호를 받은 자이다. 지급금액은 매월 40만 원 현금 지급(본인 명의 계좌 이체)을 원칙으로 하고 있다. 국비 및 지방비 매칭으로 국비의 경우 서울 50%, 지방 80%로 하고 있다(보건복지부, 2023).

⑪ 시도 자립지원전담기관 설치 및 운영

전국 17개 시 · 도 자립지원전담기관 운영을 통해 지역 · 보호체계 간 편차 없는 자립지원 서비스 전달체계 마련 및 자립지원 업무 체계화가 목적이다. 법적근거는 「아동복지법」 제38조(자립지원), 「아동복지법」 제39조의2(자립지원전담기관의 설치 · 운영), 「아동복지법」 제40조(자립지원 관련 업무의 위탁)이다. 주요 사업내용은 자립준비청년 사후관리 실시(아동복지법 제38조제1항제4호), 자립준비청년 맞춤형 사례관리(자립지원통합서비스) 제공(아동복지법 제38조제1항제1호), 자립지원통합관리시스템 관리 및 지역 자립지원 정보체계 구축, 지역사회 자원 발굴 · 네트워크 구축 및 자립지원 사업 홍보, 시 · 도별 바람개비서포터즈 자조모임 모집 및 운영, 보호대상아동 자립지원 업무지원 및 자립지원 관련 종사자 교육, 기타 보호대상아동 및 자립준비청년의 자립지원을 위하여 필요한 업무를 하고 있다(보건복지부, 2023).

⑫ 아동학대 예방 및 피해아동 보호

아동학대 예방 및 피해아동 보호 사업은 아동학대 예방 강화 및 피해아동에 대한 적극적인 보호를 통해 아동의 안정적인 성장과 환경 조성 및 권리증진 도모하는 데 목적을 둔다. 근거는 아동복지법에 있으며, 아동학대의 대응체계로 아동학대전담공무원 배치 지속, '즉각 분리제도' 도입(「아동복지법」 제15조제6항, 21.03.30일 시행), 아동학대전담공무원(아동보호전문기관) · 경찰의 세부 역할 및 업무 분담을 명확히 하고, 협업을 강화하기 위해 공동업무수행지침 개정(21.04.02), 아동학대 예방교육 및 신고의무자 교육 지속 실시, e아동행복지원시스템 활용 발굴조사 실시, 만 3세 아동

소재안전 전수조사 추진 등을 실시하고 있다(보건복지부, 2023).

⑬ 실종아동 보호

실종아동은 약취 · 유인 · 유기 · 사고 또는 가출하거나 길을 잃는 등의 사유로 인하여 보호자로부터 이탈된 아동으로 실종 당시 18세 미만 아동, 「장애인복지법」 제2조의 장애인 중 지적 · 자폐성 · 정신장애인(연령제한 없음)으로 보고 있다. 신고는 경찰청 실종아동찾기센터 국번 없이 182이며, 실종아동 등 관련 경찰청 홈페이지는 안전드림(safe182.go.kr)이다. 신고의무자는 직무수행 중 실종아동 등임을 알게 된 때는 지체 없이 신고, 보호시설의 장 또는 그 종사자, 아동복지전담공무원, 청소년보호센터 및 청소년재활센터의 장 또는 그 종사자, 사회복지전담공무원, 「의료법」 제3조에 따른 의료기관의 장 또는 의료인, 업무 · 고용 등의 관계로 사실상 아동 등을 보호 · 감독하는 자이다. 누구든지 정당한 사유 없이 실종아동 등을 경찰관서에 신고하지 아니하고 보호할 수 없도록 되어 있으며 위반 시 5년 이하의 징역 또는 5천만 원 이하의 벌금이(실종아동법 제17조) 부과된다(보건복지부, 2023).

2) 아동복지 전달체계

(1) 아동복지실천주체 및 전달체계

사회복지 전달체계는 복지서비스의 공급자와 공급자를 연결 또는 복지서비스 공급자와 소비자 사이를 연결시키기 위하여 만들어진 조직적 체계이다. 아동복지 전달체계는 아동복지서비스 공급자(아동양육시설, 학교급식, 일시보호, 보육시설, 치료시설 자립지원시설, 드림스타트 지역아동센터 아동보호전문기관 등)들과 이들 공급자와 아동 및 보호자 사이를 연결 짓는 조직적 체계라고 할 수 있다.

아동복지를 실천하는 공공과 민간의 조직에 의한 전달체계의 수립이 필수적이고, 아동복지의 실천주체는 국가, 지방자치단체, 민간기관 · 단체 또는 지역사회 주민들까지 포함한다.

최근 유엔아동권리협약을 이행하는 방향으로 아동복지법이 지속적으로 개정되면서 아동복지 전달체계에도 많은 변화가 요구되고 있으며, 과거보다 공공 영역의 역할과 민관의 협력이 강조되고 있다(정선욱 외, 2017). 과거 아동복지서비스는 아동의 성장 · 발달단계에 따라 통합적으로 지원되지 못하고 단편적 사건을 중심으로 제공되는 한계가 있었다. 이를 보완하기 위해 「아동복지법」 제10조의2(아동권리보장원의 설립 및 운영)에 의해 8개 민간 · 공공영역에 산재해 있던 아동복지서비스를 통합하면서 2019년 아동권리보장원이 출범하였다. 이 기관의 설립목적은 아동정책에 대한 종합적인 수행과 아동복지 관련 사업의 효과적인 추진을 위하여 필요한 정책의 수립을 지원하고 사업평가 등의 업무를 수행하고 있다. 통합된 8개 기관이 효과적으로 대응할 수 있도록 아동학대전담공무원을 배치하고, 아동복지법 개정을 통해 입양절차상 지방정부의 역할을 확대, 국가의 공적 책임을 강화하기 위한 관련 법 · 제도 개선 등의 활동을 하고 있다.

아동에 대한 아동복지서비스가 최종 소비자인 아동과 가족에게 효과적으로 전달되기 위해서는 전달체계 구축이 무엇보다 중요하다.

(2) 아동복지서비스 기관 및 종사자

아동복지 종사자는 「아동복지법」 제19조제2항과 같은 법 시행령 제13조에 따른 자로서 센터에서 아동의 상담지도, 교육, 양육, 치료, 기타 아동의 복지에 관한 업무를 담당하는 자를 말한다. 공공부문의 아동복지 종사자는 보건복지부, 지방자치단체에서 아동복지 관련 부서의 담당공무원과 읍 · 면 · 동 생활보호 업무의 일부로 아동복지 업무를 수행하는 사회복지담당자들이 있다. 민간부문은 사회복지법인, 비영리법인에 의한 사회복지시설 · 기관 · 단체에 종사하는 사회복지사가 주가 된다. 민간부문의 실천주체는 자원봉사자이며 이들의 역할이 중요하다. 이들이 자발적이고 스스로 참여하여, 이들이게 훈련을 통해 아동보호의 수준을 높이고 아동들의 복지에 긍정적인 영향 및 기여할 수 있도록 해야 한다.

3) 아동복지 관련 법률

우리나라 아동복지법률체계는 「아동복지법」을 기본법으로 하고 있으며, 아동복지와 관련된 다수 법률이 일부 아동복지의 하위영역에서 보완적으로 제정되어 있다. 아동에 대해서는 아동복지법을 비롯하여 「아동학대범죄의 처벌 등에 관한 특례법」, 「아동의 빈곤 예방과 지원 등에 관한 법률」, 「입양특례법」, 「장애아동복지지원법」, 「보호관찰 등에 관한 법률」, 「아동, 청소년의 성보호에 관한 법률」, 「영유아보육법」 등이 있다.

(1) 아동복지법

「아동복지법」은 1961년 12월 30일 「아동복리법」이라는 제명으로 제정되어 1962년 1월 1일 시행되었고, 1981년 4월 13일 지금의 제명으로 전부개정 되었다. 현행법은 2020. 12. 29. 법률 제17784호로 개정된 것이다. 아동학대범죄의 처벌 등에 관한 특례법과는 취지는 통하지만 서로 별개의 법률이다. 「아동복지법」 쪽이 규율하는 범위와 사항이 훨씬 광범위하다. 참고로 어린이날을 직접 규정한 법률이기도 하다. 이 법은 전체아동을 대상으로 "아동이 건강하게 출생하여 행복하고 안전하게 자랄 수 있도록 아동의 복지를 보장하는 것"을 목적으로 한다.

〈표 5-1〉 아동복지법

아동복지법	
목적	아동이 건강하게 출생하여 행복하고 안전하게 자랄 수 있도록 아동의 복지를 보장
대상	18세 미만인 아동
내용	아동복지정책의 수립 및 시행, 아동에 대한 보호서비스 및 아동학대의 예방 및 방지, 아동에 대한 지원서비스, 아동복지시설 등
전달체계	아동복지시설

출처: 국가법령정보센터(www.law.go.kr).

(2) 아동학대범죄의 처벌 등에 관한 특례법

「아동학대범죄의 처벌 등에 관한 특례법」은 아동학대범죄의 처벌 및 그 절차에 관한 특례와 피해아동에 대한 보호절차 및 아동학대행위자에 대한 보호처분을 규정함으로써 아동을 보호하여 아동이 건강한 사회 구성원으로 성장하도록 함을 목적으로 한다.

2013년 칠곡 계모 아동학대 사망사건, 울산 아동학대 사망 사건이 계기가 되어 해당 법이 제정되었다. 2013년 12월 31일 국회 본회의를 통과해, 2014년 1월 28일 공포되어 동년 9월 29일부터 시행되고 있다. 정인이 사건(2020년 학대사망사건)을 계기로 개정 요구가 거세졌으며 2021년 1월 8일 이 법의 일부개정법률안이 국회 본회의를 통과하였다.

〈표 5-2〉 아동학대범죄의 처벌 등에 관한 특례법

아동학대범죄의 처벌 등에 관한 특례법	
목적	아동학대범죄의 처벌 및 그 절차에 관한 특례와 피해아동에 대한 보호절차 및 아동학대행위자에 대한 보호처분을 규정함으로써 아동을 보호하여 아동이 건강한 사회 구성원으로 성장하도록 함
대상	아동학대범죄를 범한 사람 및 공범(제2조 개정 2016. 1. 6., 2016. 5. 29., 2021. 3. 16)

내용	아동학대범죄의 처벌에 관한 특례, 아동학대범죄의 처리절차, 아동보호사건, 피해아동보호명령 등
전달체계	아동보호전문기관, 경찰 법원,

출처: 국가법령정보센터(www.law.go.kr).

(3) 아동의 빈곤 예방과 지원 등에 관한 법률

「아동의 빈곤 예방과 지원 등에 관한 법률」은 2011년 7월 14일 제정되어, 2012년 7월 15일부터 시행되고 있다. 이 법은 영국의 「아동빈곤법(Child Poverty Act, 2010)」을 참고한 것으로서, '빈곤아동'과 관련된 독립법률로서는 우리나라에서 처음 제정된 것이다. 현행법은 법률 제14839호, 2017년 7월 26일에 개정된 것이다. 이 법은 빈곤아동이 복지 · 교육 · 문화 등의 분야에서 소외와 차별을 받지 아니하고 한 사회의 구성원으로 건강하게 자랄 수 있도록 제도적 기반을 마련하는 것을 목적으로 한다.

〈표 5-3〉 아동의 빈곤 예방과 지원 등에 관한 법률

아동의 빈곤 예방과 지원 등에 관한 법률	
목적	빈곤아동이 복지 · 교육 · 문화 등의 분야에서 소외와 차별을 받지 아니하고 한 사회의 구성원으로 건강하게 자랄 수 있도록 제도적 기반을 마련하는 것
대상	생활여건과 자원의 결핍으로 인한 복지 · 교육 · 문화 등의 격차를 해소하기 위하여 지원이 필요한 아동을 말하며, 그 구체적인 기준은 보건복지부령으로 정함
내용	국가 및 지방자치단체의 책무, 다른 법률과의 관계, 실태조사, 기본계획의 수립, 아동빈곤예방위원회의 설치 등
전달체계	행정기관

(4) 입양특례법

1961년 「고아입양특례법」 제정 이후 입양은 줄곧 사설 입양 기관의 입양 신고 절

차를 통해 아이가 양부모에게 양도되는 것이었는데, 2012년 「입양특례법」 시행 이후 종래의 입양 관행에 변화가 있었다. 현재 입양 절차는 민간 입양기관 주도로 이뤄지고 있다. 입양 부모와 관련한 필수 서류를 검토해 최종 입양 허가를 내리는 것은 가정법원이며, 입양 신청부터 예비 양부모와의 상담·조사, 양부모와 아동의 결연, 사후관리까지 입양 절차 전반은 민간기관에서 이루어지고 있다. 「입양특례법」은 요보호아동의 입양(入養)에 관한 요건 및 절차 등에 대한 특례와 지원에 필요한 사항을 정함으로써 양자(養子)가 되는 아동의 권익과 복지를 증진하는 것을 목적으로 한다.

〈표 5-4〉 입양특례법

입양특례법	
목적	요보호아동의 입양(入養)에 관한 요건 및 절차 등에 대한 특례와 지원에 필요한 사항을 정함으로써 양자(養子)가 되는 아동의 권익과 복지를 증진하는 것
대상	보호자가 없거나 보호자로부터 이탈된 아동 또는 보호자가 아동을 학대하는 경우 등 그 보호자가 아동을 양육하기에 적당하지 아니하거나 양육할 능력이 없는 경우의 아동
내용	국가 등의 책무, 입양의 원칙, 입양의 날, 정보시스템 구축·운영, 민감정보 및 고유식별 정보의 처리, 국가와 지방자치단체의 책무, 국내입양 우선 추진 등
전달체계	입양기관

(5) 장애아동복지지원법

「장애아동복지지원법」은 2011년 8월 9일 제정되고, 2021년 8월 5일에 시행되었으며, 현행은 법률 제18218호, 2021년 6월 8일, 일부 개정되어 2022년 1월 1일에 시행되고 있다. 이 법의 목적은 국가와 지방자치단체가 장애아동의 특별한 복지적 욕구에 적합한 지원을 통합적으로 제공함으로써 장애아동이 안정된 가정생활 속에서 건강하게 성장하고 사회에 활발하게 참여할 수 있도록 하며, 장애아동 가족의 부담을 줄이는 데 이바지하는 것이다.

"장애아동"이란 18세 미만의 사람 중 「장애인복지법」 제32조에 따라 등록한 장애인을 말한다. 다만, 6세 미만의 아동으로서 장애가 있다고 보건복지부장관이 별도로 인정하는 사람을 포함한다. 장애아동 복지지원은 국가와 지방자치단체가 장애아동의 특별한 복지적 욕구에 따라 의료비지원, 보육지원, 가족지원 및 장애아동의 발달에 필요한 지원 등 다양한 인적 · 물적 자원을 제공하는 것을 말한다.

〈표 5-5〉 장애아동복지지원법

장애아동복지지원법	
목적	국가와 지방자치단체가 장애아동의 특별한 복지적 욕구에 적합한 지원을 통합적으로 제공함으로써 장애아동이 안정된 가정생활 속에서 건강하게 성장하고 사회에 활발하게 참여할 수 있도록 하며, 장애아동 가족의 부담을 줄이는 데 이바지함
대상	18세 미만 장애아동 중 「장애인복지법」 제32조에 따라 등록한 장애인
내용	장애아동의 권리, 국가와 지방자치단체의 임무, 복지지원 대상자 선정 및 복지지원 제공의 절차, 복지지원의 내용 등
전달체계	국가와 지방자치단체, 장애아동 관련 기관

(6) 보호관찰 등에 관한 법률

「보호관찰 등에 관한 법률」은 법률 제18299호, 2021년 7월 20일에 일부 개정되어 2022년 1월 1일에 시행되고 있다. 이 법은 죄를 지은 사람으로서 재범 방지를 위하여 보호관찰, 사회봉사, 수강(受講) 및 갱생보호(更生保護) 등 체계적인 사회 내 처우가 필요하다고 인정되는 사람을 지도하고 보살피며 도움으로써 건전한 사회 복귀를 촉진하고, 효율적인 범죄예방 활동을 전개함으로써 개인 및 공공의 복지를 증진함과 아울러 사회를 보호함을 목적으로 한다.

〈표 5-6〉 보호관찰 등에 관한 법률

보호관찰 등에 관한 법률	
목적	죄를 지은 사람으로서 재범 방지를 위하여 보호관찰, 사회봉사, 수강(受講) 및 갱생보호(更生保護) 등 체계적인 사회 내 처우가 필요하다고 인정되는 사람을 지도하고 보살피며 도움으로써 건전한 사회 복귀를 촉진하고, 효율적인 범죄예방 활동을 전개함으로써 개인 및 공공의 복지를 증진함과 아울러 사회를 보호함
대상	아동관련 대상: 「소년법」 제32조 제1항 제4호 및 제5호의 보호처분을 받은 사람
내용	보호관찰기관, 보호관찰소, 보호관찰, 환경조사 및 환경개선활동, 보호장구, 보호관찰의 종료 등
전달체계	보호관찰소

(7) 아동, 청소년의 성보호에 관한 법률

「아동, 청소년의 성보호에 관한 법률」은 아동 · 청소년대상 성범죄의 처벌과 절차에 관한 특례를 규정하고 피해아동 · 청소년을 위한 구제 및 지원 절차를 마련하며 아동 · 청소년대상 성범죄자를 체계적으로 관리함으로써 아동 · 청소년을 성범죄로부터 보호하고 아동 · 청소년이 건강한 사회구성원으로 성장할 수 있도록 함을 목적으로 하고 있다. 2000년 2월 3일 제정하여 7월 1일부터 시행되었으며, 현행은 법률 제19337호, 2023년 4월 11일, 일부 개정되어 2023년 10월 12일에 시행되고 있다. 대상자는 청소년"이란 19세 미만의 자를 말하며, 19세에 도달하는 연도의 1월 1일을 맞이한 자는 제외한다.

〈표 5-7〉 아동, 청소년의 성보호에 관한 법률

아동, 청소년의 성보호에 관한 법률	
목적	아동 · 청소년대상 성범죄의 처벌과 절차에 관한 특례를 규정하고 피해아동 · 청소년을 위한 구제 및 지원 절차를 마련하며 아동 · 청소년대상 성범죄자를 체계적으로 관리함으로써 아동 · 청소년을 성범죄로부터 보호하고 아동 · 청소년이 건강한 사회구성원으로 성장할 수 있도록 함

대상	"아동 · 청소년"이란 19세 미만의 자를 말한다. 다만, 19세에 도달하는 연도의 1월 1일을 맞이한 자는 제외
내용	아동 · 청소년대상 성범죄의 처벌과 절차에 관한 특례, 성범죄로 유죄판결이 확정된 자의 신상정보 공개와 취업제한 등
전달체계	여성가족부, 지방자치제, 아동, 청소년 보호시설 등

(8) 실종아동들의 보호 및 지원에 관한 법률

「실종아동들의 보호 및 지원에 관한 법률」은 실종아동 등의 발생을 예방하고 조속한 발견과 복귀를 도모하며 복귀 후의 사회 적응을 지원함으로써 실종아동등과 가정의 복지증진에 이바지함을 목적으로 한다. 2005년 5월 31일 제정되어 2005년 12월 1일부터 시행되었으며, 현행은 법률 제17575호, 2020년 12월 8일, 일부 개정되어 2021년 6월 9일에 시행되었다. 실종아동이란 약취(略取) · 유인(誘引) 또는 유기(遺棄)되거나 사고를 당하거나 가출하거나 길을 잃는 등의 사유로 인하여 보호자로부터 이탈(離脫)된 아동 등을 말한다.

〈표 5-8〉 실종아동들의 보호 및 지원에 관한 법률

실종아동들의 보호 및 지원에 관한 법률	
목적	실종아동 등의 발생을 예방하고 조속한 발견과 복귀를 도모하며 복귀 후의 사회 적응을 지원함으로써 실종아동등과 가정의 복지증진에 이바지함
대상	약취(略取) · 유인(誘引) 또는 유기(遺棄)되거나 사고를 당하거나 가출하거나 길을 잃는 등의 사유로 인하여 보호자로부터 이탈(離脫)된 아동
내용	실종아동의 날과 실종아동주간, 실종아동 등 관련 업무 위탁, 미신고 보호행위의 금지, 실종아동 등의 조기발견을 위한 사전신고증 발급, 실종아동등의 지문 등 정보의 등록 · 관리 등
전달체계	실종아동 전문기관, 경찰청

그외 영유아보육법, 성폭력 방지 및 피해자 보호 등에 관한 법률, 가정폭력방지 및 피해자보호 등에 관한 법률, 한부모 가족지원법, 다문화 가족지원법이 있다.

〈표 5-9〉 영유아보육법

영유아보육법[시행 2023. 8. 8.] [법률 제19606호, 2023. 8. 8., 일부개정]	
목적	영유아(영幼兒)의 심신을 보호하고 건전하게 교육하여 건강한 사회 구성원으로 육성함과 아울러 보호자의 경제적·사회적 활동이 원활하게 이루어지도록 함으로써 가정복지 증진에 이바지함
대상	7세 이하의 취학 전 아동 〈개정 2008. 12. 19., 2011. 6. 7., 2023. 8. 8.〉
내용	보육 이념, 책임, 보육정책위원회, 육아종합지원센터, 한국보육진흥원의 설립 및 운영, 보육 실태 조사, 보호자 교육 등
전달체계	어린이집(민간, 국공립, 직장 등), 보육위원회, 보육정보센터 등

〈표 5-10〉 성폭력 방지 및 피해자 보호 등에 관한 법률

성폭력 방지 및 피해자 보호 등에 관한 법률 [시행 2023. 4. 11.] [법률 제19339호, 2023. 4. 11., 타법개정]	
목적	성폭력을 예방하고 성폭력피해자를 보호·지원함으로써 인권증진에 이바지함
대상	• 성폭력행위자: 「성폭력범죄의 처벌 등에 관한 특례법」 제2조제1항에 해당하는 죄를 범한 사람 • 성폭력피해자: 성폭력으로 인하여 직접적으로 피해를 입은 사람.
내용	국가 등의 책무, 성폭력 실태조사, 성폭력 예방교육, 피해자 보호·지원 시설 등의 설치·운영 등
전달체계	성폭력피해상담소, 보호시설, 통합지원시설 등

〈표 5-11〉 가정폭력방지 및 피해자보호 등에 관한 법률

가정폭력방지 및 피해자보호 등에 관한 법률[시행 2023. 4. 11.] [법률 제19339호, 2023. 4. 11., 타법개정]	
목적	가정폭력을 예방하고 가정폭력의 피해자를 보호·지원함
대상	• 가정폭력행위자: 「가정폭력범죄의 처벌 등에 관한 특례법」 제2조제4호의 자를 말한다. • 피해자: 가정폭력으로 인하여 직접적으로 피해를 입은 자를 말한다.
내용	가정폭력 실태조사, 가정폭력 실태조사, 아동의 취학 지원, 피해자에 대한 불이익처분의 금지 등
전달체계	가정폭력피해자 보호시설, 가정폭력 상담소, 긴급전화센터 등

〈표 5-12〉 한부모 가족지원법

한부모 가족지원법[시행 2023. 10. 12.] [법률 제19340호, 2023. 4. 11., 일부개정]	
목적	한부모가족이 안정적인 가족 기능을 유지하고 자립할 수 있도록 지원함으로써 한부모가족의 생활 안정과 복지 증진에 이바지함
대상	• 24세 이하의 모 또는 부 • 모자가족 또는 부자가족
내용	한부모가족의 권리와 책임, 한부모가족 정책에 관한 기본계획의 수립, 복지의 내용과 실시, 비용의 보조 등
전달체계	부, 모자 복지시설, 일시지원복지시설, 한부모가족 상담소

〈표 5-13〉 다문화 가족지원법

다문화 가족지원법[시행 2020. 5. 19.] [법률 제17281호, 2020. 5. 19., 일부개정]	
목적	다문화가족 구성원이 안정적인 가족생활을 영위하고 사회구성원으로서의 역할과 책임을 다할 수 있도록 함으로써 이들의 삶의 질 향상과 사회통합에 이바지함
대상	•「재한외국인 처우 기본법」 제2조제3호의 결혼이민자와 「국적법」 제2조부터 제4조까지의 규정에 따라 대한민국 국적을 취득한 자로 이루어진 가족 •「국적법」 제3조 및 제4조에 따라 대한민국 국적을 취득한 자와 같은 법 제2조부터 제4조까지의 규정에 따라 대한민국 국적을 취득한 자로 이루어진 가족
내용	국가와 지방자치단체의 책무, 다문화가족 지원을 위한 기본계획의 수립, 다문화가족정책위원회의 설치, 다문화가족에 대한 이해증진, 다문화가족에 대한 이해증진, 가정폭력 피해자에 대한 보호・지원, 의료 및 건강관리를 위한 지원 등
전달체계	다문화가족지원센터, 종합정보전화센터 등

② 아동복지서비스 실천과정과 방법

1) 실천과정

(1) 초기접수 상담

초기접수 과정에서는 인테이크(intake), 사정(assessment), 목표 설정 및 계약이 이루어진다. 이 시기의 가장 중요한 과업은 일차적으로 클라이언트의 문제와 욕구를 파악하고, 아동과 부모의 기대가 본 기관의 목적과 기능에 부합하는 것인가를 확인하는 것이다(공계순 외, 2006). 그 후에 클라이언트와 관련된 기본적인 정보를 수집하고, 이에 대한 서류작성 및 일상적 지침(서비스 정보, 요구사항, 제한점 등) 등을 제공하게 된다.

사정과정에서는 클라이언트 문제의 원인과 역동을 파악을 한다. 클라이언트의 문제적 상황에 영향을 미치는 가능한 많은 요인을 찾아 사회복지사가 적절한 개입을 계획, 제안, 실행을 할 수가 있다(Webb, 2011). 클라이언트의 신체적 · 사회적 · 심리적 기능 정도를 파악하고 다양한 생태체계적 사정이 이루어져야 한다. 사정은 사례의 의미, 클라이언트가 처한 상황 및 환경요소들, 가족이나 직장 등 관련체계들과의 관계 등 각 생태체계적 요인들간의 상관관계를 찾는 사고 과정이고 이는 적절한 개입으로 이어지게 된다. 이러한 포괄적인 사정정보를 통해 개입의 우선순위와 내용을 결정하는 체계적인 계획이 이루어지게 된다.

목표설정 후에는 계약을 하게 되는데 이는 사회복지사와 대상자 간의 작업 동맹을 통해 변화를 촉진시키는 데 필요하다. 양측 모두 관계에 대해 책임을 지고 약속 엄수, 장소, 횟수, 기간, 비용 등과 같은 내용의 계약서를 쓰게 된다. 사회복지사는 대상자에게 서비스 계약에 대해 명시적이고 구체적으로 설명해야 한다.

(2) 중간단계

중간단계에서는 클라이언트가 설정한 목표를 달성하기 위한 활동을 한다. 이 과정에서 중요한 것은 클라이언트가 충분히 해낼 수 있는 과업으로 구성되어야 하며, 클라이언트 스스로가 책임을 지고 극복할 수 있도록 해야 한다. 이 과업을 성취하기 위해서는 사회복지사의 다양한 기술과 도움이 필요하며, 클라이언트의 개인적 성장을 도모할 수 있어야 한다.

개입은 개인의 사고, 감정, 행동의 변화를 위해 이루어지기도 하고 가족, 집단, 지역사회 등 보다 큰 체계들의 변화를 위해 이루어진다. 개입을 위해서는 개인, 가족, 집단, 지역사회 중 어느 차원에 속하는지, 또 그 표적의 어느 측면을 어떻게 변화해야 하는지에 따라 사회복지실천의 이론적 기반과 기술 유형이 달라지고 사회복지사의 역할도 달라진다.

(3) 종결단계

종결단계에서는 활동의 마무리 단계이며, 클라이언트가 마지막 종결에 대해 미리 준비할 수 있도록 해야 한다. 만약 준비되지 않을 시에는 현재 어떤 상태에 있는지 파악하는 것이 중요하다. 종결이 어떤 이유에서 이루어져야 하는지, 또는 계획된 것인지, 계획되지 않은 것인지에 따라 클라이언트와 사회복지사의 종결반응은 달라진다. 클라이언트의 종결반응은 다양하지만 흔히 거론되는 것은 기쁨, 슬픔, 분노, 두려움, 상실감, 죄의식 등이 있다. 사회복지사는 종결과 관련하여 클라이언트가 어떤 감정을 가지고 어떤 반응을 나타내고 있는지를 주의 깊게 파악하여 클라이언트로 하여금 이러한 감정들을 표현하고 처리할 수 있도록 돕는다. 종결이 원만하게 이루어지지 않으면 지금까지 성취되었던 좋은 결과들이 잊을 수 있으나 감소될 수도 있다. 성공적 종결은 클라이언트에게 더 나은 적응과 성장의 기회가 될 수도 있기 때문에 사회복지사는 시작부터 종결까지를 염두해서 전체적으로 원조과정을 구성해야 한다.

2) 접근방법

아동과의 사회복지실천에서 활용되는 주요 접근방법은 심리사회모델, 행동수정모델, 클라이언트 중심모델 등이 있다.

(1) 심리사회모델

심리사회모델은 인간의 문제를 심리적 혹은 정서적이고 사회적인 문제로 이해하면서, '상황 속의 인간'을 강조한다. 아동과 아동에게 영향을 주고 있는 부모와 사회복지사의 관계를 중요시하며 이를 위해, 아동 및 부모가 있는 곳에서 출발, 개별화, 수용의 원칙을 중요시한다. 심리사회모델 개입의 초점은 개인의 심리 · 내적인 과정에 있으며 아동이 행동과 감정에 대해 이해하고 통찰함으로써 자신의 문제를 해결하기 위한 능력을 향상시키도록 원조하는 데 초점을 둔다. 이 모델은 사회복지실천 현장 어디에서나 발견될 수 있는 실천방법이며 개인, 커플, 가족, 집단치료, 환경과의 작업 등 여러 가지 형태로 실천되고 있다. 또한 장 · 단기개입, 위기개입, 예방적 개입, 외상치료 등 다양한 상황에서 사용되고 있다.

(2) 행동수정모델

행동수정모델은 행동주의 심리학 이론을 근거로 개개인의 수준에 알맞게 주위환경을 변화시켜 바람직하지 않은 행동은 감소 및 제거하고 바람직한 행동은 더 많이 일어나도록 하는 것을 말한다. 행동수정모델의 특징은 내적으로 변화되는 어떠한

동기보다는 구체적으로 관찰한 인간의 행동과 환경에 초점을 두고 있다. 인간행동에 있어서 관찰 가능한 행동과 환경을 분석함으로써 그것을 변화시키고 그 변화를 가정으로 아동의 욕구를 충족시키고 있다. 긍정적 강화, 부적강화, 처벌, 소거, 차별적 자극, 조건화, 모델링 등 아동 문제행동 개입에 많이 활용되고 있다.

(3) 인지행동적 접근

인지행동적 대표적 접근은 알버트 엘리스(Albert Ellis)의 합리적 정서적 행동치료와 1960년대 아론 벡(Aron Beck)의 인지치료이다. 인간의 여러 측면 중 인지가 가장 우선적이며, 제일 중요하다는 입장을 견지한다. 즉, 감정이나 행동도 물론 중요하지만, 그것들은 모두 사람들이 어떻게 생각하는냐에 따라 영향을 받는다는 것이다.

이 접근 자기, 타인, 여러 상황들에 대해 잘못된 생각 등 비현실적인 사고들이 자기 자신을 스스로를 힘들게 만들고 있다고 보고 있다. 이러한 사고를 이끄는 전제는 예언, 성급한 일반화, 부정적인 측면을 강조하는 것, 과소평가 혹은 과대평가, 감상적 추론, 과장 혹은, 허위 완벽주의 등이 있다. 따라서 비합리적인 사고 혹은 인지적 왜곡을 일으키는 핵심적인 사고방식을 이해하여 왜곡된 태도와 비합리적 사고 패턴을 바꾸며, 인지 재구성을 함으로써 잘못된 정보처리를 교정하고, 부적응적인 행동이나 정서를 갖게 하도록 하는 것이 목표이다.

(4) 클라이언트 중심모델

클라이언트 중심모델은 1940년대에 미국의 심리학자인 칼 로저스(Carl Rogers)에 의해 체계화된 사회복지사의 공감적 이해, 무조건적인 긍정적 관심, 진실성 등을 바탕으로 사회복지사와 클라이언트의 관계를 중시하는 모델이다. 실천가가 감정이입적이고 무조건적인 긍정적 관심을 가지고 클라이언트를 수용하고 진정한 관심을 보이게 되면, 긍정적 변화가 일어난다고 보고 있다.

3) 실천기술

실천기술은 다양하게 이루어지고 있으며, 아동에게는 교육과 상담, 치료 등으로 구분될 수 있다. 여기에서는 아동복지 실천과 관련 있는 교육과 상담에 대해 구체적으로 알아보고자 한다.

(1) 교육

교육은 인간이 삶을 영위하는 데 필요한 모든 행위를 가르치고 배우는 과정이자 수단을 말한다. 아동복지실천기술에서 교육의 대상은 아동과 함께 아동의 부모가 대상이 된다. 교육은 아동의 성장 발달단계에 따라 적절한 교육을 받음으로써 자기 완성과 가치를 실현하는 데 목적이 있다. 아동 및 부모에게 아동기 발달특성에 대한 이해는 아동의 성장과 발달을 돕는 다양한 지식, 자원을 제공하여 올바르게 성장할 수 있도록 해야 한다. 아동의 문제행동에 대해서는 '문제행동'에 대한 이해가 필요하며 아동의 연령, 개인별 특성에 따른 면밀한 관찰과 판단을 통해 해결책과 대안을 마련해야 한다. 아동성장기에 가장 중요한 요인은 부모의 양육태도이므로 이에 대한 다양한 측면에서의 부모교육을 실시할 필요가 있다.

(2) 상담

① 개별상담

개별상담은 아동을 대상으로 심리적, 정서적 문제를 해결하기 위한 것으로 일대일 상담을 기반으로 공간지각치료, 미술치료, 놀이치료, 행동 수정 등을 사용하여 아동과 가족 및 그 환경 간의 문제에 대해 개입하고 아동의 인격발달 및 기능을 향상시키는 것이다. 아동에 대한 개별상담은 부모의 요청이나 주변의 사람, 사회기관, 학교, 법원, 병원 등의 권유로 이루어진다(주수길, 2016). 어떠한 이유로 아동이 관련 상담기관에 의뢰가 되면 기관의 담당자는 의뢰된 문제를 파악하여, 기관에서 상담 및 서비스 제공이 가능한지 살펴본 다음, 기관에서 개입하기로 결정되면 계약이 이루어진다. 그 이후 아동 및 부모와의 면접 및 심리상담, 사회조사를 실시하고 평가를 통해 치료계획을 세운다.

치료 방법은 놀이치료, 미술치료, 음악치료, 원예치료, 독서치료 등으로 다양한 방법으로 접근하며 아동의 태도나 행동양식을 변화시킨다. 부모의 경우에는 아동과 마찬가지의 과정을 통해 상담이 진행되며, 부모역할을 효과적으로 수행할 수 있도록 다양한 정보 및 상담을 통해 돕는다.

놀이치료

- 아동들이 갖고 있는 정서적 부적응이나 발달상의 문제를, 놀이를 통해서 도와주려는 가장 대표적인 심리치료방법이다. 아이들은 놀이를 통해 자신의 감정, 의사, 문제 등을 표현하기도 하고 정서나 욕구, 바람 등을 드러낸다는 것이 놀이치료의 원리이다.

미술치료

- 미술 활동을 통해 감정이나 내면세계를 표현하고 기분의 이완과 감정적 스트레스를 완화시키는 방법이다.
- 말로써 표현하기 힘든 느낌, 생각들을 미술 활동을 통해 표현할 수 있도록 도와, 안도감과 감정의 정화를 경험하게 하고 내면의 마음을 돌아볼 수 있도록 한다. 또한 자아 성장을 촉진시키도록 하는 치료법이다.

음악치료

- 음악 활동을 통해 아동의 정신과 신체건강을 복원 및 유지시키며 향상시키는 치료법이다.

원예치료

- 식물을 대상으로 하는 인간의 다양한 원예활동을 통하여 사회적, 교육적, 심리적 혹은 신체적 적응력을 기르고, 육체적 재활과 정신적 회복을 추구하는 전반적인 활동이다.

독서치료

- 책을 읽은 후에 다양한 활동을 하거나 책 내용에 대해 토론을 하는 과정을 통해 자신을 더 잘 이해하며 자신의 문제를 파악하여 결국에는 그 문제를 해결하도록 하는 것이다.

② 집단상담

집단상담은 상담이나 심리치료의 집단적 접근으로 아동 및 가족의 문제를 효과적으로 처리하도록 돕는 방법이며, 지도집단, 상담집단, 치료집단으로 구분할 수 있다. 먼저 지도집단은 부모-자녀관계에 대한 경험 및 지식이 부족하거나 공통의 문제를 가진 사람들에게 교육적, 사회적 정보를 제공하고 토의하는 과정을 통해 아동과 가족관계에 대한 이해를 넓히고 가족생활을 강화하는 교육적이고 예방적 활동이다. 상담집단은 아동 및 가족구성원들이 개인적인 내용에 초점을 맞추고 상담자는 이들을 안정하고 신뢰로운 분위기를 만들어서 이들이 원하는 행동변화에 개입하게 된다. 치료집단은 치료를 목적으로 하며, 공통의 문제나 욕구가 있는 개인들을 집단을 통해 병리를 해결하는 치료적 기능이 강조된다. 긴 시간이 요구될 수 있으며, 지도자는 전문적 기술이 필요하다. 유사한 문제나 욕구를 가진 아동의 집단상담은 집단과정에서 인간관계와 교류를 통해 또 다른 치유의 효과를 기대할 수 있다.

③ 가족치료

가족치료는 가족을 하나의 체계로 보며, 그 체계 속의 상호 교류양상에 개입함으로써 개인의 증상이나 행동에 새로운 변화가 일어나도록 추구하는 치료적 접근법을 의미한다. 가족치료는 말 그대로 개인을 둘러싼 환경요소 중 특히 가족을 치료적 매개로 사용하는 기법이다. 가족 간의 지배와 조정 형태, 역할분배, 의사전달 형태, 갈등의 성질, 상호작용 등 가족이 가진 능력의 범위와 성질을 파악하고 진단한다. 가족치료에서 무엇보다 중요한 것은 개인에게서 문제의 원인을 찾는 개인적인 결함모형에서 관계와 관계 사이의 역기능을 파악하는 대인관계적인 모형으로 개념을 변화시켜야 한다는 것이다. 즉 가족 각자와 관련된 새로운 방법을 제시하여 가족 상호작용 형태를 바람직한 방향으로 조정하는 형태로 이루어진다.

④ 위기개입

위기개입은 위기상황에 즉각적으로 개입하여 단기원조를 제공하기 위한 것이다. 자연재해나 갑작스러운 생활상의 사건으로 부모의 이혼 및 사망, 친구의 갑작스러운 사망, 신체상해, 임신 등 다양하다.

아동학대, 폭력, 범죄의 희생, 자살시도, 알코올 및 약물남용 등이 발생할 때 사회복지사는 먼저 위기상황에 신속하게 개입을 해야 한다. 위기에 처한 사람은 혼란과 심한 고통상태에 있으며, 그 자체가 위험이 될 수도 있다. 따라서 사회복지사는 위기에 어떻게 대처하는가에 대한 훈련이 되어 있어야 하며, 위기상황을 경험한 학급, 교사, 직원에 대해 심리정서적 외상과 애도를 표출할 기회를 제공해 주는 위기개입팀을 즉각 출동시키도록 훈련되어야 한다. 둘째 위기에 처한 아동은 아무것도 하지 못할 수 있기 때문에 행동에 초점을 두어야 한다. 셋째, 목표를 제한하여 간결하게 진행되어야 한다. 넷째, 문제에 초점을 두고 적극적으로 개입해야 한다. 가능한 한 신속하게 위기과정을 유발시킨 문제를 해결하는 데 초점을 두어야 한다.

⑤ 지역사회연계

아동의 가족에 대한 지역사회 내의 자원을 적극적으로 개발 및 활용하고, 아동 개별 상황에 맞추어진 체계적이고 다각적인 서비스를 제공하는 것이다. 사회복지사의 주요 기술은 아동과 부모의 새로운 자원을 개발하기 위해 지역사회의 자원에 의뢰를 하고, 특정한 문제상황을 해결하기 위해 여러 기관과 협력한다. 예를 들어 정신건강복지센터, 교육지원청, 드림스타트, Wee센터 등과의 유기적 협력관계 강화, 학교, 지역아동센터, 방과후 교실 등과 연계 사업 실시, 아동의 문화적 욕구를 충족시키기 위해 지역사회의 다양한 문화기반시설과 연계, 교사, 아동상담치료사 등 지역사회와 공유하고 연계할 수 있는 프로그램 매뉴얼 지원, 교육매뉴얼 지역사회자원 연계 및 홍보활동 등을 말한다.

여가부, 내년 청소년 심리지원 확대… 집중심리클리닉에 105명 신규 배치

여성가족부는 내년 자살 · 자해 위험 등 심리적 어려움을 겪고 있는 청소년들을 위한 마음건강 돌봄 프로그램을 대폭 확대한다.

먼저, 자살 · 자해를 시도하는 고위기 청소년과 부모 등 가족이 참여하는 '고위기 청소년 집중심리클리닉' 프로그램 전담 인력 105명을 신규로 배치해 더 많은 청소년을 신속하게 지원한다.

'고위기 청소년 집중심리클리닉'은 올해부터 전국 240개 센터에서 운영되고 있으며, 지난해 시범운영에 참여한 청소년의 자살 · 자해 위험성 등이 개선돼 프로그램의 효과성이 높은 것으로 나타났다.

한편, 17개 시 · 도 청소년상담복지센터에 정신건강임상심리사 등 전문 인력을 배치하는 '위기청소년 종합심리검사' 사업기간을 6개월에서 연중 상시 운영으로 확대한다.

청소년상담복지센터를 이용하는 청소년의 정신건강 관련 문제에 대해 복합적인 원인과 증상 검사가 필요한 경우 센터에 배치된 임상심리사가 직접 종합심리검사를 실시한다.

'위기청소년 종합심리검사' 사업을 통해 청소년이 청소년상담복지센터에서 별도의 비용 없이 심리검사를 받고, 검사 결과에 따라 상담 · 치료 등 다양한 문제 상황별 맞춤 지원을 받을 수 있다.

여성가족부는 종합심리검사 전문 인력 확보를 위해, 다양한 임상심리사 1급 등 임상심리 자격증 소지자를 시 · 도 청소년상담복지센터의 종사자로 채용할 수 있도록 법적 근거 또한 마련했다.

아울러, 청소년상담복지센터 접근성이 낮은 지역을 중심으로 청소년 밀집지역 · 도서 · 벽지 등으로 찾아가는 '청소년 마음건강지킴이 버스'를 운영, 상담서비스 접근성을 높인다. 오는 10월 대전을 시작으로 내년에 세종과 경남까지 확대된다.

전문 상담사의 초기 상담을 통해 버스를 이용하는 청소년의 위기수준을 측정하고, 위기도와 문제유형에 따라 지역 내 청소년 기관으로 연계해 청소년에게 필요한 맞춤형 서비스를 제공한다.

출처: 여성신문(2023. 9. 25.).

Q·u·i·z

/퀴즈/

1. (   )란 '아동복지를 위한 행동 노선과 계획'이라 할 수 있으며, 아동복지활동에 필요한 원칙과 방향을 계획하는 것이다. 또한 아동문제 해결에 국가의 정책적 고려가 요구된다. 괄호 안에 들어갈 적절한 말은 무엇인가?

① 아동복지 ② 아동행정 ③ 아동정책 ④ 지역사회 ⑤ 국가정책

2. 자립준비청년(보호종료아동)에게 (   )을 지급하여 보호종료 후 경제적 부담을 완화하고 복지향상을 통해 안정적인 사회정착 및 성공적 자립에 기여하는 데 목적이 있다. 괄호 안에 들어갈 말은 무엇인가?

① 아파트 ② 자립수당 ③ 입학수당 ④ 지역사회 ⑤ 국가정책

3. (   )은 보호대상아동의 자립준비 역량강화 및 보호종료 후 안정적인 사회진출과 자립실현을 목적으로 하고 있다. 괄호 안에 들어갈 말은?

① 결연사업 운영 ② 디딤씨앗통장사업 ③ 보호아동 자립 지원
④ 아동복지교사 지원 ⑤ 가정위탁 보호

4. (   )은 취약계층 아동의 사회진출 시 학자금・취업・창업・주거마련 등에 소요되는 초기비용 마련을 위한 자산형성을 적극적・장기적으로 지원하기 위해 마련되었다. 괄호 안에 들어갈 말은?

① 결연사업 운영 ② 디딤씨앗통장사업 ③ 보호아동 자립 지원
④ 아동복지교사 지원 ⑤ 가정위탁 보호

5. (   )는 복지서비스의 공급자와 공급자를 연결 또는 복지서비스 공급자와 소비자 사이를 연결시키기 위하여 만들어진 조직적 체계이다. 괄호 안에 들어갈 말은?

① 후원금관리 ② 급여지원 ③ 재가복지
④ 사회복지전달체계 ⑤ 공급지원체계

6. 아동이 건강하게 출생하여 행복하고 안전하게 자랄 수 있도록 아동의 복지를 보장하는 법은?

① 아동복지법 ② 청소년 복지법 ③ 한부모 가족지원법
④ 다문화 가족지원법 ⑤ 영유아보육법

7. 국가와 지방자치단체가 장애아동의 특별한 복지적 욕구에 적합한 지원을 통합적으로 제공함으로써 장애아동이 안정된 가정생활 속에서 건강하게 성장하고 사회에 활발하게 참여할 수 있도록 하며, 장애아동 가족의 부담을 줄이는 데 이바지하는 목적을 가진 법은?

① 보호관찰 등에 관한 법률 ② 입양특례법 ③ 한부모 가족지원법
④ 아동, 청소년의 성보호에 관한 법률 ⑤ 장애아동복지지원법

8. ( )은 아동을 대상으로 심리적, 정서적 문제를 해결하기 위한 것으로 일대일 상담을 기반으로 공간지각치료, 미술치료, 놀이치료, 행동 수정 등을 사용하여 아동과 가족 및 그 환경 간의 문제에 대해 개입하고 아동의 인격발달 및 기능을 향상시키는 것이다. 괄호 안에 들어갈 말은?

① 집단상담 ② 개별상담 ③ 가족상담 ④ 위기개입 ⑤ 지역사회연계

/생각나누기/

Think·about·it

1. 아동복지서비스 실천과정 실제사례를 찾아보고 이에 대한 느낀점에 대해 이야기해 봅시다.

2. 아동상담을 하기 위해 우리가 준비해야 할 점은 무엇인지 토론해 봅시다.

/PART/

02

아동복지서비스의 실천 영역

CHILD WELFARE

/CHAPTER/ 06

아동과 빈곤

CHILD WELFARE

학/습/목/표
1. 빈곤의 개념 및 빈곤아동의 개념을 이해할 수 있다.
2. 빈곤이 아동에게 미치는 영향을 설명할 수 있다.
3. 빈곤아동의 현황과 빈곤아동 지원 사업의 내용을 이해할 수 있다.

빈곤(貧困, poverty)은 어느 시대에나 존재하고 어느 사회에서나 찾아볼 수 있는 오래되고 심각한 사회문제이다. 국가의 경제적 수준이 발전하였음에도 불구하고 빈곤의 문제는 여전히 심각한 사회문제로 인식되고 있다. 대부분의 국가에서는 아동의 빈곤문제에 관심을 가지며 이를 해결하기 위한 관심과 적극적인 노력을 기울여 왔다. 빈곤(貧困, poverty)은 생활에 필요한 물자가 없거나 부족한 상태로 생활필수품의 결핍과 그로 인해 발생되는 신체적, 정신적 불안감을 포함하는 상태를 말한다.

빈곤은 경제적 차원의 문제라 할 수 있지만 현실에서 나타나는 빈곤의 문제는 경제적 차원의 문제를 넘어 인간의 생활 전반과 발달에 악영향을 미친다. 특히 아동기에 경험하는 빈곤은 다른 인간의 발달시기에 비해 그 부정적인 영향이 상대적으로 더 커서 정서적 안정과 인간다운 삶을 누리는 데 제한을 받게 되며, 학교생활 및 심리, 사회적 발달에 부정적인 영향을 미치는 것으로 알려져 있다. 아동기의 이러한 빈곤경험은 성인기까지 지속적인 영향을 미치는 것으로 보고되는데, 안정적이지 않은 직업, 낮은 소득, 사회 적응의 어려움 등의 문제가 발생되어 결과적으로 빈곤의 대물림 현상이 나타나게 된다. 따라서 빈곤 아동에 대한 사회적 관심과 정부의 지속적인 노력이 필요하다.

❶ 빈곤의 정의

빈곤의 개념은 국가의 경제 발전 수준, 사회적, 문화적 상황 등에 따라 정의가 달라질 수 있으므로 빈곤의 개념을 엄격하게 정의하는 것은 쉽지 않다. 빈곤의 개념을 정의하는 방법은 크게 절대적 빈곤, 상대적 빈곤, 주관적 빈곤의 3가지로 구분된다. 절대적 빈곤의 개념은 사회복지가 발달하는 초기에 사용된 개념으로 많은 국가에서 경제적 발달 및 사회복지의 발달과 함께 상대적 빈곤의 개념을 사용하고 있다. 최근에는 아동 빈곤의 문제를 경제적 측면을 넘어 사회적, 문화적 차원을 포괄하는 다차원적인 수준으로 고려되어야 함을 강조하면서 이를 측정하기 위한 아동결핍지수가 활용되고 있다.

(1) 절대적 빈곤

절대적 빈곤은 기본적인 생존에 필요한 최소한의 필수 요구를 충족시키기에도 어려움을 겪는 극도로 낮은 수준의 빈곤을 의미하며, 이는 음식, 주거, 의료, 교육 등의 필수적인 요소들을 확보하는 데 실패한 상태를 나타낸다. 절대적 빈곤은 보통 소득 수준을 기준으로 측정된다. 빈곤퇴치를 위해 1946년에 설립된 세계은행(world bank)은 2017년 기준 절대적 빈곤을 하루 1.9달러 이하의 소득으로 정의하고 있으며, 이는 최저한의 식량, 의료, 주거 등의 필수적인 지출을 감안하여 산출된 기준이다. 절대적 빈곤은 발전도상국이나 근로능력이 낮은 집단, 비정규직 노동자, 농촌지역, 도시의 빈곤층 등에서 더욱 흔히 발생하고, 경제적인 자원과 기회에 대한 접근이 제한되어 있어, 기본적인 생활필수품을 확보하기 어려운 것을 의미한다. 우리나라의 경우, 최저생계비를 기준으로 절대빈곤을 추산하고 있다. 절대적 빈곤은 경제적으로 심각한 문제로, 국가 및 국제단체들은 이를 해결하기 위해 노력하고 있다.

예를 들어, 지속가능한 개발 목표(Sustainable Development Goals: SDGs) 중 하나인 "극심한 빈곤 및 기아 제거" 목표를 세우고, 빈곤층에게 교육, 보건, 소득 기회 등을 포함한 다양한 개발 프로그램과 정책을 추진하고 있다.

(2) 상대적 빈곤

상대적 빈곤은 사회적인 비교나 상대적인 기준을 바탕으로 정의되는 빈곤의 형태이며, 개인 또는 가구의 소득, 자산, 생활수준 등을 기준으로 다른 사람들과의 비교를 통해 판단된다. 상대적 빈곤은 중위소득을 기준으로 측정하는데, 중위소득이란 전체 가구를 소득 순으로 순위를 매겼을 때 가운데 위치한 가구의 소득을 의미한다. 예를 들어, 100가구의 중위소득은 50번째 해당하는 가구의 소득을 말한다. 상대적 빈곤은 사회적인 비교와 경쟁으로부터 비롯될 수 있으며, 개인의 사회적 위치나 상대적인 자원 접근에 따라 결정될 수 있다.

우리나라는 2013년부터 빈곤의 개념을 최저생계비를 기준으로 하는 절대적 빈곤의 개념에서 중위소득을 기준으로 하는 상대적 빈곤의 개념으로 변경하여 사용하고 있다. 2021년 기준, 우리나라의 상대적 빈곤율은 16.7%로 우리 국민 6명 중 1명이 기준 중위소득의 50%에 미치지 못한다는 것으로 보고되고 있다.

경제발달에 따라 소득수준이 상승하면 절대적 빈곤의 문제보다는 상대적 빈곤의 문제에 관심을 갖게 된다. 절대적 빈곤은 경제발전의 의해 일정 부분 완화될 수 있지만, 상대적 빈곤은 불평등과 상대적 박탈감이라는 또 다른 문제를 파생하게 된다.

(3) 주관적 빈곤

주관적 빈곤은 개인이나 가구가 자신의 생활 상황을 주관적으로 인식하고 경험하는 빈곤의 형태를 의미하며, 이는 단순히 경제적인 요소뿐만 아니라 개인의 주관적인 생활 만족도, 욕구 충족 등을 고려하여 분석된다. 주관적 빈곤은 개인의 주관적인 경험을 이해하기 위해 중요한 개념으로, 경제적으로는 충분한 자원을 가지고 있을지라도, 개인의 주관적인 빈곤 경험은 행복, 만족, 사회적 인정과 연결될 수 있다. 따라서 정책과 프로그램을 개발할 때에는 주관적 빈곤의 측면을 고려하여 개인의 주관적인 경험과 요구를 충족시킬 수 있는 방향으로 접근해야 한다.

(4) 아동결핍지수(Child Deprivation Index)

소득수준만으로 아동의 빈곤을 살펴보는 것은 실제 아동의 생활영역에서 경험하는 다양한 박탈을 제대로 설명해 주지 못하는 한계가 있다. 따라서 아동의 빈곤은 다차원적인 측면에서 고려되어야 함을 강조하고 이를 측정하는 내용으로 아동결핍지수(Child Deprivation Index)를 활용하고 있다.

아동결핍지수(Child Deprivation Index)는 아동의 성장과정에서 주요하게 고려되어야 할 소유 상태와 서비스 및 각종 기회 충족 여부를 조사해 아동의 빈곤상태를 측정하고 수치로 나타낸 것이다. 유니세프가 개발한 아동결핍지수(Child Deprivation Index)는 아동의 건강, 교육, 생활환경 등의 다양한 측면에서의 결핍 정도를 측정하는 지표이며, 아동의 복지와 발전에 대한 정보를 수집하고 분석하여 정책과 프로그램 개발에 활용되고 있다. 아동결핍지수(Child Deprivation Index)는 14개 항목으로 구성되어 있으며, 지수가 높을수록 결핍 수준이 심각함을 의미한다.

〈표 6-1〉 아동결핍지수 14개 항목

항목
1. 하루에 세끼를 먹는다.
2. 하루에 적어도 한 번은 육류 또는 생선을 섭취한다.
3. 신선한 과일이나 채소를 매일 섭취한다.
4. 아동의 연령과 발달 수준에 맞는 책을 보유하고 있다.
5. 야외 활동을 할 수 있는 기구들이 있다.

6. 정기적인 여가 활동을 하고 있다.
7. 실내에서 즐길 수 있는 게임이나 기구들이 있다.
8. 학교나 보육기관에서 주최하는 행사 또는 현장학습에 참가하기 위한 돈을 지불할 수 있다.
9. 학교나 보육기관에서 내주는 과제나 책을 읽기 위해 충분한 면적과 채광이 적당한 조용한 공간이 있다.
10. 인터넷이 연결되어 있다.
11. 다른 사람들에게 물려받지 않은 새옷이 있다.
12. 적어도 두 켤레의 신발을 가지고 있다.
13. 친구들을 집으로 초대하여 놀거나 식사를 같이 할 수 있는 기회가 종종 있다.
14. 생일 파티나 가족 행사 등을 할 기회가 있다.

2018년 아동종합실태조사에 의하면, 우리나라 아동의 결핍지수는 31.5%로 2013년의 54.8%에서 크게 감소한 수치이지만, 경제협력개발기구(OECD)·유럽연합(EU) 29개국 가운데 헝가리(31.9%)에 이어 두 번째로 높은 것으로 보고되었다. 특히, 식사·의류·인터넷 등 물질적 결핍에선 응답률이 낮았지만 여가활동·가족행사·친구 초대 등 사회관계에 대한 결핍이 높았다. 아동이 부모와 함께 보내는 시간도 하루 48분으로, OECD 평균인 2시간 30분에 비해 매우 적은 것으로 나타났으며, 이런 이유로 인해 2018년 우리나라 아동의 삶의 만족도는 6.6점으로, OECD 회원국 평균(7.6점)을 크게 밑도는 것으로 보고되었다.

2 빈곤의 영향

1) 빈곤의 영향과정

빈곤이 여러 과정을 통해 아동에게 직, 간접적으로 영향을 미치고 있으며, 그러한 영향과정은 인적자본투자이론과 가족과정모델로 설명될 수 있다.

인적자본투자이론은 아동의 발달에 기여하는 물질적 재화, 경험, 서비스를 구매할 수 있는 가족의 경제적 능력에 따라 아동의 발달의 정도가 달라진다고 강조한다. 즉, 부모의 경제적 지원의 결핍은 아동의 발달 기회를 제한한다고 말한다.

부모는 아동의 인적 자본 형성을 위해 시간과 자금을 투자하는데, 이러한 투자는 주로 교육, 건강, 주거, 음식 등 아동의 미래 기회에 영향을 미치게 된다. 빈곤한 부모는 가족의 생계를 위해 시간과 자금 등의 자원을 대부분 소비해야 하며, 상대적으로 아동의 발달을 향상시키기 위한 시간, 자금, 에너지 등을 투자하지 못하게 되는데, 이는 결과적으로 아동발달의 여러 측면에 부정적인 영향을 미치게 된다.

빈곤이 아동에게 영향을 미치는 또 하나의 과정은 가족과정모델로 설명될 수 있다. 부모자녀의 관계는 자녀의 심리적 성장과 발달에 매우 큰 의미를 가지며, 부모의 적극적 개입 혹은 적절한 감독이 많을수록 행복하며, 가족 간의 친밀하고 의사소통이 잘 될수록 행복한 것으로 보고되었다.

가족의 빈곤수준은 부모의 스트레스를 증가시키고, 자녀와의 유대관계, 지지적 반응, 교육적 관여, 자녀 생활에 대한 감독 등에 부정적인 영향을 미치는 것으로 보고되고 있다. 경제적 빈곤은 부모의 스트레스와 우울감을 증가시키고, 그로 인해 자녀에 대해 덜 반응적이고 덜 긍정적이며 자녀에 대한 관여를 별로 하지 않는 것으로 나타났다. 즉, 가족 내 경제적 빈곤은 '부부갈등'이나 '부부의 스트레스'를 증가시키는 요인으로 작용되고, 아동을 양육하는 과정에서 비일관적이고 혹독한 양육을 할 가능성을 높여, 결과적으로 아동의 발달에 부정적인 영향을 미친다고 할 수 있다. 아동의 발달에 영향을 미치는 인적자본투자이론과 가족과정모델은 다음과 같이 [그림 6-1]로 정리할 수 있다.

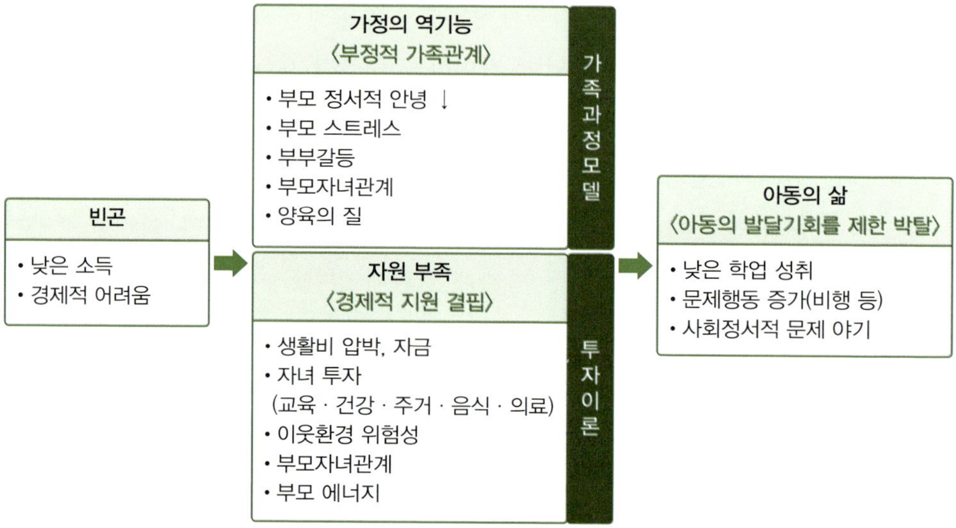

[그림 6-1] 빈곤의 영향과정

출처: 김효진(2008).

2) 빈곤아동의 특성

빈곤의 영향은 아동발달의 전반적인 영역에 걸쳐 나타난다. 빈곤은 아동이 발달과업을 정상적으로 성취하는 데 어려움을 가져올 뿐 아니라, 이후 발달과정에 누적적으로 영향을 미쳐 성인기에 이르기까지 부정적인 영향을 미친다. 이러한 부정적인 영향은 신체적, 인지적, 정서, 사회성 및 학업발달에 이르기까지 여러 영역에 걸쳐 나타난다.

선행연구들에서는 빈곤이 아동의 신체적 건강, 인지능력, 학업성취, 정서, 사회적 측면에서 좋지 않은 영향을 발생시킨다고 밝히고 있다. 빈곤이 아동의 건강에 미치는 영향과 관련하여, Duncan과 Brooks-Gunn(1997)의 연구에서는 빈곤아동은 일반아동에 비해 미숙아 출생률이 1.7배 높으며, 병원 입원율이 2배 높고, 유아 사망

률이 1.7배 높은 것으로 나타났으며, 빈곤한 주거환경의 영향으로 인하여 천식, 아토피 등의 질환이 일반아동에 비해 높은 것으로 보고되고 있다. 2018년 아동종합실태조사에 의하면 주 양육자가 인식하고 있는 아동의 건강상태는 일반아동에 비해 수급가정 내 아동의 건강상태가 상대적으로 좋지 않은 것으로 나타났으며, 한부모가정 및 조손가정에서 아동의 건강상태가 좋지 않다고 인식한 것으로 나타났다.

인지발달과 관련하여 빈곤과 학업성취 및 학교적응과 관련된 연구들이 활발하게 진행되어 왔으며, 빈곤이 아동의 학업성취, 학교적응에 부정적인 영향을 주는 것으로 밝혀졌고 대부분의 연구에서 부정적 영향이 일관되게 보고되었다. 외국의 선행연구에서도 학년유급 및 학교중퇴 문제에 있어 빈곤아동이 빈곤하지 않은 아동에 비해 두 배 가량 높으며, 학습장애비율도 1.4배 높은 것으로 보고되고 있다.

빈곤이 아동의 심리사회적 발달에 미치는 영향은 빈곤한 가족의 아동이 빈곤하지 않은 가족의 아동에 비해 우울, 불안과 비행정도가 높고, 자존감은 낮게 나타났음을 보고하고 있으며, 단기적 빈곤보다 장기적 빈곤이 아동의 우울, 불안에 부정적인 영향을 미치는 것으로 보고되고 있다.

❸ 빈곤아동 정의 및 빈곤아동 현황

1) 빈곤아동의 정의

아동기 빈곤은 아동의 삶의 전반적인 영역에서 부정적인 영향을 미치는 것으로 확인되었으며, 아동의 건강한 성장, 발달을 지원하기 위한 사회적 대책이 필요하다. 빈곤아동을 지원하기 위해 2011년 7월 14일 제정된 「아동의 빈곤 예방 및 지원 등에 관한 법률(약칭: 아동빈곤예방법)」에서는 빈곤아동이 부모의 사회적, 경제적 지위와 상관없이 태어나서 자립할 때까지 충분한 역량을 갖출 수 있도록 균형 있고 조화로운 성장과 건강하고 행복한 삶을 누릴 수 있도록 한다는 이념으로 다양한 분야에서 제도적 기반을 마련하였다.

「아동빈곤예방법」에서는 "아동빈곤"이란 아동이 일상적인 생활여건과 자원이 결핍하여 사회적 · 경제적 · 문화적 불이익을 받는 빈곤한 상태를 말하며, "빈곤아동"이란 생활여건과 자원의 결핍으로 인한 복지 · 교육 · 문화 등의 격차를 해소하기 위하여 지원이 필요한 아동을 말하며, 그 구체적인 기준은 보건복지부령으로 정한다고 규정하고 있다.

빈곤아동 지원 사업에 대상자는 다음의 기준으로 선정된다.

- 아동복지법에 따른 보호대상아동 및 지원대상아동
- 국민기초생활보장법에 따른 수급자인 아동
- 한부모가족지원법에 따른 한부모가족아동
- 다문화가족지원법에 따른 다문화가족아동
- 복지, 교육, 문화 등의 격차를 해소하기 위하여 사회적, 경제적, 문화적 지원이 필요하다고 보건복지부장관이 인정하는 아동

빈곤아동에 대한 정책은 「아동복지법」, 「국민기초생활보장법」, 「한부모가족지원법」, 「다문화가족지원법」을 근거로 하며, 「국민기초생활보장법」을 통해 수급자 가정 지원, 시설보호아동에 대한 생계, 교육, 의료, 주거비 지원을 하고 있다. 또한 「한부모가족지원법」을 통해 생계비, 아동교육비 지원, 아동양육비, 입학금 및 수업료, 학용품비와 그 밖에 교육에 필요한 비용을 지원하며, 「다문화가족지원법」을 통해서는 아동보육 및 교육지원을 하고 있다. 가정의 빈곤 상태가 아동에게 미치는 영향을 중재하기 위해 빈곤을 경험하는 아동에게 투자되는 각종 물적 자원이 증가되도록 지원하며, 빈곤 가정의 부모역량 강화를 지원함으로써 아동이 경험하는 일상적 훈육 내용이 긍정적일 수 있도록 지원이 이루어져 한다.

2) 빈곤아동 현황

2022년 통계청 조사 자료에 의하면, 중위소득을 기준으로 하는 아동의 상대적 빈곤율은 2015년 이후 지속적으로 감소하는 추세로 나타나고 있으며, 2020년 기준 9.8%로 10명 중 1명의 아동들이 상대적 빈곤 상태에 놓여있는 것으로 나타났다.

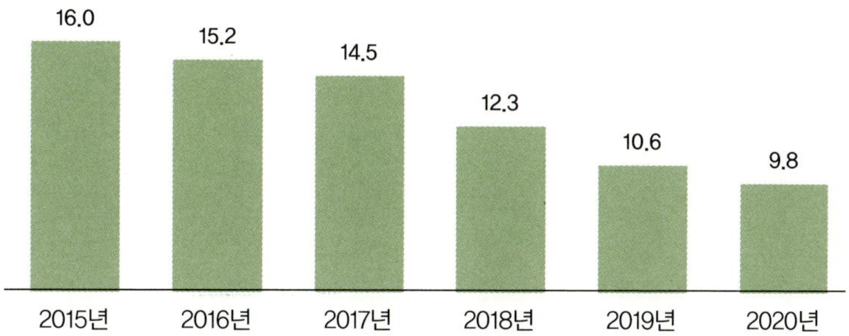

[그림 6-2] 우리나라 아동의 상대적 빈곤율(단위: %)

출처: 통계청(2022).

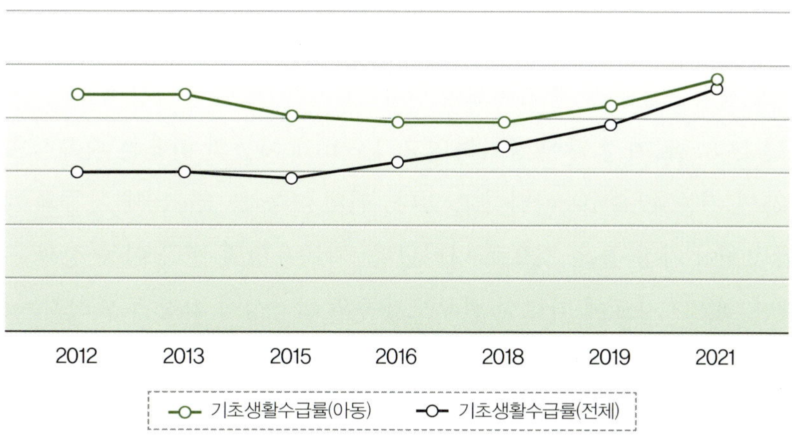

[그림 6-3] 국민기초생활수급아동 현황

출처: 보건복지부(2022).

국민기초생활수급 아동현황은 2015년부터 급증하여 3~4%를 2021년까지 유지하고 있으며, 2021년 전체 아동 인구 대비 기초생활수급아동 비율은 4.8%이며, 전체 인구 대비 기초생활보장 수급자 비율은 4.6%로 나타나고 있다.

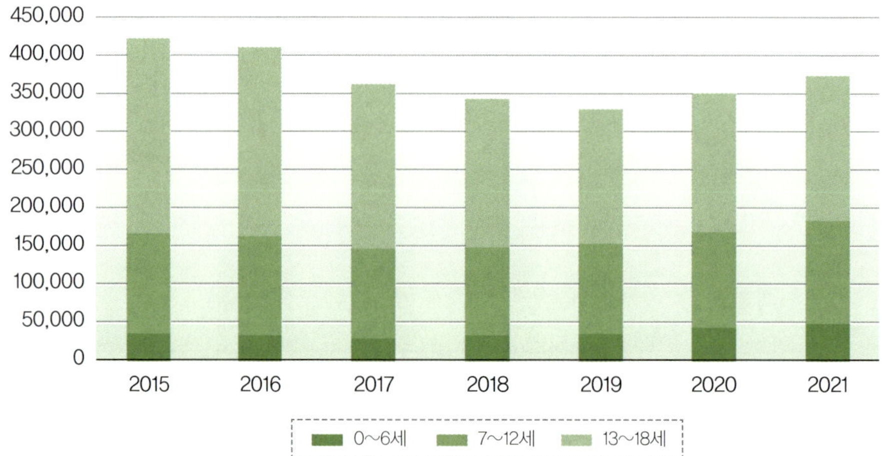

[그림 6-4] 국민기초생활수급아동 연령별 현황

출처: 보건복지부(2022).

국민기초생활수급 아동 중 0~6세의 비율은 지속적으로 증가하여 2015년 9.0%에서 2021년 13.8%로 가장 많이 증가하였고, 13~18세 아동의 비율은 지속적으로 감소하여 2021년 기준 49.8%로 나타나고 있다. 전체 아동 중 13~18세 아동의 국민기초생활수급비율이 가장 높은 것으로 나타났다. 가족유형별 빈곤 아동 상황을 살펴보면, 2021년 OECD 자료에 따르면 한부모가족은 취약성이 가장 두드러지는 가족 유형으로, 우리나라 한부모가족의 아동빈곤율은 2021년 기준 47.7%로 나타났다. 이는 부모를 모두 둔 가족 내 아동빈곤율 10.7%와 비교해 볼 때, 4배 이상 높게 나타나 한부모가족 내 아동빈곤 문제에 대한 지원을 면밀히 검토해야 함을 시사하고 있다.

4 빈곤아동지원 사업

1) 드림스타트

빈곤한 부모 밑에서 태어난 아동은 자신의 의지와 상관없이 빈곤한 삶을 살아야 한다. 이러한 아동은 인간으로서 기본적인 욕구 충족은 물론 남들과 같은 공평한 출발이 어렵다. 이로 인해 아동의 학업중퇴율, 10대 자살율, 아동방임, 알코올중독, 비행, 조기임신 등이 증가하는 추세이다. 아동의 빈곤으로 교육기회 감소, 이로 인해 성인이 된 후 생산성 저하, 실업에 처할 위험을 높이기 때문에 빈곤의 악순환을 초래할 수 있다. 선진국에서는 빈곤아동을 위한 가난의 대물림을 차단하고 공평한 출발선을 보장하기 위한 아동복지서비스를 일찍부터 실시하여 왔으며, 그중 대표적인 사업이 미국의 헤드스타트(Head Start), 영국의 슈어스타트(Sure Start)와 캐나다의 페어스타트(Fair Start)이다. 우리나라 역시 2004년 시민운동으로 시작된 위스타트(We Start)와 2007년부터 본격적으로 시작된 국가주도의 드림스타트(Dream Start)가 있다.

(1) 목적과 지원 대상

드림스타트는 취약계층 아동에게 맞춤형 통합서비스를 제공하여 아동의 건강한 성장과 발달을 도모하고, 공평한 출발 기회를 보장하여 건강하고 행복한 사회구성원으로의 성장 지원을 목적으로 제공되는 사업이다. 이를 위해 취약계층 아동과 가족 중 사업 대상 아동 발굴 및 문제 욕구 파악, 지원자원 연계를 통해 건강, 영양, 교육, 문화, 복지 등의 맞춤형 통합서비스 제공을 사업의 주 내용으로 삼고 있다.

지원 대상에는 0세부터 12세 이하의 저소득가정, 한부모가정, 조손가정, 다문화가정 등의 취약계층 아동 및 가족, 임산부가 포함된다. 다만, 아동이 13세 이상인 경우에도 초등학교에 재학 중이거나 지속적인 사례관리가 필요한 아동으로서 지방자치단체장이 승인한 경우 최대 만 15세까지 사업 대상자로 추가될 수 있다. 기존 드림스타트 사업은 지원 대상 아동과 보호 대상 아동을 모두 지원했지만, 학대 피해 아동 보호에 대한 여론이 강해지며 2022년 개정 이후 보호 대상 아동은 드림스타트 지원 대상에서 제외되었다. 드림스타트의 대상에서 제외된 보호 대상 아동은 발견 이후 시군구 아동 보호팀으로 의뢰된다.

(2) 추진체계 및 서비스 내용

드림스타트 사업은 「아동복지법」 제37조 및 「아동복지법시행령」 제37조를 법적 근거로 삼고 있다. 보건복지부에서 전반적인 정책 총괄을 담당하며, 시도에서 관할

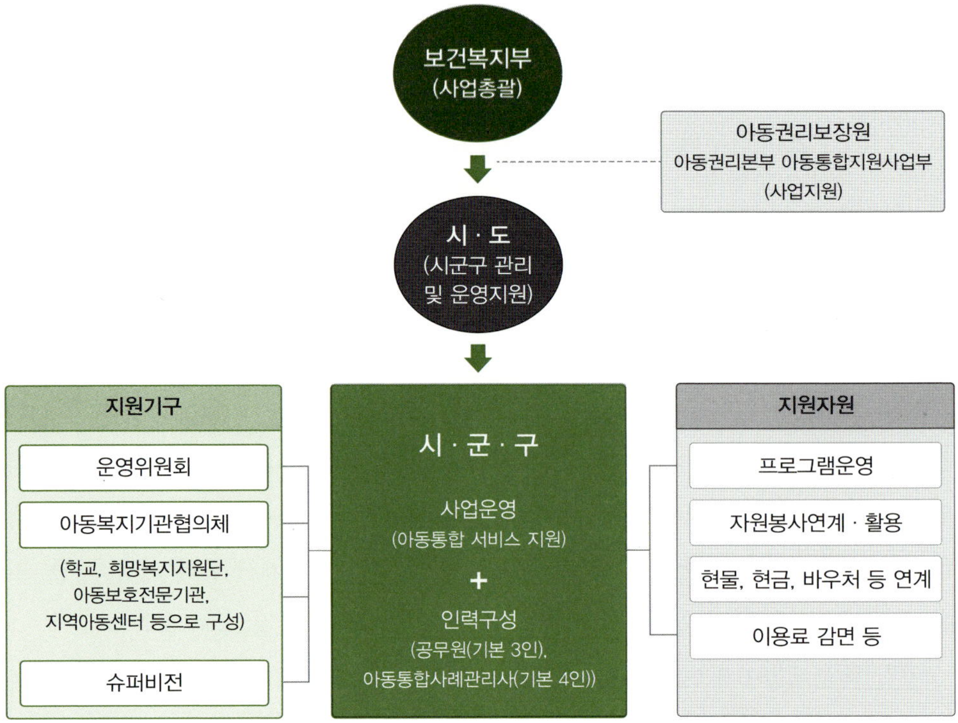

[그림 6-5] 드림스타트 사업추진체계

출처: 보건복지부(2022).

시, 군, 구의 사업계획 및 지원과 관리를 담당한다. 시, 군, 구는 실제로 드림스타트 전담 조직을 설치하고 운영하는 역할을 담당하고, 아동권리보장원은 드림스타트 사업의 전반적인 운영 지원 및 연구 개발, 교육 운영 등 협력 업무를 담당한다.

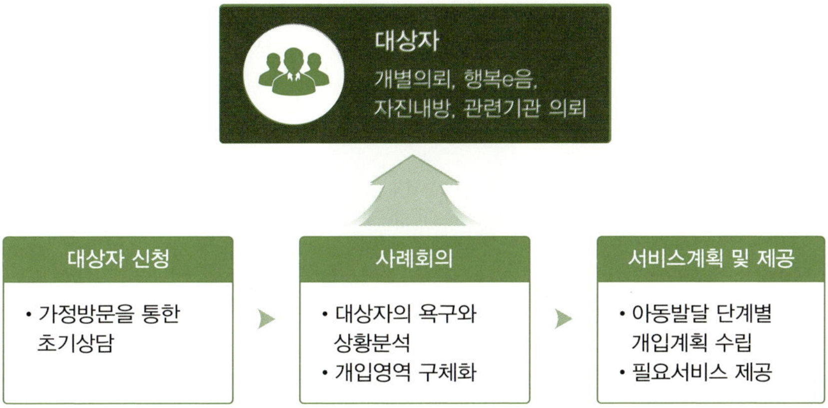

[그림 6-6] 드림스타트 지원과정

출처: 보건복지부(2022). 드림스타트 사업안내.

〈표 6-2〉 드림스타트 서비스 내용

서비스 구분	서비스 내용	프로그램(예시)
신체 · 건강	• 아동의 건강한 성장과 신체발달 증진 • 건강한 생활을 위한 건강검진 및 예방, 치료 • 아동발달에 필요한 신체/건강 정보 제공	건강검진, 예방접종, 건강교육, 영약교육 등
인지 · 언어	• 아동의 의사소통 및 기초학습 능력 강화 • 맞춤형 인지/언어 서비스를 통한 아동의 강점 개발	기초학력검사, 기초학력 배양, 경제교육, 독서지도 등
정서 · 행동	• 자아존중감 및 긍정적 성격 형성을 위한 정서발달 서비스 제공 • 사회성 발달 및 아동 권리 신장을 위한 교육	사회성발달프로그램, 아동학대예방, 심리상담 및 치료, 돌봄기관 연계 등
부모 · 가족	• 부모자녀 상호작용 및 적합한 교육환경을 위한 부모역량 강화 • 부모의 유능감 및 자존감 강화 • 부모의 양육기술 지원 • 임산부의 건강한 출산 및 양육지원	부모교육, 가족상담 및 치료, 부모취업, 산전 산후 관리 등

출처: 드림스타트 사업안내(2022).

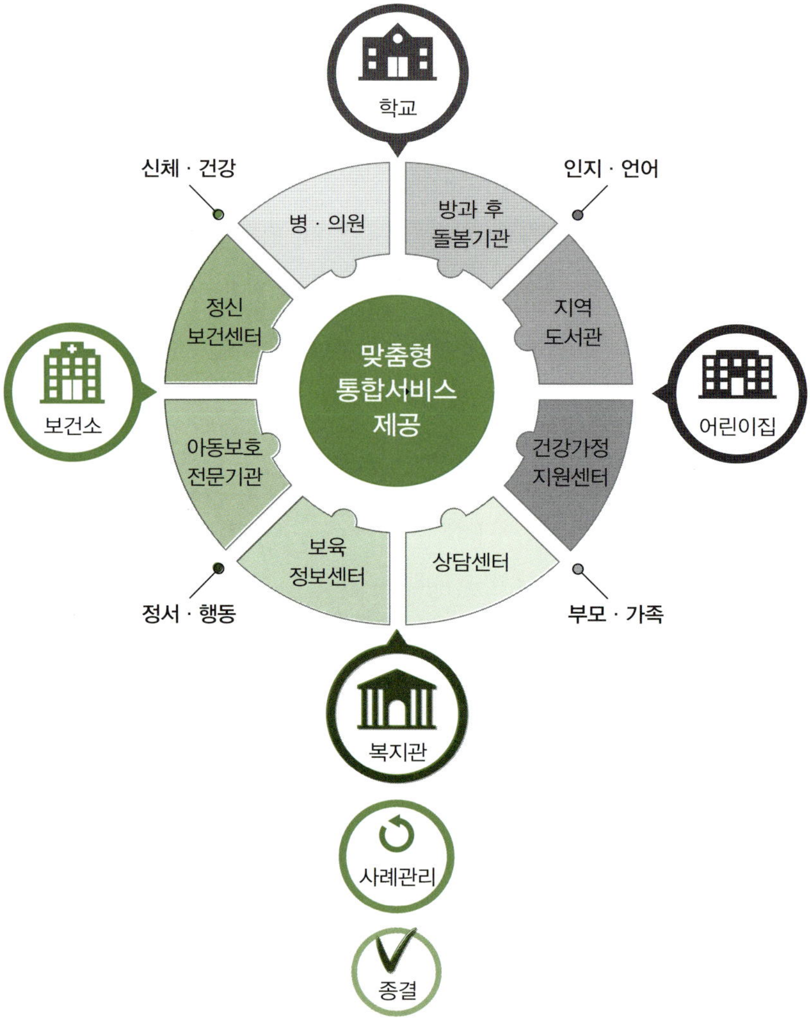

[그림 6-7] 드림스타트 지원 체계도

출처: 보건복지부(2022). 드림스타트 사업안내.

2) 결식아동급식 지원사업

결식아동 지원사업은 저소득 가정의 아동들이 건강하게 자랄 수 있도록 급식지원 등을 통해 결식예방 및 영양개선을 목적으로 2000년 10월부터 실시하고 있는 빈곤아동 지원 사업이다. 결식아동 지원사업은 '결식 우려'가 있는 만 18세 미만의 아동을 지원 대상으로 하며, 결식우려란 '보호자가 충분한 주식과 부식을 준비하기 어렵거나, 주 · 부식을 준비할 수 있다 하더라도 아동 스스로 식사를 차려 먹기 어려운 경우' 의미한다. 또한 18세 이상인 경우에도 학교에 재학 중이거나, 학교에 다니지 않아도 18세 미만인 아동의 경우 지원 대상에 해당한다.

2001년 11월에는 취학아동에 대한 조식 및 석식, 미취학 아동에 대한 조 · 중 · 석식을 제공이 시작되었다. 2000년에는 기초생활보장대상 아동이 결식아동 급식 지원 사업의 대상이었으며, 대상 아동 수는 1만 5천 명이었다. 2004년에는 방학 및 토 · 공휴일 중 취학아동 중식 지원이 교육부에서 보건복지부로 이관되었으며, 지원 대상 아동을 차상위 계층 아동까지 확대되였다.

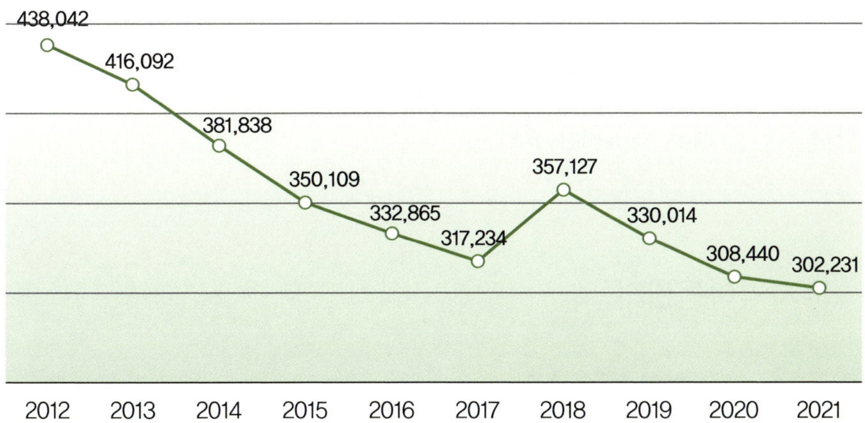

(단위: 명)

	2012	2013	2014	2015	2016	2017	2018	2019	2020	2021
인원	438,042	416,092	381,838	350,109	332,865	317,234	357,127	330,014	308,440	302,231

[그림 6-8] 결식아동 급식지원 현황

출처: 보건복지부(2023).

결식아동 지원 현황을 살펴보면, 2012년부터 2017년까지 꾸준히 감소하다 2017년 차상위 계층의 범위가 확대되며, 2018년도 대상 아동 수가 증가하였으나, 그 외에는 전체적으로 아동 인구가 감소함에 따라 급식을 지원받는 수도 줄어들고 있다.

결식우려아동은 학기 중 토요일, 일요일, 공휴일 중식, 방학 중 중식 등 1일 1식(8,000원)이 지원되며, 서비스를 지원하는 지역과 아동의 실정을 고려해 결식위험이 있는 아동에게 도시락 제공, 아동 급식카드, 식당과 급식, 부식 배달 등의 방법을 선택하여 제공한다.

결식아동 지원사업의 지원방식 중 하나인 아동급식 전자카드는 결식 우려 대상 아동들이 질적으로 우수하면서도 이용하기에 편리한 식사를 제공한다는 목적을 지니고 있다. 그러나 아동급식 전자카드 이용이 가능한 가맹점에서 편의점의 비율이 매우 높아, 결식우려아동들이 편의점에서 식사를 대체하는 경우가 많다. 아동들이 식사를 대신해 섭취하는 편의식품은 주로 김밥, 라면, 햄버거 등인데, 이러한 식품 섭취가 계속될 경우 비만, 고혈압 등의 성인병 유발과 더불어 정신적인 스트레스를 가중시키는 문제를 야기할 수 있다.

또한 2005년 아동급식사업은 국고보조사업에서 지방 이양되면서, 지방자치단체가 아동급식지원사업에 대해 자유롭게 재정 운영 · 관리를 담당하고 있다. 이 경우 지방정부의 재원 상태에 따라 지원의 규모와 방식이 달라지고 지역 간의 격차가 생기는 것이 문제로 지적되고 있다.

3) 지역아동센터

지역아동센터는 방과 후 돌봄을 필요로 하는 지역사회 아동의 건전한 육성을 위해 보호, 교육, 건전한 놀이와 오락의 제공, 보호자와 지역사회의 자연 연계 등의 종합적인 복지 서비스를 제공하는 것을 목적으로 하는 아동복지시설이다.

1980년대 중반 공부방이라는 이름으로 시작된 지역아동센터는 산업화의 과정에서 도시 빈민 지역의 아동들을 보호하고 교육하기 위해 생겨난 시설로 공부방은 정부의 빈곤아동에 대한 정책이 없었던 1980년대부터 도시의 저소득층 밀집지역에서 민간단체나 개인이 아동 및 청소년을 대상으로 학습지도와 보호, 상담, 건전한 문화경험을 위한 공간으로 역할을 수행해 왔었다. 정부는 2004년 지역아동센터의 법제화를 통해 빈곤아동에 대한 방과 후 방치를 예방하고 적절한 보호와 교육이 제공될 수 있는 지역사회 지원프로그램을 제공하기 시작하였다.

아동을 위해 지역에서 열린 문화공간으로서 다양한 프로그램을 제공하여 건전한 성격을 형성하여 비행을 예방하는 역할과 교육을 통한 인격형성뿐만 아니라 간식과 식사를 제공하여 영양을 공급함으로써 건전한 아동으로 성장할 수 있도록 돕고 있다. 이를 통해 취학아동이 가정의 빈곤이나 부모의 가출 또는 맞벌이 등에 의하여 적절히 보호를 받기 어려운 환경에 놓였을 때 아동의 권리를 보호하기 위하여 아동의 생존권, 복지권, 문화권, 발달권, 학습권이 보장하고 있다.

지역아동센터는 2004년 당시 전국 895개소 시설에 23,347명의 아동이 서비스 지원을 받던 것이 2021년 1월 기준 전국 4,295개소, 이용아동 수 106,746명으로 급속한 양적 성장을 이루었다.

지역아동센터 이용 아동은 18세 미만의 아동으로서 초등학교 및 중학교에 재학 중인 아동으로 우선돌봄아동, 돌봄특례아동, 일반아동으로 대상자가 구분되고 있다.

우선돌봄아동

- 「국민기초생활 보장법」에 따른 생계 · 의료 · 주거 · 교육급여 수급자
- 차상위자활대상자, 차상위본인부담 경감 대상자 등 차상위계층 가구의 아동
- 「의료급여법」 제3조에 따른 의료급여 수급권자
- 「장애인복지법」 제32조에 따른 등록장애인이 있는 가구의 아동 또는 등록 장애인인 아동

- 「다문화가족지원법」 제2조제1호에 따른 다문화가족의 아동
- 「한부모가족지원법」 제4조제2호에 따른 모자가족 또는 부자가족의 아동
- 조부모와 손자녀로만 이루어진 조손가구의 아동
- 초 · 중 · 고 교육비 지원 대상자인 아동
- 자녀가 3명 이상인 가구의 아동

돌봄특례아동

일반아동에 해당되나 시장 · 군수 · 구청장이 돌봄이 필요하다고 인정하는 다음의 경우 우선돌봄아동으로 선정 가능

- 주민등록상 부모 등이 등재되어 있으나 가출 · 행방불명 · 별거 등으로 사실상 한부모가족이거나 조손가족인 아동으로서 가정 내 돌봄이 어려워 돌봄이 필요한 아동인 경우
- 보호자의 질병(중증 만성질환, 암 등)으로 가정 내 돌봄이 어려워 돌봄이 필요한 아동인 경우
- 보호자의 실직으로 가정 내 돌봄이 열악하여 돌봄이 필요한 아동인 경우
- 귀가 후 장시간 홀로 남겨지거나 열악한 지역여건으로 사회복지관 등 다른 기관의 이용이 어려워 돌봄이 필요한 아동인 경우
- 맞벌이 가정의 아동으로서 다함께돌봄센터 등 다른 기관의 이용이 어려워 돌봄이 필요한 아동인 경우
- 기타 가구특성이나 생활실태로 보아 가정 내 돌봄이 어려워 돌봄이 필요한 아동인 경우

지역아동센터 이용 아동이 경우, 시설별 신고정원의 50% 이상은 우선돌봄아동이어야 하며, 일반아동은 50% 범위 내에서 등록 가능하다. 지역아동센터의 필수 운영시간은 다음과 같다.

필수 운영시간(기본 운영시간 8시간)

- 학기 중: 14:00~20:00(필수 운영시간)
- 방학(단기방학 포함): 12:00~17:00(필수 운영시간)

  ※ 필수 운영시간을 포함하여 8시간 이상 운영하여야 하며, 지역과 시설의 특성상 신축적으로 운영할 수 있다. (토, 일, 공휴일, 방학의 경우 종일 운영)

지역아동센터의 주요 사업은 다음의 〈표 6-3〉과 같다.

〈표 6-3〉 지역아동센터 주요 사업

보호프로그램	지역사회 방치, 방임아동보호, 일반적 보호, 급식
교육프로그램	학습, 숙제지도, 생활 · 위생지도, 예체능교육
건전한 놀이와 오락프로그램	문화체험, 견학, 캠프, 레크레이션
가족기능 강화	상담, 사례관리, 부모 및 가족상담
지역사회 연계	보호자와 지역사회 자원연계, 결연후원사업 등
아동권리 보호	생존권, 복지권, 문화권, 발달권, 학습권의 권리보호를 위한 각종 사업

지역아동센터는 빈곤 · 맞벌이 가정 아동양육의 부담해소, 아동의 학습능력 제고, 학교 부적응 해소, 아동의 정서 및 건전한 인격함양, 가정과 지역사회 내의 문제 발굴 및 해결, 아동의 지역사회 보호개념 실현할 수 있는 기능을 하며, 아동문제에 대한 예방적 기능을 수행하는 데 그 의의가 있다고 할 수 있다.

4) 디딤씨앗통장

디딤씨앗통장은 취약계층 아동이 사회에 진출할 때 필요한 초기비용 마련을 지원하고자, 정부에서 운영하는 유일한 아동자산형성 지원사업이다. 취약계층 아동의 사회진출 시 학자금 · 취업 · 창업 · 주거마련 등에 소요되는 초기비용 마련을 위한 자산형성을 적극적 · 장기적으로 지원할 필요하다는 인식하에, 2007년 4월부터 미래 성장 동력인 아동에 대한 사회투자로 빈곤의 대물림을 방지하고 건전한 사회인 육성 및 아동에 대한 투자의 일환으로 '아동발달지원계좌(Child Development Account: CDA)'를 추진하게 되었다.

디딤씨앗통장은 아동의 새 희망과 큰 꿈을 실현하는 데 디딤이 되는 종잣돈(Seed

Money)이 됨을 의미하며, 아동발달지원계좌사업은 아동 스스로 어려서부터 저축하는 습관을 키워서, 아동들의 자립 역량을 길러주는 것을 기본 취지로 하고 있다.

특히, 아동발달지원계좌사업 내 경제교육은 저축액의 증가 및 미래에 대한 경제적 자신감을 갖도록 하는 긍정적인 효과가 있을 뿐 아니라, 지속적인 자산형성이 습관화되도록 도와준다.

디딤씨앗통장은 저소득층 아동이 CDA(Child Development Account) 통장을 만든 뒤 보호자나 후원자가 매월 일정금액 적립 시 국가(지자체)가 월 10만 원 내에서 1:2 매칭 지원을 하는 형태로 운영되고 있다. 국가(지자체)의 매칭금은 아동이 18세 미만까지 지원되고 있다.

디딤씨앗통장 지원대상 아동

1. 보호대상아동: 만 18세 미만의 아동복지시설(아동양육시설, 공동생활가정) 보호아동, 가정위탁 보호아동, 장애인거주시설 아동, 소년소녀가정 아동
2. 기초생활수급가구 아동: 만 12세 이상 만 18세 미만의 중위소득 40% 이하의 수급 가구(생계, 의료급여) 아동
3. 기존에 가입 아동 중 가정복귀 및 탈수급 아동: 보호대상아동이 가정복귀 시, 보호구분을 '가정복귀'로 변경하여 계속 지원, 기초생활수급가구 아동 또한 해당 가정이 중위소득 40%를 초과해도 계속 지원

지원금은 18세 이후 학자금, 기술자격 및 취업훈련비, 창업지원금, 주거비, 의료비, 결혼자금 등에 사용할 것을 목적으로 하고, 24세까지 자립사용 용도가 발생하지 않을 경우, 용도에 제한을 받지 않고 사용이 가능하다.

5 빈곤아동복지 과제

1) 아동발달 단계별 통합적, 체계적 관리 시스템의 부재

현재 통합사례관리(드림스타트)가 시행되고 있지만, 이는 주 대상층이 영유아 및 초등학교 재학 중인 아동을 중심으로 운영되고 있어, 중 · 고등학교 재학 중인 빈곤아동의 문제에 대처하기에는 한계가 있다. 따라서 18세 미만의 빈곤아동들을 체계적으로 관리하고 통합적 서비스를 전달하기 위해 지역사회 복지, 교육, 의료 등 다양한 체계와 연계하여 서비스를 제공할 필요성이 제기되고 있다.

2) 빈곤문제에 대한 다차원적인 접근의 필요

아동의 빈곤은 가족, 또래, 지역사회 환경 등 다양하고 복합적인 요소들을 매개로 아동의 건강, 심리사회적 발달, 가족관계, 문화 및 여가, 주거생활 등 다차원적 영역에서 그 영향이 부정적이라는 것이 확인되었다. 빈곤아동의 문제를 해결하기 위해서는 단기적인 접근이 아닌, 다차원적인 영역에서 아동의 삶의 조건을 향상시키고 평등한 출발선을 보장하기 위해 장기적인 정책의 수립이 필요하다. 또한 한부모, 조손가정 등 취약 가정에 대한 적극적 개입이 요구된다. 특히, 빈곤아동에 대한 경제적 지원뿐 아니라 주거지원, 문화지원 등 다차원적 영역의 지원을 통해 건강한 성장과 삶의 조건을 평등하고 동등하게 만들어 주기 위한 정책적 노력이 필요하다.

3) 부모에 대한 적극적 개입을 통한 부모 역량 강화

부모에 대한 개입을 다양하게 확대하여 보다 실효성 있는 부모개입이 될 수 있어야 한다. 어린 시기의 빈곤의 영향은 부모에 의해, 즉 가족 간의 갈등, 부모의 우울, 학대 및 방임을 포함한 부정적인 양육행동 등을 통해 간접적으로 전해지며, 그로 인한 각 발달 영역에서 부정적인 결과를 초래하고 있음을 우리는 여러 선행 연구들을 통해 확인한 바 있다. 따라서 빈곤의 영향을 최소화하기 위한 개입 전략으로써의 스타트 프로그램이 효과를 거두기 위해서는 빈곤가정의 부모에 대한 부모 교육, 상담 및 치료, 자활에 대한 개입 등 다각적인 측면에서의 개입을 통해 부모 역량강화가 이루어져야 할 것이다.

4) 조기개입에 중점을 둔 사업 시행

현재는 사업대상 아동의 연령층이 0~12세로 되어 있어 초등학교 학령기 대상이 전체 대상아동의 절반을 웃돌고 있는 실정이다. 하지만 아주 어린 시기부터 발생할 수 있는 인적 자본의 격차를 예방적인 접근으로 줄여준다는 드림스타트 사업의 원래 취지를 감안하면 사업 역량을 보다 영유가 시기에 집중할 필요가 있다.

영국의 슈어스타트의 경우 영유아서비스를 강조하고 영유아와 부모에 대한 폭넓은 지원을 하고 있음을 확인했다. 아동에 대한 조기 투자의 중요성을 감안할 때, 드림스타트 사업도 아동은 물론, 영유아 시기에 좀 더 집중적인 투자를 통해 빈곤의 문제를 예방하는 사업이 되어야 할 것이다. 캐나다의 페어스타트의 경우 정부주도의 사업은 아니지만 민간의 자발적 참여를 통해 취학 전 아동의 정신적 · 신체적 건강에 대한 조기개입이 체계적으로 이루어지고 그 성과 또한 크다는 것을 감안할 때, 영유아시기에 대한 적극적인 조기 투자는 아동의 미래의 삶에 대단한 의의가 있는 것이라 본다.

5) 13세 이상~18세 미만의 아동에 대한 서비스 시행

현재 드림스타트는 초등학교 시기까지의 아동만을 대상으로 서비스가 제공되고 있다. 아동복지법상 아동의 연령이 18세까지의 아동이라고 정의되어 있는 것을 감안할 때 이들 아동에 대한 서비스도 제공이 되어야 할 것이다. 중, 고등학교 시기의 취약 아동을 대상으로 하는 사업은 교육복지투자우선사업, wee클래스, 청소년복지지원법을 통해 제공되는 서비스들이 있긴 하지만, 서비스 부처가 모두 다름으로 인해 서비스 연계가 되지 않고 있다. 그로 인해 저소득, 취약 청소년에 대한 서비스는 맞춤형 통합적 서비스가 제공되지 못하는 것으로 보인다. 이에 대해 위스타트 운동본부에서는 2012년부터 18세 미만으로 대상을 확대 실시하고 있다. 드림스타트 사업 역시 대상의 확대 실시로 아동복지법상 아동을 대상으로 한 맞춤형 통합서비스 제공 기관으로 자리매김해야 할 것으로 보인다.

6) 교육적 투자에 대한 적극적 노력

교육에 대한 지원은 빈곤가정 아동에 대한 인적투자 부문에서 매우 중요하며, 빈곤의 대물림을 차단할 수 있는 적극적인 개입방법이라 생각된다. 지금도 위스타트나 드림스타트를 통해 교육적 개입이 이루어지고 있지만, 아동의 학습지원을 위한 다양한 대책을 강구할 필요가 있다. 예를 들면, 현재 활용하고 있는 대학생 자원봉사자의 멘토링 사업과 대학연계 프로그램을 보다 확대하고, 무료학습지 교육자원과의 연계 혹은 지역사회 내 아동전문기관들과의 연계 등을 통한 교육적 지원 사업의 폭을 확대하기 위한 방법을 더욱 강구할 필요가 있다.

코로나 후폭풍? 빈곤아동 더 깊이 파고든 정크푸드

팬데믹에 가정형편 어려워진 청소년 3명 중 1명, "아침식사 주 1회 미만"

코로나19 팬데믹이 사회 곳곳에 남긴 상처는 여전히 깊다. 팬데믹 이후 가정 경제형편이 나빠진 청소년들의 식습관이 나빠졌다는 국내 연구결과가 나왔다.

신한대 식품영양학과 홍승희 교수는 2021년 질병관리청 청소년건강행태조사 데이터를 활용해 전국 중고생 5만4848명의 코로나 전후 식습관 변화를 분석해 한국식품커뮤니케이션포럼(KOFRUM)에 발표했다.

(중략)

또한 가정 경제 수준이 나빠진 청소년들은 패스트푸드나 탄산음료 등을 더 많이 섭취하는 등 건강한 식단을 구성하지 못할 확률도 더 높았다. 패스트푸드, 탄산음료, 단맛 나는 음료의 섭취빈도가 각각 28%, 42%, 35% 높아진 것으로 조사됐다.

코로나19 확산이 계속되면서 일자리와 소득 감소로 취약계층이 늘어나며 식품 지출액이 줄었고, 식생활이 전반적으로 나빠졌다는 기존의 분석을 뒷받침하는 결과다. 홍승희 교수는 "팬데믹을 겪으며 과일이나 흰 우유 섭취율이 줄어들었다"며 "이는 코로나 이후 청소년 비만이나 과체중 증가에 영향을 미쳤을 것"이라고 분석했다.

청소년기는 건강과 관련된 행동이 결정되는 중요한 시기다. 이 시기에 형성된 식습관은 성인기에도 영향을 미친다. 특히 질 낮은 식품의 무분별한 섭취는 비만을 불러오기 쉽다. 이미 국내에서 청소년 비만 유병률이 빠르게 증가하고 있다. 전문가들은 식생활 교정이 제대로 이뤄지지 않는 한 전체 비만 인구는 빠르게 늘어날 것이라고 경고한다.

출처: 코메디닷컴(2023. 9. 12.). https://kormedi.com/1620958에서 2023년 10월 4일 인출.

Q·u·i·z /퀴즈/

1. 한 사회의 전반적인 생활수준에 초점을 두고 전 국민의 복지나 소득수준과 비교하여 상대적인 저소득층을 판단하는 기준으로 사회의 양극화로 인한 불평등을 설명하는 데 사용되는 빈곤의 정의는 무엇인가?

① 절대적 빈곤　② 상대적 빈곤　③ 주관적 빈곤　④ 결핍지수

2. 취약계층 아동에게 맞춤형 통합서비스를 제공하여 아동의 건강한 성장을 도모하고 공평한 출발 기회를 보장하기 위한 빈곤아동 지원사업은 무엇인가?

3. 지역사회 돌봄을 필요로 하는 아동들에게 방과 후 돌봄을 통해 아동의 보호, 교육 및 지역사회 자원 연계 등을 통해 아동을 지원하기 위한 아동복지사업은 무엇인가?

4. 2007년부터 시작된 저소득층 아동 및 보호대상 아동을 위한 자산형성사업으로 아동이 사회 진출 시 취업, 창업, 주거마련 등을 비용을 지원하기 위한 아동복지사업을 무엇이라 하는가?

① 드림스타트　② 결식지원사업　③ 디딤씨앗통장　④ 키움통장

Think·about·it /생각나누기/

1. 발달 단계 빈곤의 경험이 아동에게 미치는 영향과 빈곤의 경험 기간이 아동에게 어떤 영향을 미치는지 생각해 봅시다.

2. 현재 시행되고 있는 빈곤아동 지원사업 내용의 보완점에 대해 고민해 봅시다.

/CHAPTER/ 07

학대받은 아동을 위한 아동복지

CHILD WELFARE

학/습/목/표
1. 아동학대의 개념에 대해 설명할 수 있다.
2. 아동학대의 원인과 유형에 대해 이해할 수 있다.
3. 학대아동에게 제공되고 있는 아동보호서비스의 내용을 이해하고 설명할 수 있다.

1 아동학대의 개념

우리나라는 전통적으로 아동을 양육하는 데 있어서 훈육과 체벌이 허용되어 왔고, 가정에서 일어나는 일에 대해 외부 개입을 꺼려 하는 경향이 강했다. 따라서 아동학대가 우리 사회에 쉽게 노출되지 않았고, 아동학대의 심각성을 아는 데까지 많은 시간이 걸렸다. 2000년도에 「아동복지법」의 개정과 함께 국가의 개입이 강화된 「아동학대 범죄의 처벌 등에 관한 특례법」이 제정되면서 아동학대 예방을 위한 제도적 장치가 마련되었다.

아동학대는 협의의 개념과 광의의 개념으로 정의할 수 있다. 협의의 개념은 아동학대의 범위를 신체적 학대로 제한하는 것이다. 그러나 협의의 정의만으로는 상처를 남기지 않는 신체적 학대나 심리적 학대 등을 포괄하지 못한다는 한계점이 존재한다.

우리나라의 아동복지법에서는 아동학대를 보호자를 포함한 성인이 아동의 건강 또는 복지를 해치거나 정상적 발달을 저해할 수 있는 신체적 · 정신적 · 성적 폭력이나 가혹행위를 하는 것과 아동의 보호자가 아동을 유기하거나 방임하는 것(「아동복지법」 제3조 제7호)으로 정의하여, 적극적인 가해행위뿐만 아니라 소극적 의미의 단순 체벌 및 훈육까지 아동학대의 정의에 명확히 포함하고 있다. 「아동복지법」상에서 아동은 18세 미만의 자를 말하며, 보호자란 '친권자, 후견인, 아동을 보호 양육·교육하거나 그 의무가 있는 자 또는 업무·고용 등의 관계로 사실상 아동을 보호·감독하는 자'로 18세 미만의 아동을 보호하는 모든 사람으로 포괄적으로 규정되어 있다.

아동복지법에서 아동학대를 신체적 학대뿐만 아니라 정서적 학대나 방임, 아동의 발달을 저해하는 행위나 환경, 더 나아가 아동의 권리 보호에 이르기까지 매우 포괄적으로 규정하고 있기 때문에 아동학대를 신체적 학대로만 국한시키는 협의의 개념보다는 아동의 권리를 보호하고 예방적 개입을 지지할 수 있다는 점에서 광의의 개념으로 정의 내리는 것이 바람직할 것이다.

2 아동학대 발생 원인

아동학대 발생 원인은 이론적으로 다양하게 구분할 수 있지만, 이 책에서는 가해자들의 정신적인 결함이나 이상심리적 특성이 아동학대의 원인이라고 보는 정신병리학적 접근, 아동의 발달적 특성에서 기인하여 아동학대가 발생한다고 보는 발달론적 접근, 부모의 양육태도나 경제수준 등 가정환경을 아동학대의 발생 원인으로 보는 사회심리학적 접근, 폭력에 허용적인 사회문화적 태도가 아동학대를 촉진시킨다고 보는 사회문화적 접근, 아동과 아동을 둘러싼 체계들 간의 관계에서 아동학대의 원인을 찾는 생태학적 접근으로 구분하여 정리해 보려고 한다.

1) 정신병리학적 접근

정신병리학적 접근(Psychopathological approach)은 부모의 정신적인 결함이 아동학대를 발생시키는 원인이라고 보는 관점이다. 정신병리적 접근은 아동학대의 주요 원인을 '부모를 포함한 양육자의 특성'에 둔다. 부모의 아동기 학대받은 경험, 미성숙하거나 분노조절 문제 등 성격적 결함, 정신질환, 알코올 및 약물중독 등 학대 부모는 심리적 성격 구조상의 결함이 있으며, 이것이 아동학대의 원인이 된다고 보는 것이다. 이 관점에서 보면 사회경제적 및 인구사회학적 특성은 학대 행위의 촉진요인일 뿐 아동학대를 발생시키는 직접적 요인은 아니다.

2) 발달론적 접근

발달론적 접근(Developmental approach)은 아동학대의 원인을 아동의 특성, 즉 아동 자신의 신체적 · 정신적 장애, 까다로운 기질 등에 두고 있다. 이러한 특성을 지닌 아동은 정상아보다 양육의 어려움이 더 크고, 부모에게 더 큰 스트레스를 주며, 신체적 또는 심리적 부담감이 가중되기 때문에 아동학대가 일어난다는 것이다. 이 관점에서는 아동학대가 성별을 불문하고 모든 발달과정에서 일어나고, 발달단계에 따른 아동의 특성(예: 애착형성 실패, 오이디푸스 콤플렉스 등)이 학대와 밀접하게 관련되어 있다고 보았다. 이러한 관점은 아동학대 발생 원인이 아동의 발달 특성이기 때문에 아동학대 행위의 책임을 아동에게 전가시키는 문제점이 있다.

3) 사회심리학적 접근

사회심리학적 접근(Sociopsychological approach)은 아동학대의 원인을 아동학대 피해자나 가해자가 아닌 사회적 배경에 있다고 본다. 가정환경, 부모의 양육태도, 경제수준 등 스트레스를 야기하는 사회환경적 요인들이 학대를 일으킨다는 것이다.

예를 들어, 아버지의 실직으로 경제적 빈곤에 처한 상황으로 인해 어머니가 취업을 하게 되면 어머니는 가사노동과 가정경제의 이중부담을 갖게 되고, 아버지는 자신감을 잃고 열등감을 갖게 될 수 있다. 이러한 상황들이 가족 모두에게 스트레스를 유발하고 이것이 아동학대를 일으키게 될 수 있다.

4) 사회문화적 접근

사회문화적 접근(Socio-cultural approach)은 아동과 부모가 속한 사회의 문화적 가치와 신념체계가 아동학대에 영향을 미친다고 보는 관점이다. 아동학대와 관련된 사회문화적 요인은 폭력, 체벌에 대한 사회의 일반적 태도이다. 즉, 폭력을 허용적으로 보는 사회문화적 규범과 태도들이 아동학대를 증폭시키는 요인으로 작용될 수 있다는 것이다. 우리나라의 경우 전통적으로 자녀를 교육함에 있어서 엄한 훈육과 체벌을 당연시하는 경향이 있었기 때문에 아동을 신체적으로 체벌하는 데 있어서 문제의식이 미약한 편이였다. 또한 부모들이 자녀를 소유물로 생각하는 사회의 일반적인 태도는 아동을 피해자로 만들 위험이 높다.

5) 생태학적 접근

생태학적 접근(Ecological approach)은 기존의 다양한 이론을 토대로 통합적 시각에서 아동학대를 설명한 것이다. 아동이나 부모의 개인적 특성과 가족 등 환경적 특성이 상호작용한 결과로 아동학대가 일어난다고 보는 것이다. 가족관계의 역동 및 가정이 속한 지역사회의 여러 특성이 유기적으로 상호작용하기 때문에 아동학대는 가족체계, 이웃의 지지체계, 지역사회와 같은 체계 등 체계 간 상호작용 혹은 조건의 결핍에 의해 발생한다고 본다.

3 아동학대의 유형

「아동복지법」 제3조에 따르면 아동학대는 신체학대, 정서학대, 성학대, 방임 및 유기로 구분할 수 있다.

1) 신체학대(Physical Abuse)

신체학대란 보호자를 포함한 성인이 아동의 건강 또는 복지를 해치거나 정상적 발달을 저해할 수 있는 신체적 폭력이나 가혹행위를 하는 것을 말한다. 구체적인 신체학대 행위의 예, 신체적 징후, 행동적 징후에 관한 내용을 〈표 7-1〉에 정리하였다.

〈표 7-1〉 신체학대

내용	보호자를 포함한 성인이 아동에게 우발적인 사고가 아닌 상황에서 신체적 손상을 입히거나 또는 신체 손상을 입도록 허용한 모든 행위를 말한다.
구체적인 신체학대 행위 예	• 직접적으로 신체에 가해지는 행위(손, 발 등으로 때림, 꼬집고 물어뜯는 행위, 조르고 비트는 행위, 할퀴는 행위 등) • 도구를 사용하여 신체를 가해하는 행위(도구로 때림, 흉기 및 뾰족한 도구로 찌름 등) • 완력을 사용하여 신체를 위협하는 행위(강하게 흔듦, 신체 부위 묶음, 벽에 밀어붙임, 떠밀고 잡음, 아동 던짐, 거꾸로 매담, 물에 빠트림 등) • 신체에 유해한 물질로 신체에 가해지는 행위(화학물질 혹은 약물 등으로 신체에 상해를 입히는 행위, 화상을 입힘 등)
신체적 징후	• 설명하기 어려운 신체적 상흔 • 발생 및 회복에 시간차가 있는 상처 • 비슷한 크기의 반복적으로 긁힌 상처 • 사용된 도구의 모양이 그대로 나타나는 상처 • 담뱃불 자국, 뜨거운 물에 잠겨 생긴 화상 자국, 회음부에 있는 화상 자국, 알고 있는 물체 모양(다리미 등)의 화상 자국, 회복 속도가 다양한 화상 자국 • 입, 입술, 치은, 눈, 외음부 상처 • 긁히거나 물린 자국에 의한 상처 • 손목이나 발목에 긁힌 상처, 영유아에게 발견된 붉게 긁힌 상처 • 성인에 의해 물린 상처 • 겨드랑이, 팔뚝 안쪽, 허벅지 안쪽 등 다치기 어려운 부위의 상처 • 대뇌 출혈, 망막출혈, 양쪽 안구 손상, 머리카락이 뜯겨나간 두피 혈종 등을 동반한 복잡한 두부 손상 • 고막 천공이나 귓불이 찢긴 상처와 같은 귀 손상 • 골격계 손상, 시간차가 있는 골절, 치유 단계가 다른 여러 부위의 골절, 복합 및 나선형 골절, 척추 손상(특히 여러 군데의 골절), 영・유아기의 긴 뼈에서 나타나는 간단 골절, 회전상 골절, 걷지 못하는 아이에게서 나타나는 대퇴골절, 골 막하 출혈의 방사선 사진, 골단 분리, 골막 변형, 골막 석회화 • 간 혈종, 간 열상, 십이지장 천공, 궤양 등과 같은 복부손상 • 폐 좌상, 기흉, 흉막삼출과 같은 흉부손상
행동적 징후	• 어른과의 접촉 회피 • 다른 아동이 울 때 공포를 나타냄 • 공격적이거나 위축된 극단적 행동 • 부모에 대한 두려움 • 집에 가는 것을 두려워함 • 위험에 대한 지속적인 경계

2) 정서학대(Emotional Abuse)

정서학대란 보호자를 포함한 성인이 아동의 건강 또는 복지를 해치거나 정상적 발달을 저해할 수 있는 정신적 폭력이나 가혹행위를 하는 것을 말한다. 구체적인 정서학대 행위의 예, 신체적 징후, 행동적 징후에 관한 내용은 〈표 7-2〉와 같다.

〈표 7-2〉 정서학대

구분	내용
내용	보호자를 포함한 성인이 아동에게 행하는 언어적 모욕, 정서적 위협, 감금이나 억제, 기타 가학적인 행위를 말하며 언어적, 정신적, 심리적 학대라고도 한다.
구체적인 정서학대 행위 예	• 원망적/거부적/적대적 또는 경멸적인 언어폭력 등 • 잠을 재우지 않는 것 • 벌거벗겨 내쫓는 행위 • 형제나 친구 등과 비교, 차별, 편애하는 행위 • 가족 내에서 왕따시키는 행위 • 아동이 가정폭력을 목격하도록 하는 행위 • 아동을 시설 등에 버리겠다고 위협하거나 짐을 싸서 쫓아내는 행위 • 미성년자 출입 금지 업소에 아동을 데리고 다니는 행위 • 아동의 정서 발달 및 연령상 감당하기 어려운 것을 강요하는 행위(감금, 약취 및 유인, 아동 노동 착취) • 다른 아동을 학대하도록 강요하는 행위
신체적 징후	• 발달지연 및 성장장애 • 신체발달 저하
행동적 징후	• 특정 물건을 계속 빨고 있거나 물어뜯음 • 행동장애(반사회적, 파괴적 행동장애) • 신경성 기질 장애(놀이 장애) • 정신 신경성 반응(히스테리, 강박, 공포) • 언어장애 • 극단 행동, 과잉행동, 자살시도 • 실수에 대한 과잉 반응 • 부모와의 접촉에 대한 두려움

3) 성학대(Sexual Abuse)

성학대란 보호자를 포함한 성인이 아동의 건강 또는 복지를 해치거나 정상적 발달을 저해할 수 있는 성적 폭력이나 가혹행위를 하는 것을 말한다. 구체적인 성학대 행위의 예, 신체적 징후, 행동적 징후에 관한 내용은 〈표 7-3〉과 같다.

〈표 7-3〉 성학대

내용	보호자를 포함한 성인이 자신의 성적 충족을 목적으로 18세 미만의 아동에게 행하는 모든 성적 행위를 말한다.	
구체적인 성학대 행위 예	• 자신의 성적 만족을 위해 아동을 관찰하거나 아동에게 성적인 노출을 하는 행위(옷을 벗기거나 벗겨서 관찰하는 등의 관음적 행위, 성관계 장면을 노출, 나체 및 성기 노출, 자위행위 노출 및 강요, 음란물을 노출하는 행위 등) • 아동을 성적으로 추행하는 행위(구강 추행, 성기 추행, 항문 추행, 기타 신체 부위를 성적으로 추행하는 행위 등) • 아동에게 유사 성행위를 하는 행위(드라이 성교 등) • 성교를 하는 행위(성기 삽입, 구강성교, 항문성교) • 성매매를 시키거나 성매매를 매개하는 행위	
신체적 징후	• 신체적 지표 - 학령 전 아동의 성병 감염 - 임신 • 생식기의 증거 - 아동의 질에 있는 정액 - 찢기거나 손실된 처녀막 - 질에 생긴 상처나 긁힌 자국 - 질의 홍진(紅疹) - 배뇨곤란 - 요도염 - 생식기의 대상포진	• 항문 증후 - 항문 괄약근의 손상 - 항문 주변의 멍이나 찰과상 - 항문 내장이 짧아지거나 뒤집힘 - 항문 입구에 생긴 열창 - 항문이 좁아짐 - 회음부의 동통과 가려움 - 변비 - 대변에 혈액이 나옴 • 구강 증후 - 입천장의 손상 - 인두(咽頭) 임질(pharyngeal gonorrhea)

행동적 징후	• 성적 행동지표 - 나이에 맞지 않는 성적 행동 - 해박하고 조숙한 성 지식 - 명백하게 성적인 묘사를 한 그림들 - 타인과의 성적인 상호 관계 - 동물이나 장난감을 대상으로 하는 성적인 상호 관계 • 비(非) 성적인 행동지표 - 위축, 환상, 유아적 행동(퇴행 행동) - 자기 파괴적 또는 위험을 무릅쓴 모험적인 행동 - 충동성, 산만함 및 주의 집중장애 - 혼자 남아 있기를 거부 또는 외톨이 - 특정 유형의 사람들 또는 성에 대한 두려움 - 방화/동물에게 잔혹함(주로 남아의 특징) - 비행, 가출 - 약물 및 알코올 남용 - 자기 파괴적 행동(자살시도) - 범죄행동 - 우울, 불안, 사회관계의 단절 - 수면장애 - 유뇨증/유분증 - 섭식장애(폭식증/거식증) - 야뇨증 - 외상 후 스트레스 장애 - 저조한 학업수행

4) 방임(Neglect)

방임이란 아동의 보호자가 아동을 유기하거나 방임하는 것을 말한다. 구체적인 방임의 유형, 신체적 징후, 행동적 징후는 〈표 7-4〉와 같다.

〈표 7-4〉 방임

내용	보호자가 아동에게 위험한 환경에 처하게 하거나 아동에게 필요한 의식주, 의무교육, 의료적 조치 등을 제공하지 않는 행위를 말하며, 유기란 보호자가 아동을 보호하지 않고 버리는 행위를 말한다.
방임의 유형 예	• 물리적 방임 - 기본적인 의식주를 제공하지 않는 행위 - 불결한 환경이나 위험한 상태에 아동을 방치하는 행위 - 아동의 출생신고를 하지 않는 행위, 보호자가 아동들을 가정 내 두고 가출한 경우 - 보호자가 친족에게 연락하지 않고 무작정 아동을 친족 집 근처에 두고 사라진 경우 등 - 아동을 병원에 입원시키고 사라진 경우 • 교육적 방임 - 보호자가 아동을 특별한 사유 없이 학교(의무교육)에 보내지 않거나 아동의 무단결석을 방치하는 행위 * 의무교육은 6년의 초등교육 및 3년의 중학교를 의미함(교육 기본법 제8조 제1항) - 초등학교 및 중학교의 장은 해당 학교에 취학할 예정인 아동이나 취학 중인 학생이 ① 입학 · 재취학 · 전학 또는 편입학 기일 이후 2일 이내에 입학 · 재취학 · 전학 또는 편입학하지 아니한 경우 ② 정당한 사유 없이 계속하여 2일 이상 결석하는 경우 ③ 학생의 고용자에 의하여 의무교육을 받는 것이 방해당하는 때 지체 없이 그 보호자 또는 고용자에게 해당 아동이나 학생의 취학 또는 출석을 독촉하거나 의무교육을 받는 것을 방해하지 아니하도록 경고하여야 함(초 · 중등교육법 시행령 제25조) • 의료적 방임 - 아동에게 필요한 의료적 처치 및 개입을 하지 않는 행위 • 유기 - 아동을 보호하지 않고 버리는 행위 - 시설 근처에 버리고 가는 행위
신체적 징후	• 발달지연 및 성장장애 • 비위생적인 신체 상태 • 예방접종과 의학적 치료 불이행으로 인한 건강 상태 불량 • 아동에게 악취가 지속적으로 나는 경우
행동적 징후	• 계절에 맞지 않는 부적절한 옷차림 • 음식을 구걸하거나 훔침 • 비행 또는 도벽 • 학교에 일찍 등교하고 집에 늦게 귀가함 • 지속적인 피로 또는 불안정감 호소 • 수업 중 조는 태도 • 잦은 결석

4 아동학대 현황

1) 아동학대 신고 접수 현황 및 유형

아동학대 신고 접수는 매년 증가하다가 2022년에는 감소하였다. 그러나 2020년보다는 증가한 것으로 보여, 최근 5년간 신고 접수 건수는 증가 추세인 것으로 볼 수 있다. 신고 접수 중 아동학대 의심 사례가 차지하는 비중도 2018년부터 증가 추세이며, 2022년의 경우 2021년과 동일한 것으로 나타났다.

2022년 집계된 아동학대 전체 신고 접수 건수는 총 46,103건이었으며, 이 중 아동학대 의심사례는 44,531건으로 전체 신고 접수의 96.6%, 이외 동일 신고는 711건(1.5%), 일반상담은 861건(1.9%) 건으로 나타났다. 아동학대 의심 사례로 신고 접수된 44,531건에 대한 신고자 유형을 살펴보면 신고의무자에 의한 신고는 16,149건(36.3%)으로 나타났으며, 이 중 초·중·고교 직원이 6,370건(14.3%)으로 가장 높았다. 비신고의무자에 의한 신고 접수 건수는 28,382건(63.7%)이었으며, 부모 10,779건(24.2%), 아동본인 9,488건(21.3%), 이웃·친구 2,760건(6.2%)의 순으로 나타났다.

〈표 7-5〉 연도별 신고접수 건수

(단위: 건, %)

연도	아동학대 의심사례		동일신고*		일반상담		해외발생 사례		계		전년 대비 증가율
2018	33,532	(92.1)	420	(1.2)	2,464	(6.8)	1	(0.0)	36,417	(100.0)	6.6
2019	38,380	(92.7)	449	(1.1)	2,560	(6.2)	0	(0.0)	41,389	(100.0)	13.7
2020	38,929	(92.1)	557	(1.3)	2,761	(6.5)	4	(0.0)	42,251	(100.0)	2.1
2021	52,083	(96.6)	768	(1.4)	1,077	(2.0)	4	(0.0)	53,932	(100.0)	27.6
2022	44,531	(96.6)	711	(1.5)	861	(1.9)	0	(0.0)	46,103	(100.0)	-14.5

* 동일신고: 최초 신고접수 이후에 동일한 학대내용(동일시점 및 동일행위)에 대한 신고가 다른 신고자를 통해 접수.

출처: 보건복지부(2022). 아동학대 주요통계.

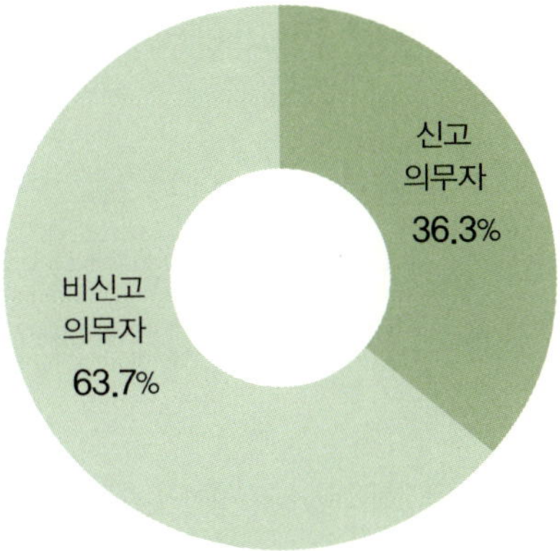

[그림 7-1] 신고자 유형

2) 아동학대 사례 및 아동보호 전문기관 수

연도별 아동학대 사례 건수는 2018년 24,604건이었던 것에서 2021년에는 37,605건으로 21.7%까지 증가하였다가 2022년에는 27,971건으로 다시 감소하였다. 아동보호 전문기관의 수는 2018년 62개소였던 것에서 2022년에는 85개소로 꾸준히 증가하였다.

〈표 7-6〉 연도별 아동학대사례 건수 및 아동보호전문기관 수 (단위: 건, %, 개소)

구분	연도	2018년	2019년	2020년	2021년	2022년
아동학대 사례	건수	24,604	30,045	30,905	37,605	27,971
	증가율	10.0	22.1	2.9	21.7	-25.6
아동보호 전문기관	기관수	62	67	71	77	85
	증가 기관수	2	5	4	6	8

출처: 보건복지부(2022). 아동학대 주요통계.

3) 아동학대 유형별 발생 현황 및 피해 아동의 특성

연도별 아동학대 사례를 유형별로 살펴보면, 2022년을 제외하고 2018년부터 2021년까지 중복학대가 가장 높게 나타났다. 2022년에는 정서학대가 38.0%로 가장 높게 나타났고, 다음으로 중복학대가 34.9%, 신체학대가 17.6%, 방임이 7.3%, 성학대가 2.2%의 순으로 조사되었다.

피해 아동의 특성을 살펴보면 2022년 기준 남아(49.9%)보다 여아(50.1%)의 학대 발생률이 높은 것으로 조사되었으며, 연령의 경우 13~15세가 6,903건(24.7%)으로 가장 큰 비중을 차지했고, 그다음으로 10~12세 6,522건(23.3%), 7~9세가 5,331건(19.1%) 순으로 나타났다.

〈표 7-7〉 아동학대 유형별 발생 현황

(단위: 건, %)

연도	신체학대		정서학대		성학대		방임		중복학대		계	
2018	3,436	(14.0)	5,862	(23.8)	910	(3.7)	2,604	(10.6)	11,792	(47.9)	24,604	(100.0)
2019	4,179	(13.9)	7,622	(25.4)	883	(2.9)	2,885	(9.6)	14,476	(48.2)	30,045	(100.0)
2020	3,807	(12.3)	8,732	(28.3)	695	(2.2)	2,737	(8.9)	14,934	(48.3)	30,905	(100.0)
2021	5,780	(15.4)	12,351	(32.8)	655	(1.7)	2,793	(7.4)	16,026	(42.6)	37,605	(100.0)
2022	4,911	(17.6)	10,632	(38.0)	609	(2.2)	2,044	(7.3)	9,775	(34.9)	27,971	(100.0)

출처: 보건복지부(2022). 아동학대 주요통계.

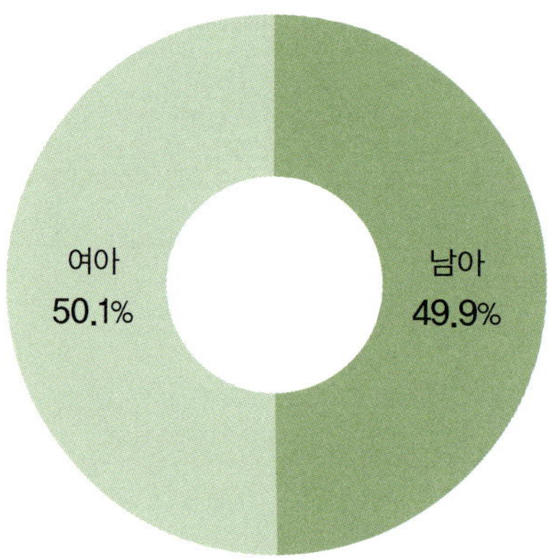

[그림 7-2] 피해아동 성별

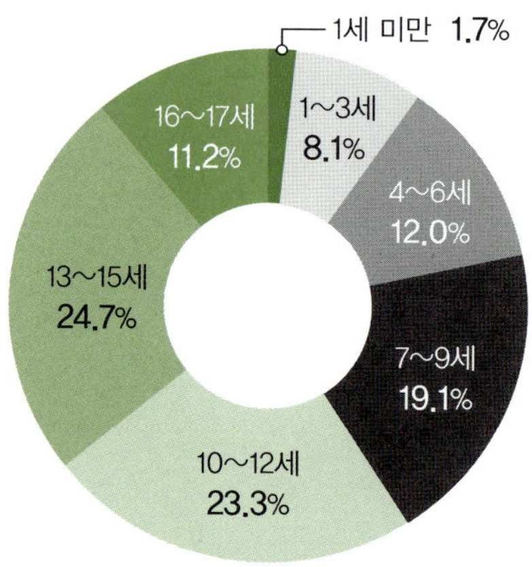

[그림 7-3] 피해아동 연령

4) 아동학대 발생 장소 및 학대행위자의 특성

아동학대 발생 장소를 살펴보면 전체 아동학대 사례 중 가정 내에서 발생한 사례가 22,738건(81.3%)으로 가장 높게 나타났고, 그중 아동 가정 내에서 발생한 사례가 21,995건(78.6%)으로 나타났다. 어린이집이나 유치원, 학교와 같이 아동을 돌보고 교육하는 기관에서 발생한 아동학대 건수는 각각 613건(2.2%), 101건(0.4%), 1,654건(5.9%)으로 조사되었고, 복지시설의 경우 아동복지시설이 178건(0.6%), 기타 복지시설이 51건(0.2%)으로 전체 사례 중 0.8%를 차지하고 있었다.

학대행위자와 피해 아동과의 관계를 살펴보면 부모에 의한 학대 발생 건수가 23,119건(82.7%)으로 가장 높았고, 대리양육자 3,047건(10.9%), 친인척 879건(3.1%)의 순으로 나타났다. 부모에 의해 발생한 사례 중 친부에 의해 발생한 사례가 12,796건(45.7%), 친모는 9,562건(34.2%)으로 높은 비율을 차지하고 있었다.

학대행위자의 성별을 살펴보면 아동학대로 판단된 27,971건 중 남성이 16,099건(57.6%), 여성이 11,872건(42.4%)으로 남성이 여성에 비해 높게 나타났다. 학대행위자의 연령의 경우 40대가 13,542건(48.4%)으로 가장 많았으며, 다음으로 30대, 50대, 20대, 60대, 70세 이상, 20대 미만의 순으로 나타났다.

〈표 7-8〉 아동학대 발생 장소

발생장소		건수(비율)	
가정 내	아동 가정 내	21,995	(78.6)
	학대행위자 가정 내	743	(2.7)
소계		22,738	(81.3)
집 근처 또는 길가		1,353	(4.8)
친척집		331	(1.2)
이웃집		172	(0.6)
어린이집		613	(2.2)
유치원		101	(0.4)
학교		1,654	(5.9)
학원		200	(0.7)

병원		46	(0.2)
복지시설	아동복지시설	178	(0.6)
	기타복지시설	51	(0.2)
숙박업소		113	(0.4)
종교시설		18	(0.1)
기타		403	(1.4)
계		27,971	(100.0)

출처: 보건복지부(2022). 아동학대 주요통계.

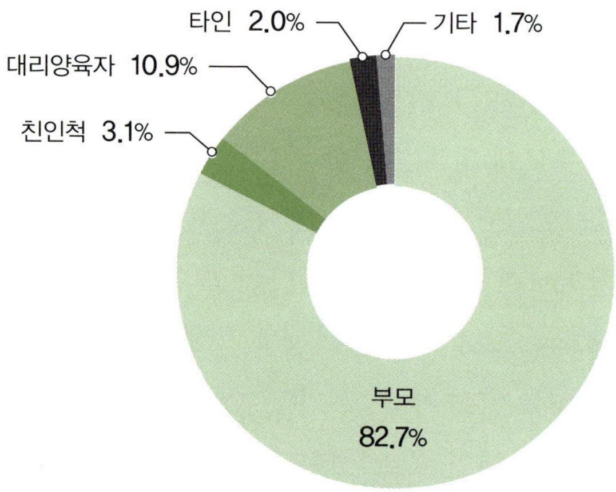

[그림 7-4] 학대행위자와 피해아동과의 관계

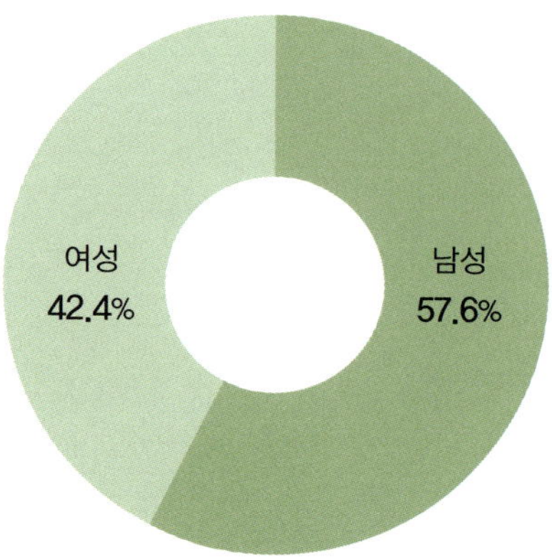

[그림 7-5] 학대행위자 성별

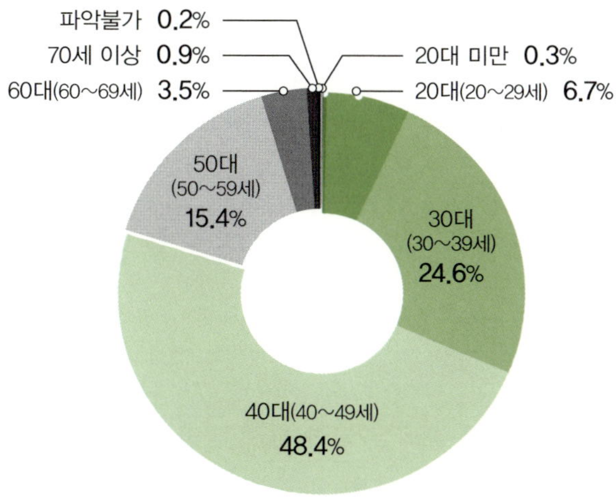

[그림 7-6] 학대행위자 연령

5 아동학대 신고 및 신고의무자 범위

1) 아동학대 신고방법

언제 신고하나?	• 아동의 울음소리, 비명, 신음 소리가 계속되는 경우 • 아동의 상처에 대한 보호자의 설명이 모순되는 경우 • 계절에 맞지 않거나 깨끗하지 않은 옷을 계속 입고 다니는 경우 • 뚜렷한 이유 없이 지각이나 결석이 잦은 경우 • 나이에 맞지 않는 성적 행동을 보이는 경우
무엇을 신고하나?	• 신고자의 이름, 연락처 • 아동의 이름, 성별, 나이, 주소 • 학대행위자로 의심되는 사람의 이름, 성별, 나이, 주소 • 아동이 위험에 처해 있거나 학대를 받고 있다고 믿는 이유 ※ 아동이나 학대행위자의 정보를 파악하지 못해도 신고는 가능하며, 가능한 많은 정보를 제공하도록 함

어떻게 신고하나?	• 전화: 국번 없이 112 • 방문: 지역아동보호전문기관 ※ 신고자의 신분은 「아동학대범죄의 처벌 등에 대한 특례법」 제10조, 제62조 에 의해 보장됨.

2) 아동학대 신고의무자

우리나라에서는 「아동학대 범죄의 처벌 등에 관한 특례법(약칭: 아동학대 처벌법)」을 제정하여 아동학대 범죄의 처벌 및 그 절차에 관한 특례와 피해 아동에 대한 보호 절차 및 아동학대 행위자에 대한 보호 처분을 규정해 아동을 보호하여 아동이 건강한 사회 구성원으로 성장함을 목적으로 하고 있다. 특히 특례법의 제정에 따라 신고의무자의 범위를 확대하고 법적 근거를 강화하였다. 신고의무자는 직무상 아동학대를 쉽게 발견할 수 있는 직업군으로 아동학대 신고의무자는 아동학대를 발견 시, 즉시 아동보호 전문기관 또는 수사기관에 신고해야 한다. 아동학대를 신고하지 않은 경우 1,000만 원 이하의 과태료가 부과된다(「아동학대 처벌법」 제63조). 또한 아동권리보장원에서는 아동학대 체크리스트를 만들어 아동학대 신고의무자가 직무 중에 학대로 의심되는 아동을 조기에 발견하기 위해 활동되도록 제작되었다. 1개 문항 이상 "예"라고 체크된 경우, 아동학대를 의심해 볼 수 있는 상황이므로 아동학대가 "의심"되면 아동학대 신고전화 112로 반드시 신고해야 한다.

〈표 7-9〉 신고의무자의 범위(아동학대범죄의 처벌 등에 관한 특례법 제10조 제2항)

구분	법령	신고의무자
교육관련 직군	영유아보육법	보육교직원
		육아종합지원센터 종사자
		어린이집 평가 업무 종사자
	유아교육법	유치원교직원 및 강사
	초중고 교육법	초 · 중 · 고교 직원
	학원법	학원 및 교습소 종사자
의료관련 직군	의료법	의료인 · 의료기사
	응급의료법	응급구조사
	정신건강복지법	정신건강복지센터 종사자
시설종사자 및 공무원	아동복지법	아동권리보장원 및 가정위탁지원센터 종사자
		아동복지전담공무원
		취약계층 아동 통합서비스 지원인력
	아동학대처벌법	아동복지시설 종사자
		아동보호전문기관장 및 종사자
	가정폭력방지법	가정폭력피해자보호시설 및 상담소 종사자
	건강가정기본법	건강가정지원센터 종사자
	다문화가족지원법	다문화가족지원센터 종사자
	한부모가족지원법	한부모가족복지시설 종사자
	사회보장급여법	사회복지전담공무원
	사회보장사업법	사회복지시설종사자
	성폭력방지법	성매매피해시설상담 종사자
	청소년기본법	청소년시설 및 단체 종사자
	청소년보호법	청소년보호센터 및 재활센터종사자
	장애인복지법	장애인복지시설 종사자
	아이돌봄지원법	아이돌보미
	입양특례법	입양기관 종사자
	아동학대처벌법	아동보호전문기관장 및 종사자
	소방기본법	소방구급대원

〈표 7-10〉 아동학대 체크리스트

번호	체크 항목	체크란	
1	사고로 보이기에는 미심쩍은 멍이나 상처가 발생한다.	예	아니오
2	상처 및 상흔에 대한 아동 혹은 보호자의 설명이 불명확하다.	예	아니오
3	보호자가 아동이 매를 맞고 자라야 한다는 생각을 갖고 있거나 체벌을 사용한다.	예	아니오
4	아동이 보호자에게 언어적, 정서적 위협을 당한다.	예	아니오
5	아동이 보호자에게 감금, 억제, 기타 가학적인 행위를 당한다.	예	아니오
6	기아, 영양실조, 적절하지 못한 영양섭취를 보인다.	예	아니오
7	계절에 맞지 않는 옷, 청결하지 못한 외모를 보인다.	예	아니오
8	불결한 환경이나 위험한 상태로부터 아동을 보호하지 않고 방치한다.	예	아니오
9	성학대로 의심될 성 질환이 있거나 임신 등의 신체적 흔적이 있다.	예	아니오
10	나이에 맞지 않는 성적 행동 및 해박하고 조숙한 성지식을 보인다.	예	아니오
11	자주 결석하거나 결석에 대한 사유가 불명확하다.	예	아니오
12	아동에게 필요한 의료적 처치 혹은 예방접종을 실시하지 않는다.	예	아니오
13	보호자에 대한 거부감과 두려움을 보이고, 집(보호기관)으로 돌아가는 것에 대해 두려워 한다.	예	아니오
14	아동이 매우 공격적이거나 위축된 모습 등의 극단적인 행동을 한다.	예	아니오

출처: 아동권리보장원 홈페이지.

❻ 학대 피해 아동을 위한 복지 서비스

1) 아동보호전문기관의 설치 및 운영

아동학대 처리 및 예방사업은 아동보호전문기관을 통해서 이루어진다. 아동학대 사건은 전국에 설치된 아동보호전문기관을 통해 접수, 처리되며, 정해진 규정과 절차에 의해 피해 아동은 보호와 지원을 받을 수 있다. 지방자치단체는 아동복지법 제45조에 따라 학대받은 아동의 발견, 보호, 치료에 대한 신속처리 및 아동학대 예방을 담당하는 아동보호 전문기관을 시 · 도 및 시 · 군 · 구에 1개소 이상 두어야 한다. 2022년 12월 기준 전국에 85개소가 설치 · 운영되고 있다.

〈표 7-11〉 전국 아동보호전문기관 현황 (단위: 개소)

구분	계	서울	부산	대구	인천	광주	대전	울산	세종
운영	85	10	4	3	4	2	2	2	1
구분	경기	강원	충북	충남	전북	전남	경북	경남	제주
운영	22	5	4	4	6	4	4	6	2

출처: 보건복지부(2023). 아동분야 사업안내.

2) 아동보호전문기관의 주요 업무

아동보호전문기관은 아동학대 신고 및 피해 아동과 가족에 대한 지원, 가해자를 위한 상담, 교육 및 아동학대 예방 홍보사업 등을 제공하고 있다. 이외에도 지자체별 아동보호전문기관에 따라 사업이 조금씩 다르게 이루어지기도 한다. 아동보호전문기관의 주요업무를 〈표 7-12〉, 업무 진행도를 [그림 7-7]에 정리하였다.

〈표 7-12〉 아동보호전문기관 주요업무

구분	내용
학대아동 지원사업	• 아동의 학대 피해 회복 및 안전한 성장 지원 • 대상자 중심의 맞춤형 사례관리 지원 • 가족 기능 회복 및 가족역량 강화 • 재학대 예방을 위한 안전 모니터링 • 아동, 행위자, 가족 등 대상자별 맞춤형 교육 프로그램 • 긴급생활지원 서비스(생활지원비, 의료비 등) • 전문서비스 연계

심리치료사업	• 아동, 행위자, 가족 등 심리적 어려움 등 진단 · 평가 • 학대 후유증 최소화 및 재학대 방지를 위한 심리치료(놀이치료, 미술치료, 집단상담 등) • 양육 기술 증진을 위한 부모교육(긍정양육프로그램 등) • 가족재결합 프로그램
법원명령 수탁사업	• 행위자의 인식 개선 및 성행 교정을 위한 교육 • 가정환경 변화 및 가족기능 회복을 위한 상담
학대예방 홍보사업	• 온라인 홍보(각종 온라인매체를 통한 홍보글 게시) • 오프라인(다양한 캠페인 활동)
학대예방 교육사업	• 신고의무자 교육(아동학대범죄의 처벌등에 관한 특례법 제10조의 신고의무자 직군을 대상으로 아동학대의 이해, 대응체계 및 개입절차, 신고의무자 역할 숙지, 아동학대 신고 방법 등 교육) • 일반인 교육(아동학대에 관심 있는 성인을 대상으로 아동학대의 이해, 아동권리의 이해, 아동학대 신고 방법, 긍정적 양육 방법 등 교육)
지역네트워킹 사업	• 지역사회 내 유관기관과 협력체계구축 • 지역사회 네트워크 활동 및 자원 연계 등 협력체계연계
직원전문성 향상사업	• 보수교육, 필수교육(법정이수교육 등), 역량강화교육, 워크샵 및 세미나 등

출처: 의정부시 아동보호전문기관 홈페이지.

3) 아동학대 개입 절차

아동학대 사례 개입 과정은 [그림 7-7]과 같으며, 신고 접수 → 아동학대 조사 → 사례판단 → 조치 → 사례관리(안전평가, 서비스 계획 및 제공, 점검) → 종결 및 사후관리의 과정으로 이루어진다.

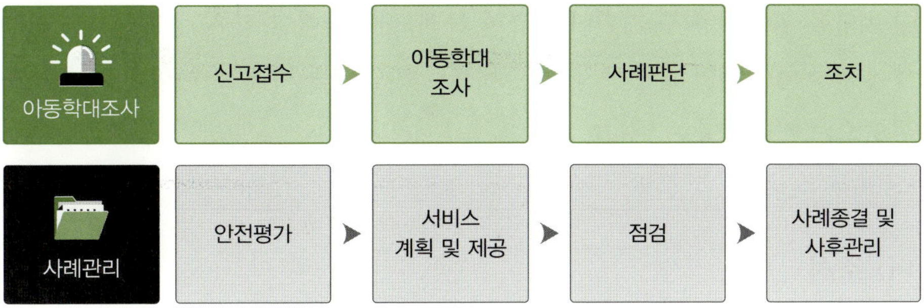

[그림 7-7] 아동보호 전문기관 업무진행도

출처: 아동권리보장원 홈페이지.

(1) 신고 접수

아동학대를 목격하거나 아동학대가 의심되는 경우 전국 아동보호전문기관 혹은 112로 신고하면 된다. 익명 신고 및 문자 112 신고도 가능하며 아동이나 학대행위자의 정보를 몰라도 신고가 가능하다.

(2) 아동학대 조사

아동학대 의심신고가 접수되면 경찰과 아동보호전문기관 상담원이 함께 출동하게 되며 학대 피해 아동과 학대행위의심자, 주변인에게 아동학대와 관련한 조사를 실시하게 된다.

(3) 사례 판단

아동보호전문기관에서는 아동학대 조사 내용을 바탕으로 사례 판단회의 또는 사례전문위원회 등을 진행하여 사례를 판단하게 된다. 아동학대 혐의는 없으나 아동학대 예방을 위하여 외부 지원이 필요한 사례, 아동학대 의심 사례로 신고되었으나 조사 결과 아동학대가 발생하지 않은 것으로 판단되는 사례, 아동학대로 판단되는 사례 등으로 구분된다.

(4) 조치

① 학대행위자: 아동학대 사례에 따라 아동과의 분리, 임시 조치(퇴거 등 격리, 접근 금지, 친권 등 권한 행사 제한, 상담 및 교육), 모니터링, 고소 · 고발 · 사건처리

② 학대 피해 아동: 아동학대 사례에 따라 원가정 보호, 분리 보호, 피해 아동 보호 명령 청구와 같은 조치 실시, 응급하게 분리 보호가 필요한 아동의 경우 응급조치를 진행하여 보호시설 입소 조치

(5) 사례관리

① 피해 아동: 의료지원, 심리검사, 치료 진행, 상담, 학습 지원, 수사 및 증거 지원, 사회복지 서비스 연계

② 가족: 상담, 가족치료, 가정 지원, 가족기능 강화 프로그램 등

③ 학대행위자: 보호 처분, 상담, 심리치료, 가정 지원, 의료지원 등

(6) 사후관리

- 사후관리기관 연계 및 학대 피해 아동 가정에 대한 모니터링 실시

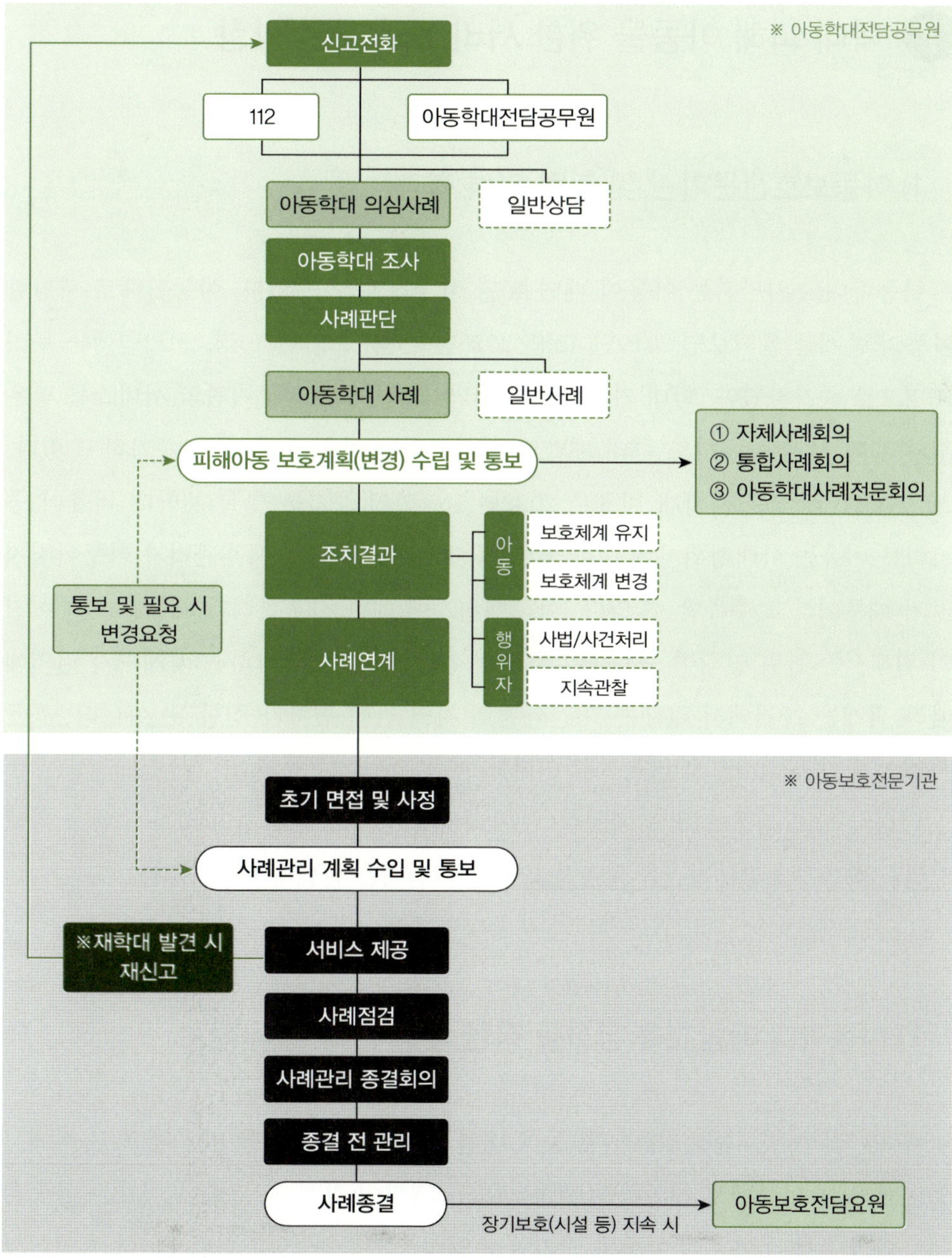

[그림 7-8] 아동학대 대응 업무 흐름도

출처: 의정부시 아동보호전문기관 홈페이지.

7 학대 피해 아동을 위한 서비스의 개선 방향

1) 아동보호전문기관 및 관련 인력 확충

아동학대로 사망하는 아동이 매년 40명 이상씩 나오고 있다. 아동학대로 사망한 아동의 통계를 살펴보면 2019년 42명, 2020년 43명, 2021년 40명, 2022년에는 무려 50명으로 증가하였다. 학대 가정으로 판정받아 아동보호전문기관의 서비스를 받은 후 종결된 사례 중에서도 학대 재발로 재신고되는 비율 또한 점차 증가하고 있다. 2019년 11.4%였던 재학대 비율은 2022년 16%까지 증가하였다. 재학대 비율이 증가하는 이유는 학대행위자에 대한 처벌 및 체계적인 상담과 사후관리가 이루어지지 않기 때문이라고 추측할 수 있다. 학대행위자에 대한 사후관리가 제대로 이루어지기 위해서는 관련 인력이 충분해야 하는데 상담원 1인당 담당하는 사례수가 지역에 따라 적게는 20건에서 많게는 70건까지로 지역 간에 편차가 심할 뿐 아니라, 평균 사례의 수가 절대적으로 많은 실정이다.

따라서 향후 전문 인력의 과중한 업무 부담을 줄이고 효과적인 업무 수행을 위해서라도 아동보호전문기관을 확충하고 상담원 인력을 늘릴 필요가 있다.

2) 아동학대 예방교육 강화를 통한 아동 권리 인식 제고

우리나라는 사회문화적으로 아동에 대한 훈육 및 체벌을 용인해 왔고, 가정에서 일어난 일에 외부에서 개입하는 것을 꺼리는 경향이 강했다. 그러나 이제는 아동은 부모의 소유물이 아니며 아동의 권리와 존엄성을 존중하는 것이 필요하다는 인식의 변화가 필요한 시점이다.

과거에 비하면, 아동학대에 대한 인식이 많이 높아졌지만 아직도 형식적으로 아동학대 예방교육 및 인권교육이 실시되고 있는 곳이 많다. 미취학 아동부터 아동에게는 보호받을 권리를 가지고 있으며 자신이 매우 소중한 존재임을 깨달을 수 있도록 꾸준하게 인권교육 및 아동학대 예방교육 프로그램에 참여시킬 필요가 있다. 또한, 아동학대 신고의무자뿐만 아니라 일반 성인을 대상으로도 대중매체를 통한 아동학대 예방 캠페인을 더 적극적으로 실시하고, 예비 부모 및 아동을 양육하고 있는 보호자를 대상으로는 자녀 양육의 방법, 의사소통 기술 훈련 등을 포함한 부모교육 프로그램을 개발하여 아동 권리에 대한 인식을 제고시켜야 할 것이다.

3) 아동학대 신고율 증가를 위한 방안 마련

학대 피해 아동을 조기에 발견하고 서비스를 제공하기 위해서 가장 필요한 것은 학대 의심 아동이나 피해 아동을 발견했을 때 신고율이 증가되어야 한다. 전 국민을 대상으로 대중매체 및 다양한 루트를 통해 아동학대에 대한 인식을 고취시키고, 112로 통합된 신고 전화번호에 대해서도 홍보를 강화할 필요가 있다.

또한 아동학대 주요 통계자료를 살펴보면 신고의무자보다 비신고의무자의 신고율이 높은 것을 알 수 있다. 신고의무자가 아동학대를 목격했음에도 불구하고 신고를 하지 않을 경우 과태료 규정이 있지만 신고 비율은 낮은 편이다. 이는 시설 등에서 아동학대가 일어난 경우 내부고발이 될 수 있고, 신고자의 신상이 보호되지 않을까 하는 걱정 등이 신고에 영향을 미칠 것으로 추측된다. 따라서 신고의무자의 신원 및 신상보호를 위한 구체적인 방안을 마련하고, 신고의무자가 아동학대를 미신고했을 경우 처벌을 명확히 하는 등 신고의무자의 신고율을 높이기 위한 노력도 경주되어야 할 것이다.

"미라가 된 아이"… 아동학대에 '87cm · 7kg'로 숨진 5살 가을이

태어난 지 4년 5개월된 여자 아이가 몸무게 7㎏으로 사망했다. 이는 생후 4개월 영아와 비슷한 수준의 체중으로 친모가 아이를 굶겨 죽인 것으로 드러났다. 이 사건은 지난해 12월 14일 친모 A씨(27)가 딸을 안고 응급실을 찾아오며 꼬리가 밟혔다. 아이는 바로 집중치료실로 옮겨졌지만 끝내 숨을 거뒀다. 당시 아이의 발육 상태는 너무도 참혹했다. 생후 만 4년 5개월인 아이는 사망 당시 키가 87㎝, 몸무게는 7㎏에 불과했다. 또래 평균보다 키는 17㎝ 작았고 몸무게는 10㎏이나 덜 나갔다. 이는 생후 4개월 영아와 비슷한 수준의 몸무게다. 출동한 경찰관도 처음에는 사인을 영양실조로 의심했다고 한다. 가을이의 직접적 사망 원인은 친모에 의한 폭행이었다. 이날 친모 A씨는 오전 6시에 딸을 때렸다. 자신의 물건에 손을 댄다는 이유로 가을이의 머리를 침대 프레임에 찧는 등 폭행을 가했다. 같은 날 오전 11시께 친모는 가을이가 거품을 물고 발작을 일으켰음에도 아무런 조취를 취하지 않다가 오후 4시30분께 겨우 핫팩으로 몸을 마사지했다. 결국 가을이는 오후 6시께 사망하고 만다. 지난 3월 10일 부산지법 형사6부 심리로 열린 결심 공판에서 검찰은 A씨에게 무기징역과 벌금 500만 원을 구형했다. 검찰에 따르면 A씨는 "배고파요, 밥 주세요"라는 가을이에게 6개월간 하루 한 끼 분유만 먹인 것으로 확인됐다.

출처: 서울경제(2023. 6. 12.). https://www.sedaily.com/NewsView/29QTSD3OXA에서 2023년 10월 3일 인출.

Q·u·i·z /퀴즈/

1. 아동학대의 유형에는 어떠한 것들이 있는가?

2. 아동학대의 발생원인을 5가지로 구분하여 접근한다면 어떠한 것들이 있는지 설명해 보자.

3. 아동학대 신고의무자에는 누가 해당되는지 3개 이상 써보자.

4. 아동학대 처리 및 예방사업을 담당하는 기관은 무엇인가?

Think·about·it /생각나누기/

1. 아동학대를 예방하기 위한 방안에는 어떠한 것들이 있을지 생각해 봅시다.

2. 우리학교가 속한 지역의 아동보호전문기관을 찾아보고, 아동보호전문기관에서 실시하고 있는 사업들에는 어떠한 것들이 있는지 살펴봅시다.

/CHAPTER/ 08

장애아동을 위한 아동복지

CHILD WELFARE

학/습/목/표
1. 장애와 장애아동의 개념을 설명할 수 있다.
2. 장애아동과 가족이 겪는 어려움을 이해할 수 있다.
3. 장애아동을 위한 복지 서비스에 대해 이해하고 설명할 수 있다.

1 장애와 장애아동의 개념

1) 장애의 이해

장애인에 대한 정의는 학자들마다 다양하게 정의하고 있지만, UN 장애인 권리선언에서는 "선천적이든 후천적이든 신체적·정신적 능력의 결여 때문에 개인 혹은 사회생활에 필요한 것을 자기 스스로 완전히 혹은 부분적으로 확보할 수 없는 사람"을 장애인으로 정의하고 있다. 또한 1979년 UN 총회에서는 "장애는 개인과 그 환경간의 관계로 파악되어야 한다"라고 정의함으로써 장애의 정의에 기능상의 장애뿐만 아니라 사회적인 불리도 포함되어야 함을 명시하고 있다.

2) 장애아동의 이해

장애아동은 「장애아동복지지원법」에 규정되어 있는데, 「장애아동복지지원법」에 따르면 "장애아동"이란 18세 미만의 사람 중 「장애인복지법」 제32조에 따라 등록한 장애인을 말한다고 정의되어 있으며, 6세 미만의 아동으로서 장애가 있다고 보건복지부 장관이 별도로 인정하는 사람을 장애아동으로 포함하고 있다. 「장애인복지법」에 따른 장애 유형을 〈표 8-1〉에 정리하였다.

〈표 8-1〉 장애의 종류 및 기준

대분류	중분류	소분류	세분류
신체적 장애	외부 신체기능의 장애	1. 지체장애	절단장애, 관절장애, 지체기능장애, 척추장애, 변형 등의 장애
		2. 뇌병변장애	뇌의 손상으로 인한 복합적인 장애
		3. 시각장애	시력장애, 시야결손장애, 겹보임(복시)
		4. 청각장애	청력장애, 평형기능장애
		5. 언어장애	언어장애, 음성장애, 구어장애
		6. 안면장애	안면부의 추상, 함몰, 비후 등 변형으로 인한 장애
	내부기관의 장애	7. 신장장애	투석치료중이거나 신장을 이식 받은 경우
		8. 심장장애	일상생활이 현저히 제한되는 심장기능 이상
		9. 간장애	일상생활이 현저히 제한되는 만성·중증의 간기능 이상
		10. 호흡기장애	일상생활이 현저히 제한되는 만성·중증의 호흡기기능 이상
		11. 장루·요루장애	일상생활이 현저히 제한되는 장루·요루
		12. 뇌전증장애	일상생활이 현저히 제한되는 만성·중증의 뇌전증
정신적 장애	발달장애	13. 지적장애	지능지수가 70 이하인 경우
		14. 자폐성장애	소아청소년 자폐 등 자폐성 장애
	정신장애	15. 정신장애	조현병, 조현정동장애, 양극성정동장애, 재발성우울장애, 뇌의 신경학적 손상으로 인한 기질성 정신장애, 강박장애, 투렛장애(Tourette's disorder), 기면증

출처: 보건복지부(2023). 장애인복지사업안내.

② 장애아동과 가족이 겪는 어려움

1) 장애아동 및 가족의 활동 제한

장애아동은 비장애아동에 비해 활동을 제한받게 되는 경우가 많다. 장애아동의 경우 또래 친구들과 자연스럽게 어울리거나 또래 친구를 사귈 기회가 적고, 교육기관 등에서도 제한적인 활동을 하게 된다.

또한 장애아동 가족의 경우에는 장애아동의 양육과 치료 등에 힘을 쏟게 되면서 사회생활을 함에 있어서 어려움을 겪게 되며, 여성의 경우 사회생활을 그만두게 되는 경우가 많다. 장애아동을 동반하여 체험이나 여행 등을 가는 것에도 부담을 느끼게 되면서 집에 있는 시간이 많아지고 이는 다시 아동의 다양한 체험 기회 부족으로 이어지기도 한다.

2) 스트레스 및 갈등의 증가

장애아동을 양육하는 가정에서는 가족 구성원들끼리의 갈등이 증가하게 된다. 먼저 장애아동 부모의 경우 처음 장애아동을 인정하게 되기까지 다양한 정서적 반응을 경험하게 되는데 이 과정에서 부부간, 가족 간의 갈등이 발생한다. 또한 장애아동에 대한 적절한 양육방식, 문제 해결과 관련한 대처 지식이 부족하기 때문에 심각한 스트레스를 경험하게 되며 죄의식, 절망, 분노, 수치심, 슬픔 등 부정적인 감정을 적절하게 극복하지 못하면서 가족 간의 긴장과 갈등이 발생하게 되고 심한 경우 가족해체로까지 이어질 수 있다.

3) 경제적 어려움

장애아동의 출현은 가족의 경제 상황에도 많은 영향을 미치게 된다. 장애아동을 양육하는 데 있어서는 기본적인 양육비 이외에도 의료비, 치료비, 보호·간병비 등 추가적으로 지출해야 하는 비용들이 생기게 된다. 그러나 부모 중 한 사람이 장애아동의 양육과 치료를 전담하게 되면서 맞벌이였던 부부 중 한 명이 일을 그만두게 되는 경우가 많으며, 이는 경제적인 부담으로 이어지게 된다.

장애아동을 양육하고 있는 가정에 정부의 지원이 있기는 하지만 소득기준으로 제한을 두고 있어 주로 기초생활보호대상자 혹은 차상위계층을 중심으로 이루어지고 있고, 지원 수준 또한 미비한 실정이다.

4) 비장애 형제가 겪는 어려움

장애아동의 출현은 형제자매에게도 큰 영향을 미치게 되는데 특히 형제자매가 비장애아동인 경우 다양한 어려움이 발생한다. 비장애아동은 형제자매가 장애를 갖고 있는 것에 대해서 수치심, 소외감, 분노, 책임감, 성취에 대한 압력을 느끼고 가족관계에 있어서 불만을 토로하게 되며, 대인관계에서 어려움을 경험하기도 한다.

또한 자신도 장애아를 출산할지도 모른다는 미래에 대한 두려움을 갖기도 하며, 향후 장애 형제를 돌보는 일에 대한 부담감을 느끼게 된다.

3 장애아동의 현황

1) 장애아동 현황

장애아동의 현황은 장애인구의 현황을 통해서 추정해 볼 수 있다. 2022년도 장애인 등록 현황을 살펴보면 우리나라 전체 장애인 수는 2022년 12월 말 기준 2,652,860명으로 집계되었다. 이 중, 0세~17세까지의 장애아동은 81,364명으로 전체 장애인의 약 3.1% 정도로 집계되었으며, 이 중 남아가 54,590명, 여아는 26,774명으로 남아가 여아보다 장애출현율이 높은 것으로 조사되었다.

〈표 8-2〉 0~17세 등록 장애인 수

연령	계	남자	여자
합계	81,364	54,590	26,774
0세	20	12	8
1세	354	209	145
2세	729	381	348
3세	1,320	755	565
4세	2,701	1,741	960
5세	4,110	2,850	1,260
6세	6,056	4,233	1,823
7세	6,439	4,488	1,951
8세	5,851	4,054	1,797
9세	5,709	3,913	1,796
10세	6,434	4,372	2,062
11세	6,520	4,462	2,058
12세	6,229	4,208	2,021

13세	5,648	3,797	1,851
14세	5,693	3,788	1,905
15세	6,210	4,051	2,159
16세	5,574	3,612	1,962
17세	5,767	3,664	2,103

출처: 보건복지부(2022). 등록장애인 현황.

2) 특수보육 현황

특수보육 현황을 살펴보면 2022년 말 기준 특수보육 어린이집은 총 9,969개, 아동 현원은 42,762명으로 조사되었다. 참고로 2021년의 통계를 살펴보면 특수보육 어린이집은 총 10,113개, 아동 현원은 44,201명이었는데, 아동 현원은 증가한 반면, 어린이집 수는 감소한 것을 알 수 있다.

〈표 8-3〉 특수보육어린이집 일반현황(2022년 기준)

구분	어린이집 수	아동정원	아동현원	보육교직원
영아전담	326	13,614	9,584	2,180
장애아전문	177	8,395	6,170	2,671
장애아통합	1,393	118,083	6,143	2,190
방과후	160	13,558	1,315	95
야간연장	7,499	402,372	19,071	5,208
휴일	279	19,513	111	75
24시간	135	7,183	368	128

출처: 보건복지부(2022). 보육통계.

3) 특수교육 대상자 현황

교육부의 2023년 특수교육통계의 연도별 특수교육대상자 현황에 따르면 최근 5년간 조사에서 특수교육 대상자가 특수학교 및 특수교육지원센터를 다니는 비율보다 일반학교를 다니고 있는 비율이 높게 나타났다. 2023년을 기준으로 전체 109,703명 중 일반학교에 다니고 있는 장애아동은 80,467명(73.3%), 특수학교 및 특수교육지원센터에 다니고 있는 장애아동은 29,236명(26.7%)으로 나타났다.

〈표 8-4〉 연도별 특수교육 대상자 배치 현황

연도	특수학교 및 특수교육지원센터	일반학교	전체
2019	26,459 (28.5%)	66,499 (71.5%)	92,958 (100%)
2020	26,615 (27.9%)	68,805 (72.1%)	95,420 (100%)
2021	27,288 (27.8%)	70,866 (72.2%)	98,154 (100%)
2022	28,233 (27.2%)	75,462 (72.8%)	103,695 (100%)
2023	29,236 (26.7%)	80,467 (73.3%)	109,703 (100%)

출처: 교육부(2023). 특수교육통계.

4) 특수학급 현황

특수학급의 현황을 살펴보면, 초등학교에 가장 많은 인원과 학급 수가 배치되어 있었고, 상대적으로 전공과와 유치원의 학급 수와 학생 수는 적은 것으로 나타났다.

〈표 8-5〉 특수학급 현황

과정별	학교 수	학급 수	학생 수	교원 수
유치원	1,195	1,539	5,676	1,559
초등학교	4,856	7,038	33,121	7,160
중학교	2,077	2,721	12,425	2,804
고등학교	1,142	1,955	10,585	2,301
전공과	18	34	186	64
계	9,288	13,287	61,993	13,888

출처: 교육부(2023). 특수교육통계.

④ 장애아동을 위한 복지 서비스

1) 장애아동 수당

국가와 지방자치단체는 장애아동에게 보호자의 경제적 생활수준 및 장애아동의 장애 정도를 고려하여 장애로 인한 추가적 비용을 보전하게 하기 위하여 장애수당을 지급하고 있다. 18세 미만(다만, 만 18~20세로서 학교에 재학 중인 만 20세 이하의 장애인은 포함)의 등록장애인 중 국민기초생활보장 수급자 및 차상위계층에 해당하는 가정에 장애아동 수당을 지급한다.

〈표 8-6〉 장애아동 수당 지급액

구분	생계 또는 의료급여 수급자	주거 또는 교육급여 수급자	차상위계층	보장시설 수급자 (생계 또는 의료)
중증장애인	월 22만 원	월 17만 원	월 17만 원	월 9만 원
경증장애인	월 11만 원	월 11만 원	월 11만 원	월 3만 원

출처: 보건복지부(2023). 장애인연금 사업안내.

2) 장애아 가족 양육지원 사업

장애아동 가족의 일상적인 양육부담을 경감하고 보호자의 사회활동을 돕기 위하여 돌봄 및 일시적 휴식지원 서비스를 제공하는 서비스로 실제로 돌봄이 필요한 장애아동에게 적기에 돌봄서비스가 제공되도록 지원하고, 장애아 가정에 대해 실질적인 휴식지원 제공을 추진한다.

(1) 돌봄서비스

18세 미만의 「장애인복지법」상 등록 장애 정도가 심한 장애아와 생계 · 주거를 같이하는 가정에게 양육자의 질병, 사회활동 등 일시적 돌봄 서비스 필요시 일정한 교육과정을 수료한 돌보미를 파견하여 장애아동 보호 및 휴식을 지원하는 서비스로, 아동의 가정 또는 돌보미 가정 등에서 돌봄서비스를 제공한다. 한 아동당 연 960시간 범위 내 지원하며 서비스 제공은 월 140시간 이내가 원칙이다. 서비스 비용은 기준 중위소득 120% 이하 가정은 무료이며, 소득 초과 가정은 이용료의 40%를 본인이 부담한다.

(2) 휴식지원 프로그램

소득기준에 상관없이 만 18세 미만의 모든 장애아 가족으로 돌봄서비스를 받지 않는 가정도 참여가 가능하며, 돌봄서비스를 받는 가정을 우선 지원한다. 지원내용은 다음과 같고, 17개 시 · 도별 장애아 가족 양육지원 사업시행기관에 문의 및 신청할 수 있다.

① 가족관계 회복 및 돌봄 노동 분담을 위해 장애아 가족 문화 · 교육 프로그램, 휴식 박람회, 가족 캠프 등 휴식지원 프로그램 운영(비대면 프로그램 포함)
② 돌보미를 통한 장애아 가족 상담서비스, 생활지도 등 제공 및 자조모임 결성 지원 등을 통해 양육의 어려움 경감, 정보 공유 등
③ 가족 휴식지원 및 가족역량 강화 프로그램 확대: 가족 상담(재활) 프로그램, 가족 교육 프로그램(부모교육, 비장애 형제자매 교육, 가족관계 개선 등)

3) 장애아동 발달재활서비스

성장기의 장애아동의 인지, 의사소통, 적응행동, 감각 · 운동 등의 정신적 · 감각적 기능 향상과 행동발달을 위한 적절한 발달재활서비스 지원 및 정보를 제공하고 높은 발달재활서비스 비용으로 인한 장애아동 양육 가족의 경제적 부담을 경감해 주는 서비스이다. 만 18세 미만의 장애아동(시각, 청각, 언어, 지적, 자폐성, 뇌 병변) 중 기준 중위소득 180% 이하에게 차등 지원한다. 언어재활 · 청능재활 · 미술심리재활 · 음악재활 · 행동재활 · 놀이심리재활 · 재활심리 · 감각발달재활 · 운동발달재활 · 심리운동 등 발달재활서비스를 받을 수 있으며 바우처 지원액은 월 17만 원에서 최대 월 25만 원까지로 차등 지원한다.

4) 장애인 활동 지원 서비스

만 6세 이상부터 만 65세 미만의 장애인복지법상 등록 장애인에게 신체·가사·사회활동 등을 포함한 일상생활 및 직장 생활에 필요한 활동을 지원하는 서비스로, 신체적 또는 정신적인 장애로 혼자서 일상생활이나 사회생활이 어려운 중증 장애인에게 활동 지원 서비스를 제공하는 것을 목적으로 한다.

〈표 8-7〉 장애인 활동 지원 서비스 유형

유형	내용	제공인력
활동보조	활동보조사가 수급자의 가정 등을 방문하여 신체활동, 가사활동 및 이동 보조 등을 지원	활동지원사
방문목욕	요양보호사가 목욕설비를 갖춘 장비를 이용하여 수급자의 가정 등을 방문하여 목욕서비스를 제공	요양보호사
방문간호	방문간호사 등이 의사, 한의사 또는 치과의사의 방문간호지시서에 따라 수급자의 가정 등을 방문하여 간호, 진료의 보조, 요양에 관한 상담 또는 구강위생 등 제공	방문간호사

5) 청소년 발달장애인 방과 후 활동 서비스

만 6세 이상 18세 미만의 장애인복지법상 등록된 지적 및 자폐성 청소년 발달장애인에게 방과 후 활동 서비스를 제공하여 의미 있는 여가활동 및 성인기 자립준비를 지원하도록 하고, 다양한 참여 프로그램으로 방과 후 돌봄 사각지대를 해소하고 부모의 원활한 사회·경제적 활동 지원을 돕는 것을 목적으로 한다. 이용자는 수급자격(제공시간)을 받아 원하는 지역 내 방과 후 활동 제공 기관에 등록 후 소그룹을 구성하여 방과 후 활동 서비스를 이용할 수 있는데 제공 기관은 취미·여가, 자립준비, 관람·체험, 자조활동 등 이용자의 욕구 및 상황을 고려한 다양한 방과 후 활동

서비스를 제공한다.

6) 발달장애인 부모상담 지원

과중한 양육부담을 안고 있는 발달장애인 부모에게 집중적인 심리·정서적 상담 서비스를 제공하여 우울감 등 부정적 심리상태를 완화시켜 궁극적으로 가족의 기능 향상을 목적으로 한다.

발달장애인 부모상담 지원은 발달장애 자녀를 가진 부모 및 보호자를 대상으로 개별 및 집단 상담을 제공한다(개별상담: 회당 50분, 월 4회 이상/ 집단상담: 회당 100분 내외, 월 3~4회). 1인당 월 16만 원을 바우처로 12개월간 지원된다. 특별한 경우(대상자의 요청, 상담사의 의견, 심리·정서 검사 등 확인 절차 필요) 최대 12개월까지 연장될 수 있다.

7) 장애아동 보육료 지원

장애아동의 양육지원과 부모의 경제적 부담을 경감시키기 위해 장애인 복지카드를 소지한 만 12세 이하 장애아동을 대상으로 보육료를 지원하고 있으며, 다음의 경우에도 예외적으로 지원을 받을 수 있다.

- 「장애인 등에 대한 특수교육법」에 따라 특수교육 대상자로 선정된 만 3~8세 아동이 특수교육 대상자 진단평가 결과 통지서를 제출한 경우
- 취학연령이 되었음에도 부득이하게 질병 등의 사유로 일반 초등학교 및 특수학교에 취학하지 못한 장애아동

- 장애인복지카드 또는 특수교육대상자 진단평가 결과 통지서를 미소지한 만 5세 이하 영유아가 장애 소견이 있는 의사 진단서를 제출한 경우

8) 장애아동 교육비 지원

장애영유아 무상교육은 장애영유아의 장애 중증화 예방과 적합한 발달을 위해 조기교육을 무상으로 지원하는 서비스이다. 지원 대상은 특수교육 대상자로 선정된 만 3세 미만의 영아, 특수교육 대상자로 선정된 만 3~5세 아동이다. 특수교육 대상자는 특수교육지원센터에서 진단 · 평가를 받아야 선정 가능하다.

5 장애아동을 위한 복지 서비스 개선 방향

1) 장애아동 양육가정에 대한 소득보장정책 강화

장애아동을 양육하고 있는 가정의 경우 비장애아동을 양육하는 가정보다 경제적인 부담이 가중되고 있는 경우가 많다. 그러나 우리나라의 경우 장애아동 부양수당은 기초생활수급권자와 차상위계층에 한정되어 있으며 지급액 또한 매우 제한적이다. 장애아동의 경우 치료비, 의료비, 간병비 등 추가적으로 지출해야 하는 비용이 많은 만큼 장애아동 부양수당의 대상을 확대하고 비용 또한 현실화하는 것이 필요하다.

2) 특수보육 시설 확충 및 전문가 배치 확대

최근 발표된 특수보육 현황을 살펴보면 특수보육 어린이집은 매년 줄어들고 있는 것으로 조사되었다. 영유아 단계의 특수보육의 수요는 늘고 있지만 아이를 맡길 수 있는 시설은 부족한 실정이다. 운영자들은 특수보육을 위한 공간 및 운영비와 인건비가 부담스럽고 특수아동을 위한 보조교사 채용과 교재 준비 등 부가적인 여건을 마련하기가 어렵기 때문에 특수보육 시설을 설치하는 것에 어려움을 겪고 있다. 따라서 중앙정부와 지자체에서는 관련 예산을 늘리고 특수교육 전문가를 양성하여 장애 영유아를 위한 보육 시설 확충에 힘써야 할 것이다.

3) 지역 장애아동 지원센터 설립

우리나라는 2011년「장애아동복지지원법」을 제정하였다.「장애아동복지지원법」안에는 '시 · 도 및 시 · 군 · 구는 지역장애아동지원센터를 세워 장애의 조기 발견, 장애 아동과 가족에 대한 복지사업 · 기관 연계, 사례관리, 상담 및 교육 실시 등의 업무를 할 수 있다'라고 정하고 있다. 하지만 2023년까지 전국에 단 한 곳도 문을 열지 않았으며, 2024년도 예산안에도 지역 장애아동 지원센터 설립 계획은 반영되지 않았다. 2012년 설립된 중앙장애아동지원센터(현재 중앙발달장애인지원센터와 통합 운영)에서 중앙 단위의 업무만 하고 있을 뿐이다.

국가가 실시하는 영 · 유아 건강검진에서 아동의 발달지연 문제가 의심되거나 확인되더라도 현재 상담이나 서비스를 받을 수 있는 공적기관은 전무한 상태이다. 조기개입이 중요한 장애아동이 매년 늘어나고 있는 현 상황에서 영 · 유아기부터 통합 지원을 할 수 있는 체계를 마련하고 하루빨리 지역 장애아동 지원센터를 각 지자체별로 설립할 수 있도록 대책을 마련해야 한다.

인권위 "장애아동 지원체계 구축하고 보호 강화해야"

국가인권위원회(인권위)가 장애아동 인권 증진을 위해 발달지원 프로그램을 마련하고 후견인 제도 등을 점검할 필요하다고 정부에 당부했다.

인권위는 보건복지부 장관에게 장애인 거주시설 내 장애아동의 발달지원체계 구축과 법적 보호 강화를 권고했다고 16일 밝혔다.

인권위에 따르면 지난 2021년 12월 기준, 18세 미만 장애아동은 7만7,961명으로 추산되며 이 가운데 1,928명(2.47%)은 「장애인복지법」에 따른 장애인 거주시설에서 생활한다. 장애인 거주시설은 주로 성인들이 머무르고 있어, 장애아동들이 「아동복지법」상의 다양한 지원 서비스에서 배제되는 실정이다.

(중략)

인권위는 "장애아동의 탈시설 우선지원 정책을 이행하기 위한 구체적인 자립지원 방안을 마련하고 시설에서의 준비과정을 거쳐 지역사회에 진입할 수 있도록 지속적인 자원연계와 사후관리가 필요하다"고 전했다.

아울러 장애인 거주시설에서 생활하는 장애아동 중에는 후견인이 지정되지 않거나 연고자가 있지만 친권자와 연락이 두절된 아동이 많은 것으로 조사됐다. 문제는 시설장에 의해 친권이 남용되거나, 금융거래 및 서비스 계약 체결이 거부되는 등 일상생활에 많은 제약이 있는 것으로 나타났다.

인권위는 "전수조사를 실시해 후견인이 없는 경우, 법적 보호 강화를 위해 후견인 지정을 지원하고 이후 관리와 감독을 철저히 할 필요가 있다"고 전했다.

장애아동 거주시설 종사자를 대상으로 인권교육을 실시해야 한다고 강조하기도 했다. 인권위는 "종사자의 가치와 철학이 장애아동에 대한 서비스 지원에서 큰 영향을 미친다"며 "종사자를 대상으로 장애아동의 기본 권리, 인권침해 예방, 권리구제 등 종합적인 교육과정을 의무적으로 시행해야 한다"고 권고했다.

출처: 뉴시스(2023. 02. 16.). https://newsis.com/view/?id=NISX20230216_0002195096&cID=10201&pID=10200에서 2023년 11월 3일 인출.

Q·u·i·z /퀴즈/

1. 장애아동이란 누구를 말하는가?

2. 장애아동과 장애아동 가족이 겪는 어려움에는 어떠한 것이 있는지 1개 이상 적어보자.

3. 우리나라 장애아동의 통계에서 남아와 여아 중 출현율이 더 많은 쪽은?

4. 장애아동에 대한 정의는 어느 법에 규정되어 있는가?

Think·about·it /생각나누기/

1. 장애아동과 비장애아동을 통합교육 하는 것에 대해서 여러분들의 생각을 나누어 봅시다.

2. 장애아동을 위한 사회복지사의 역할에는 어떠한 것들이 있을지 친구들과 이야기 나누어 봅시다.

/CHAPTER/ 09

입양아동을 위한 아동복지

CHILD WELFARE

학/습/목/표
1. 입양의 개념과 유형에 대해 설명할 수 있다.
2. 입양의 특징 및 현황에 대해 이해할 수 있다.
3. 입양의 구성요소와 전달 체계, 입양정책에 대해 설명할 수 있다.

1 입양의 이해

1) 입양의 개념 및 의의

입양이란 대리적 서비스의 대표적인 유형 중 하나로 아동의 친부모가 어떠한 이유로 양육권을 포기한 경우, 법적 · 사회적 관계에 의해서 아동에게 새로운 가정을 만들어 주는 것을 말한다. 입양이 결정되면 친부모와 자녀 간의 모든 권리와 의무가 소멸되고, 양부모와 입양아가 새롭게 부모-자녀 관계를 인정받게 된다.

우리나라의 경우 과거에는 가문의 대를 잇는 가계 계승 차원에서 입양이 이루어졌다. 근대 이후에는 아동에 대한 복지 차원에서 입양이 이루어지기 시작했고, 한국전쟁 이후에는 전쟁고아 등이 입양기관을 통해 해외로 입양되었다. 최근 국내 · 외 입양의 큰 부분을 차지하고 있는 것은 미혼모의 아이에 대한 입양이다.

모든 어린이는 태어나면서 부모의 보호를 받으며 건강하게 성장할 수 있는 권리를 갖고 태어나지만, 부모가 없거나 부모가 있더라도 보호받지 못하는 아동 또한 많다. 입양은 이렇게 보호가 필요한 아동에게 새로운 가정을 찾아주고, 가정이라는 틀 안에서 성장할 수 있도록 도와주어, 아동의 정신적 · 사회적 욕구를 충족시켜 주기 위한 제도라고 할 수 있다.

우리나라에서는 입양을 "보호자가 없거나 보호자로부터 이탈된 아동 등에게 건전한 가정을 영구적으로 제공하여 신체적 · 정서적 · 사회적으로 건강하게 성장할 수 있도록 지원함"을 목적으로 하고 있으며, 이러한 입양은 양부모가 되려는 사람과 양자가 될 사람의 합의가 있거나(「민법」 제883조 제1호), 가정법원의 허가(「민법」 제867조 제1항, 「입양특례법」 제11조 제1항)를 얻을 때에 입양신고를 하여야 그 효력이 발생한다. 입양신고로 양부모와 양자 사이에는 법적 친자관계가 생기고, 부양이나 상속 등에서 자연혈족의 경우와 동일한 권리가 인정된다(「민법」 제772조 제1항).

2) 입양의 종류

(1) 일반 양자 입양

일반 양자는 친생부모의 친자녀로서의 지위와 양부모의 양자로서의 지위를 모두 갖게 된다. 친생부모와의 관계는 친권 이외에는 유지되므로 입양이 된 이후에도 친생부모의 성과 본을 그대로 유지한다.

(2) 친양자 입양

친양자는 입양이 되면 양부모의 완전한 친자녀와 같이 되는 양자를 말한다. 친양자는 재판을 통해 성립하며, 재판이 확정되면 양부모의 혼인 중에 태어난 자녀가 되므로 양자는 양친의 성과 본을 따르게 되며, 친생부모와의 관계는 종료된다.

(3) 입양기관을 통한 입양

「입양특례법」에 따라 입양기관을 통해서 이루어진 입양은 가정법원의 허가를 얻어야 하며, 입양된 아동은 「민법」상의 친양자와 동일한 지위를 가지게 된다.

(4) 국제입양

국제적으로 이루어지는 입양에는 「국제사법」에서 정한 입양의 준거법에 따른 입양(이하 "국제입양"이라 함)이 있다. "국제입양"이란 한국에서의 한국인과 외국인 사이의 입양 또는 외국인과 외국인 사이의 입양, 외국에서의 한국인 사이의 입양 또는 한국인과 외국인 사이의 입양 등과 같이 외국적 요소가 있는 것을 말한다.

「입양특례법」에 따른 입양 중 국외입양도 외국인이 국내 또는 외국에서 한국인 양자를 입양하려는 것이므로 국제입양의 일종에 해당한다고 할 수 있다. 다만, 입양 당사자의 자격 등 입양의 요건과 절차 등에 대한 특례를 두고 있다.

〈표 9-1〉 입양의 종류

구분	일반양자	친양자	기관입양	국제입양
근거	「민법」 제866조부터 제908조까지	「민법」 제908조의2부터 제908조의8까지	「입양특례법」	「입양특례법」 제18조 및 제19조, 「국제사법」 제70조 및 제71조에 따라 입양 당시 양부모의 본국법
성립요건	협의로 성립	재판으로 성립	가정법원의 허가	양친이 될 사람의 본국법에서 정하고 있는 실질적 요건 충족

양자의 성 · 본	친생부모의 성과 본을 유지	양친의 성과 본으로 변경	양친의 성과 본으로 변경	부모와 자녀의 본국법이 같은 경우에는 그 법에 따르고, 그 외의 경우에는 자녀의 상거소지법에 따름
친생부모와의 관계	유지	종료	종료	부모와 자녀의 본국법이 같은 경우에는 그 법에 따르고, 그 외의 경우에는 자녀의 상거소지법에 따름
입양의 효력	입양한 때부터 혼인 중의 자로서의 신분을 취득하나, 친생부모와의 관계는 친권 이외는 유지됨	재판이 확정된 때부터 혼인 중의 자로서의 신분을 취득하며, 친생부모와의 관계는 종료됨	재판이 확정된 때부터 혼인 중의 자로서의 신분을 취득하며, 친생부모와의 관계는 종료됨	양친의 본국법에 따르게 되므로, 친자관계가 발생함

출처: 법제처.

3) 입양의 원칙

(1) 아동의 권리 보장과 이익 최우선의 원칙

- 아동의 건전한 성장과 발달을 보장하기 위하여 아동의 권리를 최대한 보장해야 함
- 아동은 안정적이고 영구적인 가정에서 성장하는 것이 바람직하므로, 가정생활을 할 권리를 최대한 보장하여야 함
- 아동보호에 관한 의사결정을 할 때는 친생부모, 입양부모, 조부모, 친인척, 후견인보다 아동의 이익이 최우선적으로 고려되어야 함

(2) 사생활 존중 및 비밀 보장의 원칙

- 입양아동, 친생부모, 입양부모 등 입양 삼자의 사생활을 존중하고 보호하며, 직무수행 과정에서 얻은 정보에 대해 철저하게 비밀을 유지해야 함

(3) 개별 욕구 존중의 원칙

- 아동의 이익을 최우선으로 고려하는 것을 전제로 입양 과정에서 입양아동, 친생부모, 입양부모 등 입양 삼자의 신체적 · 정서적 · 사회적 특성과 욕구를 존중하고 보호하여야 함

(4) 자발적 의사결정 존중의 원칙

- 입양아동, 친생부모, 입양부모 등 입양 삼자가 입양에 관한 의사결정을 할 때 자발적 의사결정 및 자기결정권을 보장함
  ※ 입양 아동의 자발적 의사결정권 및 자기결정권을 보장할 때는 아동의 연령과 성숙도를 고려해야 함

2 입양의 구성요소

입양은 새로운 가정을 필요로 하는 입양아동, 아동의 친부모, 입양아를 입양하는 입양부모, 그리고 입양기관 이렇게 4자 중심으로 이루어진다.

1) 입양아동

입양아동은 18세 미만의 아동으로 원가정을 떠나 입양가정으로 입양되는 아동을 말한다. 입양이 되려면 부모, 직계존속 또는 후견인의 동의가 있어야 하며, 13세 이상의 아동인 경우에는 본인의 동의가 있어야 한다. 법률로 규정하고 있는 입양대상 아동의 법적 기준은「입양특례법」제9조에 명시되어 있으며, 〈표 9-2〉에 양자가 될 자격 요건을 정리하였다.

〈표 9-2〉 양자 자격 요건

요건	내용
양자 자격 요건 (「입양특례법」 제9조)	1. 보호자로부터 이탈된 자로서 특별시장 · 광역시장 · 도지사 또는 시장 · 군수 · 구청장이 부양의무자를 확인할 수 없어 국민기초생활보장법에 의한 보장시설에 보호 의뢰한 사람 2. 부모 또는 후견인이 입양에 동의하여 보장시설 또는 입양기관에 보호 의뢰한 사람 3. 법원에 의하여 친권상실의 선고를 받은 사람의 자녀로서 시 · 도지사 또는 시장 · 군수 · 구청장이 보장시설에 보호 의뢰한 사람 4. 그 밖에 부양의무자를 알 수 없는 경우로서 시 · 도지사 또는 시장 · 군수 · 구청장이 보장시설에 보호 의뢰한 사람

2) 친부모

친부모는 입양대상 아동의 생물학적 부모로서 자발적 · 비자발적으로 친권을 포기하고 자녀를 입양 보내는 부모를 말한다. 이혼, 별거, 경제적 문제, 배우자의 사망 등에 따른 가족의 해체로 자발적으로 입양을 의뢰하는 경우와, 합법적인 혼인관계가 아닌 친부모가 입양을 의뢰하는 경우(주로 10대 미혼부모가 해당), 아동에 대한 학대, 유기 등으로 인하여 법적으로 친권을 상실한 경우 아동은 입양아동의 대상에 포함된다.

입양이 성립되기 위해서는 친부모가 친권을 포기하고 입양에 동의하는 절차가 반드시 필요하며, 입양특례법에서는 입양숙려 기간을 두어 입양 동의는 아동 출생으로부터 일주일이 경과해야 가능하도록 하고 있다.

3) 입양부모

아동의 생물학적 부모가 아닌 법적 절차에 따라 부모가 되는 사람을 의미한다. 입양부모는 출산이 아닌 입양을 통해 새롭게 가족 구성원을 받아들임으로써, 입양 아동에 대한 권리와 의무를 갖게 된다. 법률로 규정하고 있는 양부모의 법적 기준은 「입양특례법」 제10조에 명시되어 있으며, 〈표 9-3〉에 양부모 자격 요건을 정리하였다.

〈표 9-3〉 양부모 자격 요건

요건	내용
양부모 자격 요건 (「입양특례법」 제10조)	1. 양자를 부양하기에 충분한 재산이 있을 것 2. 양자의 종교의 자유를 인정하고 사회의 구성원으로서 그에 상응하는 양육과 교육을 할 수 있어야 함 3. 아동학대, 가정폭력, 성폭력, 마약 등의 범죄나 알코올 등 약물중독의 경력이 없어야 함 4. 양자가 될 아동의 복리에 반하는 직업이나 그 밖에 인권침해의 우려가 있는 직업에 종사하지 아니하도록 하여야 함 5. 대한민국 국민인 경우, 양친이 될 사람의 나이 범위는 25세 이상으로서 양자가 될 사람과의 나이 차이가 60세 이내여야 함. 대한민국 국민이 아닌 경우에는 25세 이상 45세 미만인 자이어야 함 6. 양친이 되려는 사람은 입양의 성립 전에 입양기관 등으로부터 보건복지부령으로 정하는 소정의 교육을 마쳐야 함

4) 입양기관

입양기관은 입양아동, 친부모, 입양부모 모두의 권익이 균형 있게 이루어질 수 있도록 전문적인 지식을 갖고 있는 전문가가 입양가정의 선정부터 입양의 성립까지 법과 제도적 절차에 따라 입양을 진행하는 기관을 말하며 입양 과정에 있어서 중요한 비중을 차지한다. 「입양특례법」 제20조에 의하면 입양기관을 운영하고자 하는 자는 사회복지사업법에 의한 사회복지법인으로서 보건복지부 장관의 허가를 받아야 하며, 국내 입양만을 알선하고자 하는 자는 시 · 도지사의 허가를 받아야 한다.

3 입양의 절차

입양특례법에 따라 입양은 가정법원의 허가를 받아야만 성립된다. 아동을 입양하고자 하는 사람은 양친될 사람 자격을 갖추고 필요한 서류(친생부모의 입양 동의서, 양친 될 사람의 가정환경조사서 등)를 지참하여 가정법원에 입양을 청구해야 하며, 청구를 인용하는 심판이 확정되면 입양이 성립하게 된다. 입양 절차를 [그림 9-1], [그림 9-2]에 나타내었다.

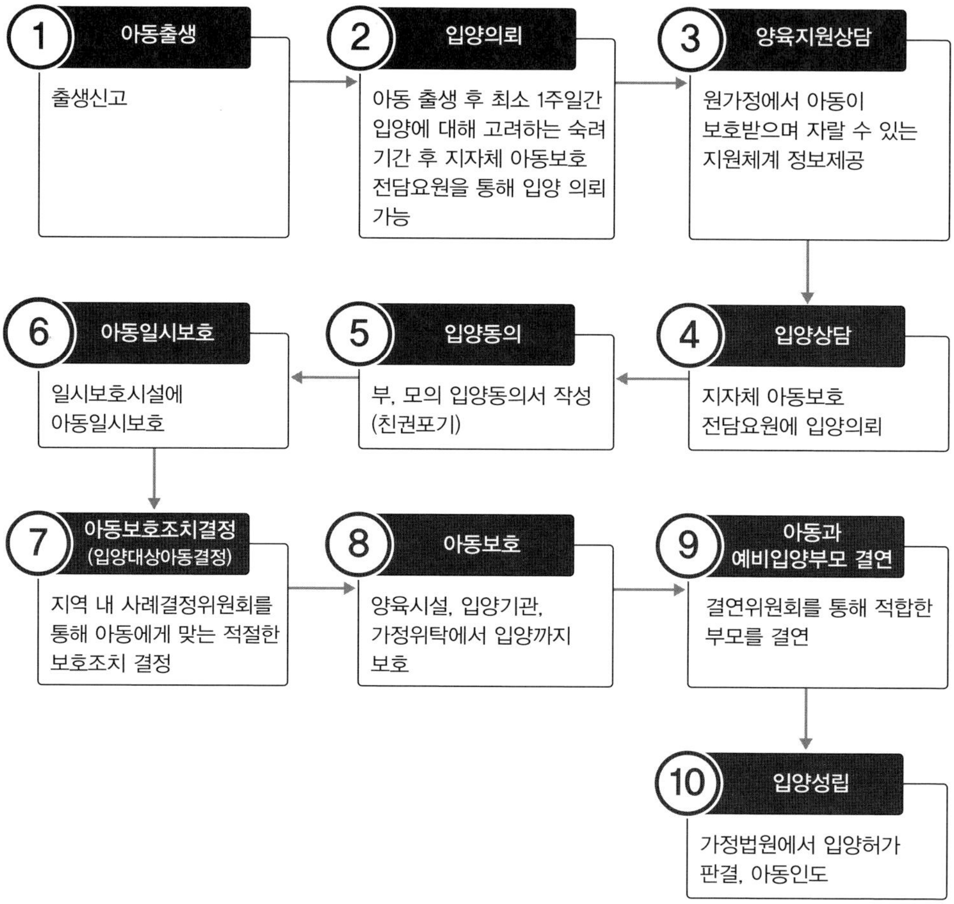

[그림 9-1] 아동 관점에서의 입양 절차

출처: 아동권리보장원 홈페이지.

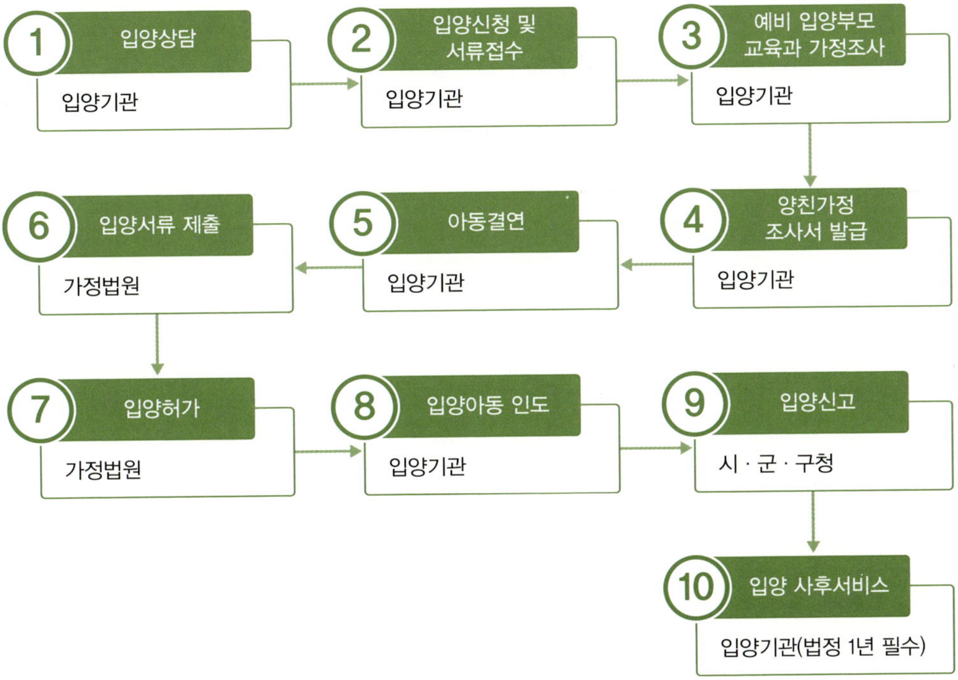

[그림 9-2] 예비 입양부모 관점에서의 입양 절차

출처: 아동권리보장원 홈페이지.

4 입양 현황

1) 연도별 국내 · 외 입양 현황

입양 현황을 살펴보면 전체적으로 감소 추세를 보이고 있는데, 2022년까지 총 249,959명이 입양되었다. 2022년 입양 아동 수는 324명으로 전체 입양 수는 2021년

보다 감소하였다. 이 중 국내입양이 182명(56.1%), 해외입양이 142명(43.8%)으로 국내입양이 더 많은 것으로 나타났다. 2022년을 기준으로 전체 입양 수는 2021년보다 감소하였으나, 국내입양의 경우 전년도 대비 1.7% 증가한 것으로 나타났다.

〈표 9-4〉 연도별 국내 · 외 입양 현황

(단위: 명, %)

구분	계	2012년 이전	2013	2014	2015	2016	2017	2018	2019	2020	2021	2022
국내	81,472 (32.6)	77,082 (31.8)	686 (74.4)	637 (54.4)	683 (64.6)	546 (62.0)	465 (53.9)	378 (55.5)	387 (55.0)	260 (52.9)	226 (54.4)	182 (56.1)
해외	168,427 (67.4)	165,367 (68.2)	236 (25.6)	535 (45.6)	374 (35.4)	334 (38.0)	398 (46.1)	303 (44.5)	317 (45.0)	232 (47.1)	189 (45.5)	142 (43.8)
계	249,959	242,449	922	1,172	1,057	880	863	681	704	492	415	324

출처: 보건복지부(각 연도). 국내 · 외 입양 현황.

2) 입양아동 발생 사유

입양아동 발생 사유는 미혼모(부) 아동이 가장 많았고, 다음으로 유기아동, 가족해체 등으로 인한 입양의 순으로 나타났다. 최근 3년간 입양아동 발생 사유를 〈표 9-5〉에 나타내었다.

〈표 9-5〉 입양아동 발생사유

구분	2020년	2021년	2022년
미혼모(부) 아동 (혼외자포함)	447명 (90.9%)	355명 (85.5%)	279명 (86.1%)
유기아동	38명 (7.7%)	49명 (11.8%)	42명 (13.0%)
가족해체 등	7명 (1.4%)	11명 (2.7%)	3명 (0.9%)

출처: 보건복지부(2022). 국내외 입양통계.

3) 국내 입양아동 성별

국내 입양아동 성별을 살펴보면 남아보다 여아가 많이 입양된 것으로 나타났다. 최근 3년간 국내 입양아동 성별을 정리하면 〈표 9-6〉과 같다.

〈표 9-6〉 국내 입양아동 성별

연도 \ 성별	남아	여아	계
2022년	67명	115명	182명
2021년	78명	148명	226명
2020년	90명	170명	260명

출처: 보건복지부(2022). 국내외 입양통계.

4) 국내 입양아동 연령

국내 입양아동 연령의 경우 대부분 3세가 되기 전 입양이 되는 경우가 대부분이었으며, 3개월에서 1세 미만의 연령에 입양이 되는 경우가 가장 많게 나타났다. 최근 3년간 국내 입양아동 연령을 〈표 9-7〉에 정리하였다.

〈표 9-7〉 국내 입양아동 연령

연도 \ 연령	3개월미만	3개월~1세 미만	1~3세 미만	3세 이상
2022년	0명 (0.0%)	97명 (53.3%)	72명 (39.6%)	13명 (7.1%)
2021년	12명 (5.3%)	121명 (53.6%)	69명 (38.5%)	24명 (10.6%)
2020년	0명 (0.0%)	157명 (60.4%)	80명 (30.8%)	23명 (8.8%)

출처: 보건복지부(2022). 국내외 입양통계.

5) 입양기관 현황

입양기관은 「사회복지사업법」에 따른 사회복지법인으로서 보건복지부 장관의 허가를 받은 기관을 말한다. 다만, 국내 입양만을 알선하려는 입양기관은 시 · 도지사의 허가를 받은 기관을 말한다(「입양특례법」 제20조 제1항). 입양기관의 현황을 〈표 9-8〉에 정리하였다.

〈표 9-8〉 입양기관 현황

기관명		주소	전화번호	비고
홀트 아동복지회	홀트 아동복지회	서울특별시 마포구 양화로 19	02-331-7033	보건복지부 허가기관
	부산사무소	부산광역시 수영구 장대골로 20-5	051-468-4576	
	대구사무소	대구광역시 달서구 두류공원로 259, 2층	053-756-0183	
	충청사무소	대전광역시 중구 보문산로 329	042-586-1983	
	인천사무소	인천광역시 남동구 남동대로 904(간석동) 홀트 인천복지센터 3층	032-424-0145	
	광주사무소	광주광역시 서구 화운로 164(화정동) 홀트광주 복지센터 1층	062-227-8877	
대한 사회복지회	대한 사회복지회	서울특별시 강남구 논현로 86길 21	02-552-7420	
	부산지부	부산광역시 남구 유엔평화로 10번길 62	051-621-7003	
	대구지부	대구광역시 수성구 국채보상로 906	053-756-1392	
	광주지부	광주광역시 동구 지원로 24	062-222-9349	
동방 사회복지회	동방 사회복지회	서울특별시 서대문구 연희로 26	02-324-0862	
	부산지부	부산광역시 중구 흑교로 81, 304호	051-469-5586	
	대구지부 (휴업)	-	-	
	인천지부	인천광역시 부평구 백범로 478번길 8-7	032-502-2226	
	대전지부	대전광역시 서구 계룡로 318, 2층	042-526-3129	
	경기지부	경기도 안양시 동안구 경수대로 883번길 70	031-442-7750	
성가정입양원	-	서울특별시 성북구 선장로2길 242	02-764-4741	

광주 영아일시보호소	-	광주광역시 동구 지원로 26	062-222-1095	시도 허가 기관
꽃동네 천사의 집	-	충청북도 음성군 맹동면 꽃동네길 12-47	043-879-0290	
제주국내입양센터	-	제주특별자치도 제주시 도근내길 42	064-758-0845	

* 홀트아동복지회, 대한사회복지회, 동방사회복지회는 국내입양, 국외입양 업무를 모두 수행하며, 나머지 입양기관은 국내입양업무만 수행(한국사회봉사회, 자비아동입양위탁소, 한빛국내입양상담소-입양알선 업무 중단)

출처: 보건복지부(2023). 입양실무메뉴얼.

5 입양아동을 위한 복지 서비스

1) 입양아동 양육수당 지원

입양특례법상 허가를 받은 입양기관에 의해 입양특례법의 요건과 절차를 갖춰 국내 입양한 가정에 1인당 월 20만 원을 지급한다.

2) 장애 입양아동 양육보조금 및 의료비 지원

입양특례법상 허가를 받은 입양기관에 의해 입양특례법의 요건과 절차를 갖춰 장애아동을 국내 입양한 가정의 장애의 정도가 심한 장애인(기존 장애등급이 1급~3급인 자)의 경우 1명당 월 627,000원, 장애의 정도가 심하지 않은 장애인(기존 장애등급이 4급~6급인 자) 등 그 외의 경우 1명당 월 551,000원을 지급한다.

장애 아동 등 입양 아동의 진료 · 상담 · 재활 및 치료(심리치료 포함)에 드는 비용으로 연간 260만 원 한도 내에서 본인이 부담한 비용에 대한 지원이 가능하다.

3) 사회복지서비스 제공

국가와 지방자치단체는 입양기관의 알선을 받아 아동을 입양한 가정에 대하여 입양아동을 건전하게 양육할 수 있도록 필요한 상담, 사회복지시설 이용 등의 사회복지서비스를 제공한다.

4) 입양비용 지원

국가와 지방자치단체는 입양 알선 등에 실제로 드는 비용의 일부를 입양기관에 지급하며, 또한 양부모가 될 사람에게 입양 알선 등에 실제로 드는 비용의 전부 또는 일부를 보조할 수 있다. 구체적인 지원 내용 및 지원 단가는 〈표 9-9〉와 같다.

〈표 9-9〉 입양비용 지원

구분	지원 내용	지원 단가
입양알선 비용	1. 입양알선에 소요되는 인건비 2. 아동양육비(위탁모비용 포함) 3. 입양알선 절차에 소요되는 비용 4. 입양기관의 운영비 및 홍보비 5. 사후관리비	• 보건복지부 허가기관: 270만 원 • 시 · 도 허가기관: 100만 원
입양철회 비용	입양대상아동 인수부터 철회 시까지 아동을 보호하는 동안 소요된 비용	• 73만 원 한도

출처: 법제처.

5) 입양 아동의 의료급여 지원

입양특례법에 따라 입양기관을 통해 국내에 입양된 18세 미만의 입양아동은 「의료급여법」에 따라 1종 의료급여 지원을 받을 수 있다.

❻ 입양아동을 위한 서비스의 개선 방향

1) 입양에 대한 인식 개선 필요

우리나라는 혈연 중심 국가로 혈연으로 이루어진 가족에 대한 애착이 강한 편이다. 우리나라는 1950년대 한국전쟁 이후 전쟁고아 등을 대상으로 해외입양을 추진하면서 세계 최고의 고아 수출국이라는 오명을 얻기도 했고, 입양에 대한 부정적인 인식이 정착되기도 하였다. 입양 현황 통계에서 남아보다 여아를 선호하는 것도 우리나라 입양의 특징 중의 하나라고 할 수 있다. 「입양특례법」이 제정되면서 입양기관을 통한 공개 입양이 활성화되고, 예전보다 입양에 대한 인식이 많이 개선되었지만 외국과 비교해 보면 아직도 입양에 대한 부정적인 시각이 남아 있다.

입양에 대한 긍정적인 시각을 갖게 하기 위해서는 입양에 대한 인식 전환 교육을 다각도로 실시하고, 성공적인 입양 사례를 발굴하여 적극적으로 홍보하는 것이 필요하다. 먼저 사회 전체적인 인식의 변화와 함께 입양에 관련된 관계자, 친부모, 양부모의 입양에 대한 관점이 변화하여야 한다. 특히 입양아동에게는 입양을 통해 가족을 구성하는 것이 다양한 가족 형태 중의 하나이며, 지속적인 사후관리를 통해 입양가족을 지원하고 입양아동 본인이 사랑받는 존재라는 것을 알려주어 본인이 속한 가정에서 행복하게 성장할 수 있도록 해야 할 것이다.

2) 입양 관련 전문가 확충 및 사후관리 강화

우리나라는 「입양특례법」 제정 후 입양기관을 통한 공개 입양을 원칙으로 하고 있다. 입양은 아동과 친부모 양부모의 합의가 있어야 하기 때문에, 입양 전후 과정에서 입양기관 및 전문가의 개입이 매우 중요하다. 또한 입양아동과 입양부모의 정체성 혼란을 방지하기 위해서라도 지속적인 모니터링과 사후관리를 통해 입양가족 및 입양아동에 대한 지원을 계속해 나가야 한다. 이를 위해서는 담당 인력을 확충하고 전문가 교육 및 훈련이 병행되어야 할 것이다. 또한 입양가정 및 입양아동에게 전문적인 심리 상담 및 교육이 이루어져야 할 것이며 지속적으로 사후관리를 강화해야 한다.

3) 입양아동 중심의 자조집단 활성화

우리나라에서 공개입양이 성공적으로 자리 잡고, 입양아동이 정체성을 확립하여 사회의 일원으로 잘 자라게 하기 위해서는 적극적인 자조모임 활동이 필요하다. 자조모임에서는 입양가족이라고 하는 공통점을 가지고 비슷한 관심사를 갖고 있는 사람들이 모여있기 때문에 자조모임에 참여하는 것만으로도 심리적인 안정을 찾게 되고, 정보교환이나 조언 등을 통해 당면한 문제들을 지혜롭게 극복해 나갈 수 있게 된다. 현재 입양부모를 대상으로 한 자조모임의 경우 양육정보를 공유하거나, 입양에 대한 사실을 언제 알려야 하는지 등의 고민을 함께 나누고 있다. 향후에는 입양아동이 중심이 되는 자조집단을 활성화하여 아동의 시각에서 나타날 수 있는 문제들을 함께 나누고, 그들이 겪고 있는 문제들을 현명하게 해결해 나갈 수 있도록 입양아동 중심의 자조집단을 활성화시킬 필요가 있다.

가족은 삶의 원동력… "입양 자녀도 똑같은 자녀랍니다"

매년 '가정의 달' 5월이 되면 가족의 의미를 다시 곱씹어보게 된다. 가족은 결혼을 기반으로 부부가 탄생하고, 그로 인해 자녀가 생기면서 점점 범위가 넓어지게 된다.

입양가족도 당연히 가족의 범위에 포함된다. 어떤 인연으로 가족이 되었든 가족은 그 자체로 소중하고 의미있는 삶의 원천이자 원동력이기 때문이다.

"친생 자녀나 입양 자녀나 아무런 차이 없어… 행복한 입양가족 많이 알려졌으면"

얼마전 포천의 한 캠프장에서 국내 입양가족 캠프가 열렸다. 이 행사는 홀트아동복지회가 주관하며 공개입양 1세대 가정이 모여 친목을 다지는 자리다. 캠프에 참석한 사람들은 친생자녀와 입양자녀는 아무런 차이가 없다고 입을 모았다.

국내 입양가족 캠프에 참여한 김인순 씨는 친생 자녀 2명과 입양 자녀 2명을 합쳐 4명의 자녀를 두고 있다. 아들 둘은 분가했고 현재 딸 둘과 같이 살고 있다.

김 씨는 중학교 때 입양 가족을 보고 자기도 입양을 해보면 괜찮을 것 같다는 생각을 했다고 한다. 그때는 다만 생각에 그쳤는데 결혼 후 남편이 신문 입양 광고를 접하고 이야기를 꺼냈다고 한다. 김 씨는 이에 힘입어 가족회의에서 입양의 의미를 설명하며 가족들의 의견을 물었고, 남편과 두 아들 모두 기뻐하면서 찬성의 뜻을 표했다고 한다.

(중략)

김 씨에게 입양가정이 겪는 어려움에 대해 물었다. 김 씨는 다른 가정에서도 일어나는 일을 입양가정이라 그렇다는 식으로 보는 게 가장 힘들었다고 속내를 털어놨다. 아이가 아프거나 기분이 안 좋아 보이면 입양아라서 제대로 돌봐주지 않는 것은 아닌지 의심하고 반대로 누구에게나 생기는 육아의 고충을 이야기해도 입양아라 그렇다고 말하는 것이 때로는 서운하게 여겨진다는 얘기였다.

(중략)

"가족이라는 것은 가족의 울타리로 들어오면 도움이 되고 용서가 되고 에너지를 채울 수 있는 안식처라고 할 수 있죠. 이런 소중한 가치를 지키기 위해 부모가 노력해야 하고요. 앞으로도 우리 가족과 함께 가정의 가치를 굳건히 지켜나가야지요."

출처: 스카이데일리(2022. 5. 9.). https://skyedaily.com/news/news_view.html?ID=156659에서 2023년 10월 28일 인출.

Q·u·i·z /퀴즈/

1. 우리나라에서 입양의 목적은 무엇인가?

2. 입양의 구성요소 4가지는 무엇인가?

3. 입양의 원칙 4가지는 무엇인가?

4. 우리나라의 입양 현황을 성별과 연령별로 살펴보았을 때 어떤 특징을 보이는가?

Think·about·it /생각나누기/

1. 우리나라의 입양 현황을 살펴보면 남아보다는 여아가, 만 3세 이상보다는 만 3세 이전에 입양되는 경우가 가장 많게 나타났다. 이러한 경향이 나타나는 이유는 무엇일지 함께 이야기 나누어 봅시다.

2. 만약 내가 입양을 한다면 입양아동에게 그 사실을 공개할 것인지 비밀로 할 것인지 그렇게 생각하는 이유는 무엇인지 함께 이야기 나누어 봅시다.

가정위탁보호와 아동복지

CHILD WELFARE

/CHAPTER/ 10

학/습/목/표
1. 가정위탁보호의 개념과 목적 · 유형에 대해 설명할 수 있다.
2. 가정위탁보호의 구성요소와 서비스 전달체계에 대해 이해할 수 있다.
3. 가정위탁보호 현황을 이해하고 가정위탁 지원 서비스의 내용을 설명할 수 있다.

1 가정위탁보호

1) 가정위탁보호의 개념

「아동복지법」 제3조에 따르면 가정위탁이란 보호대상아동의 보호를 위하여 성범죄, 가정폭력, 아동학대, 정신질환 등의 전력이 없으며 아동복지 법령이 정하는 기준에 적합한 가정에 보호대상아동을 일정 기간 위탁하는 것을 말한다. 보호대상아동(요보호 아동)을 보호 · 양육하기를 희망하는 가정에 위탁 양육함으로써 가정적인 분위기에서 건전한 사회인으로 자랄 수 있도록 지원하는 것으로, 보호가 필요한 아동을 친가정과 비슷한 가정환경에서 보호함으로써 아동의 적응을 돕고, 친부모의 양육능력이 회복되면 원가정으로 복귀시키는 것을 목적으로 하고 있다.

가정위탁보호는 유엔 아동 권리위원회의 권고(20.1.31)와 요보호아동에 대한 사회적 관심의 증가로 인하여 가정보호를 원칙으로 하는 제도의 변화로 시작되었다. 이에 따라 보호대상아동 발생 시 가정위탁보호를 우선적으로 추진하고 있는데, 보호대상아동 발생시 가정보호를 우선하도록 하며, 특히 2세 이하(36개월 미만) 영아의 경우 가정보호가 우선되어야 한다.

2) 가정위탁보호 대상 아동

가정위탁보호 대상 아동은 18세 미만의 아동으로서 보호자가 없거나 보호자로부터 이탈된 아동, 아동을 학대하는 경우 그 보호자가 아동을 양육하기에 적당하지 아니하거나 능력이 없는 경우의 아동(보호대상아동 발생 시 2세 이하(36개월 미만) 아동은 가정위탁으로 우선 배치), 보호연장아동(18세에 달한 보호대상아동이 보호 조치를 연장할 의사가 있는 경우 25세에 달할 때까지 연장)이 해당된다.

3) 가정위탁보호의 유형

가정위탁보호 유형의 근거는 「아동복지법」 시행령 제14조 제1항에서 찾아볼 수 있다. 우리나라는 가정위탁보호의 유형을 일반가정위탁보호, 전문가정위탁보호, 일시가정위탁보호로 분류하고 있다. 2021년 이전에는 대리양육가정, 친인척에 의한 위탁가정, 일반인에 의한 위탁가정으로 분류하였으나 2021년 6월 30일부터 가정위탁 유형이 변경되었다. 자세한 내용은 〈표 10-1〉과 같다.

〈표 10-1〉 가정위탁보호 유형

종류	내용
일반가정위탁보호	전문가정위탁보호에 해당하지 않는 보호대상아동을 보호·양육하는 것을 목적으로 하는 가정위탁보호 * '21.6.30. 이전에 시·도지사 또는 시장·군수·구청장에 의하여 대리양육, 친인척 위탁으로 결정된 자는 일반 가정위탁으로 간주
전문가정위탁보호	피해 아동, 2세 이하 아동 등으로서 특별한 보호가 필요한 보호 대상 아동*을 전문적으로 보호·양육하는 것을 목적으로 하는 가정위탁보호 * 학대피해아동, 2세 이하(36개월 미만) 아동, 장애아동, 경계선 지능 아동(종합심리검사 결과 경계선 지능으로 진단받은 아동) 등

일시가정 위탁보호	보호대상아동을 일시위탁하여 보호 · 양육하는 것을 목적으로 하는 가정위탁보호 * 위기아동 가정보호 사업: 즉각 분리 제도에 따라 원가정에서 분리된 6세 미만 학대피해아동 (미취학) 일시가정 위탁보호

출처: 보건복지부(2023). 아동분야 사업안내.

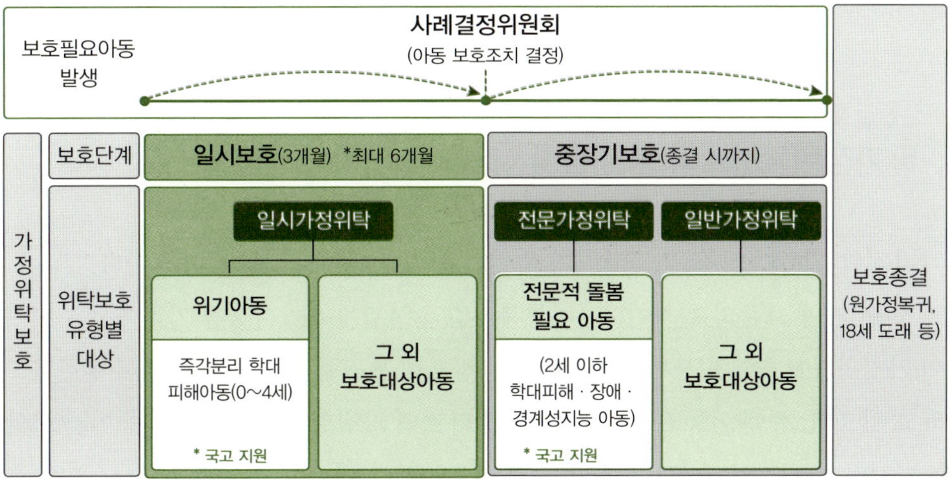

[그림 10-1] 가정위탁 유형

출처: 보건복지부(2023). 아동분야 사업안내.

4) 가정위탁보호의 구성요소

가정위탁보호 서비스의 구성요소는 위탁아동, 친가정(부모), 위탁가정(부모) 그리고 가정위탁지원센터 4요소로 구성된다.

① **위탁아동**: 보호가 필요한 아동 중 가정위탁으로 보호 조치된 아동

② **친가정(부모)**: 위탁아동의 친권을 갖고 있는 친부모로 아동의 정상적인 보호 또는 양육이 어렵게 되어 일정 기간 가정위탁보호를 요청한 부모

③ 위탁가정(부모): 일정 기간 동안 친가정(부모)의 역할을 대신해 위탁아동을 보호, 양육하며 친가정 복귀를 돕는 가정(부모)

④ 가정위탁지원센터: 시 · 도 및 시 · 군 · 구의 가정위탁보호 업무를 지원, 협력하며 위탁아동이 건강하고 안정적인 가정 내에서 보호, 양육될 수 있도록 지원하는 기관

5) 가정위탁보호의 실천 원칙

가정위탁보호는 다음과 같은 5가지 실천 원칙을 토대로 제공되어야 한다.

첫째, 가족 보존의 원칙이다. 「아동복지법」 제4조에서는 아동을 가정에서 분리하여 가정위탁보호했을 경우에도 신속히 가정으로 복귀할 수 있도록 지원해야 한다고 하고 있으며, 유엔 아동권리협약 제9조에 따르면 가정위탁보호 중인 아동이 부모와 정기적인 관계 지속, 만남 유지할 권리를 존중해야 한다고 권고하고 있다. 또한 유엔 아동 대안 양육에 관한 지침 제11조에 다르면 가정위탁보호를 결정할 때도 아동이 친부모와 연락하고 친가정과의 잠재적인 재결합을 반드시 전제하여야 한다고 되어 있다. 가정위탁보호의 서비스 목표는 가족이 재결합할 수 있도록 돕는 것이며, 가족이 보존되어야 함을 잊지 말아야 한다.

둘째, 아동 이익 최우선의 원칙이다. 아동에 관한 모든 활동과 절차에 있어서 아동 이익이 최우선으로 고려되어야 한다. 아동의 이익이 최우선될 수 있도록 결정하는 주체는 아동 본인이어야 하며, 이를 위해 아동의 발달 주기에 맞는 참여가 보장되어야 하고, 아동의 의견은 존중되어야 한다.

셋째, 연계성의 원칙이다. 아동을 둘러싼 다양한 환경에 대해 총체적이며 체계적인 시각으로 아동, 위탁가정, 친가정의 다양하고 복합적인 욕구를 충족시키기 위해 지역사회 내 유간조직 간 가정위탁보호 서비스 네트워크를 구축하여 아동에게 필요

한 서비스를 제공해야 한다.

넷째, 적절성의 원칙이다. 아동 및 위탁가정의 특성이 고려된 적합한 위탁가정에 아동을 배치하고 사례 개입에 요구되는 적절한 서비스를 제공하여야 한다.

다섯째, 전문성의 원칙이다. 아동발달 단계를 이해하고 아동 특성에 맞는 위탁부모의 양육기술, 위탁가정 및 친가정과 아동과의 관계 등 복잡하고 다양한 상황에 맞는 전문적인 서비스를 제공하기 위해 지속적인 교육을 통한 전문성을 향상시켜야 한다. 또한 가정위탁보호를 결정하고 제공하는 과정 혹은 종결하는 과정에서 발생하는 문제에 효과적으로 대처하기 위해서 필요한 분야의 전문가와 협력하고, 보다 전문적인 가정위탁보호를 제공하기 위하여 전문적인 업무수행능력을 지속적으로 함양하여야 한다.

2 가정위탁보호 절차

1) 가정위탁보호 절차

가정위탁보호의 절차는 [그림 10-2]와 같다.

구분	읍 · 면 · 동	시 · 군 · 구	가정위탁지원센터
가정위탁 보호신청	• 보호대상아동의 발생 시 접수 상담 • 가정위탁보호의 신청 · 접수 · 상담 • 기초생활수급 신청 • 디딤씨앗통장 가입 신청	• 보호대상아동의 발생 시 접수 상담 • 가정위탁보호의 신청 · 접수 · 상담 • 위탁가정 범죄경력조회 • 아동학대정보시스템 정보 조회 • 가정위탁지원센터에 위탁가정 연계 의뢰	• 가정위탁 아동 상담 • 위탁부모 발굴 및 양성 교육 실시 및 이수 여부 시 · 군 · 구 통보
가정위탁 보호결정	〈일반(친인척 외)/전문위탁〉 • 접수상담지, 욕구조사표, 친부모 · 아동 상황 점검표, 가정위탁보호동의서, 아동카드를 작성하여 시 · 군 · 구에 제출 〈일반위탁(친인척)〉 • 접수상담지, 욕구조사표, 친부모 · 아동 상황 점검표, 가정위탁보호 신청서, 아동카드, 가정위탁보호 신청인 가정조사서, 가정위탁보호동의서, 가정위탁가족동의서, 범죄경력조회동의서, 아동통합정보시스템 정보 조회 동의서 등을 작성하여 시 · 군 · 구에 제출	• 가정위탁 보호 결정 (사례결정위원회) • 가정위탁지원센터에 책정 통보, 관련서류 발송 • 기초생활수급 책정	〈일반(친인척 외)/전문위탁〉 • 위탁가정을 상담하여 적합한 가정 연계 후 가정위탁보호 신청서, 가정위탁보호 신청인 가정조사서, 가정위탁 가족동의서, 범죄경력조회동의서, 아동통합정보시스템 정보 조회 동의서, 위탁부모 추천서 등을 작성하여 시 · 군 · 구에 제출
사례관리	• 사례관리 및 복지 서비스 제공 등 업무 지원 – 위탁보호 연장 및 위탁가정 변경 신청 – 부모교육 이수 안내 – 연장보호 일시중지 시 재정지원 중단 요청 등	• 사례관리 및 복지서비스 제공 – 위탁아동, 위탁가정, 원가정 상담, 방문, 적응 · 양육상황 점검 등 – 후속 보호조치 마련 – 심리치료 지원 등	• 사례관리 등 업무지원 – 위탁아동, 위탁가정, 원가정 사례관리 – 위탁부모 보수교육 – 위탁가정 지원서비스 연계, 원가정 지원 프로그램 제공, 홍보물 배포 등 복지서비스 관련 정보 안내
가정위탁 보호종결	• 보호연장 승인 신청	• 위탁 종결 – 귀가조치(원가정 복귀 등) – 가정위탁 종결(해지), 가정위탁지원센터 통보 • 보호연장 승인	• 재배치 사정 • 아동 보호조치의 종결(퇴소) 신청서 제출 (원가정 복귀 시에는 아동 가정 복귀 신청서 제출) • 사후 관리

[그림 10–2] 가정위탁보호 절차

출처: 보건복지부(2023). 아동분야 사업안내.

2) 위탁가정 신청

가정위탁부모가 되기를 희망하는 가정은 읍·면·동 주민센터 혹은 전국 가정위탁지원센터 통합 전화번호(1577-1406)로 문의하여 신청하면 된다. 각 가정위탁지원센터별로 위탁부모에 대한 자격요건이 조금씩 다르기 때문에 지역별 가정위탁지원센터에 문의해 보는 것이 좋다.

3) 위탁가정 선정 기준(「아동복지법 시행규칙」 제2조 별표1)

(1) 일반·일시가정위탁 선정 기준

- 위탁된 보호대상아동을 양육하기에 적합한 수준의 소득이 있을 것
- 위탁아동에 대하여 종교의 자유를 인정하고 건전한 사회 구성원으로 자랄 수 있도록 양육과 교육을 할 수 있을 것
- 가정위탁 보호자의 연령이 각각 25세 이상으로 위탁아동과의 나이 차이가 60세 미만일 것(다만, 시·도지사, 시장·군수·구청장이 위탁아동을 건전하게 양육하기에 위탁가정의 환경이 적합하다고 인정하는 경우에는 제외)
- 자녀가 없거나 18세 미만의 자녀가 위탁아동을 포함하여 4명 이내일 것
- 가정위탁 보호자 및 위탁가정에 거주하는 사람은 성범죄, 가정폭력, 아동학대 또는 정신질환 등의 전력이 없을 것
- 가정위탁 보호자 중 1명 이상이 일반 가정위탁 교육을 이수했을 것
- 그 밖에 보건복지부 장관이 필요하다고 인정하는 기준

(2) 전문 가정위탁 선정 기준

• 위탁된 보호대상아동을 양육하기에 적합한 수준의 소득이 있을 것
• 위탁아동에 대하여 종교의 자유를 인정하고 건전한 사회 구성원으로 자랄 수 있도록 양육과 교육을 할 수 있을 것
• 가정위탁 보호자의 연령이 각각 25세 이상으로 위탁아동과의 나이 차이가 60세 미만일 것(다만, 시・도지사, 시장・군수・구청장이 위탁아동을 건전하게 양육하기에 위탁가정의 환경이 적합하다고 인정하는 경우에는 제외)
• 자녀가 없거나 18세 미만의 자녀가 위탁아동을 포함하여 4명 이내일 것
• 가정위탁 보호자 및 위탁가정에 거주하는 사람은 성범죄, 가정폭력, 아동학대 또는 정신질환 등의 전력이 없을 것
• 다음의 어느 하나에 해당하는 요건을 갖출 것
  가. 가정위탁 보호자(「민법」 제777조 제1호 및 제2호에 따른 친족에 해당하는 사람은 제외한다)의 경험이 3년 이상일 것
  나. 다음의 어느 하나에 해당하는 자격을 갖출 것
    가) 「사회복지사업법 시행령」 제2조제1항에 따른 사회복지사
    나) 「영유아보육법」 제21조제2항에 따른 보육교사
    다) 「유아교육법」 제22조제2항에 따른 교사
    라) 「초・중등교육법」 제21조제2항에 따른 교사
    마) 「의료법」 제2조제1항에 따른 의료인
    바) 「청소년 기본법」 제22조제1항에 따른 청소년상담사
    사) 「고등교육법」 제2조에 따른 학교 또는 「평생교육법」 제32조제1항・제33조제3항에 따라 교육부장관의 인가를 받아 전문대학・대학 졸업자와 동등한 학력・학위가 인정되는 평생교육 시설에서 심리 관련 학과를 졸업한 사람으로서 해당 분야의 경력이 3년 이상인 사람

다. 그 밖에 보건복지부 장관이 가. 또는 나.와 유사하다고 인정하는 경력이나 자격을 갖출 것

- 가정위탁 보호자 중 1명 이상이 전문 가정위탁 교육을 이수했을 것
- 그 밖에 보건복지부 장관이 필요하다고 인정하는 기준

4) 위탁가정 교육(「아동복지법 시행규칙」 제2조 별표1)

(1) 일반 · 일시가정위탁

- 가정위탁을 희망하는 사람(위탁부모 중 1명 이상)은 반드시 기본 5시간 이상 위탁부모 양성교육 이수 필요
- 가정위탁을 하고 있는 위탁부모(1명 이상)는 반드시 매년 5시간 이상의 보수교육 이수 필요

(2) 전문 가정위탁

- 전문 가정위탁을 희망하는 사람(위탁부모 중 1명 이상)은 반드시 20시간 이상 전문위탁부모 양성교육 이수 필요(배우자가 있는 경우 배우자는 최소 5시간 이상 교육 이수 필요)
- 전문위탁부모는 반드시 매년 5시간 이상의 전문 가정위탁 보수교육 이수 필요

❸ 전국 가정위탁지원센터 기능 및 현황

전국에 가정위탁지원센터는 아동권리보장원을 제외하고 각 시 · 도에 한 곳씩 총 18개가 있으며, 자세한 사항은 〈표 10-2〉와 같다. 가정위탁지원센터는 부모의 질병, 가출, 이혼, 수감, 학대, 사망 등의 이유로 보호가 필요한 아동에게 위탁부모를 발굴, 배치하고 전문화된 협력기관의 연계를 통해 아동 및 위탁부모에게 상담, 치료, 교육 등 종합적이고 체계적인 서비스를 수행하여 아동이 건강하고 안전하게 성장하여 친가정으로 돌아갈 수 있도록 전문적인 가정위탁지원 서비스를 지원하기 위하여 보건복지부에서 지정한 전문기관을 말한다.

〈표 10-2〉 전국 가정위탁지원센터 현황

기관명	주소	연락처	홈페이지	운영법인
아동권리 보장원	서울특별시 종로구 삼봉로 71 종로G타워 6층	전화: 02)6454-8500 팩스: 02)6283-0499	www.ncrc.or.kr	-
서울가정위탁 지원센터	서울특별시중구 무교로 20 어린이재단빌딩 3층	전화: 02)325-9080 팩스: 02)325-2664	www.seoul-foster.or.kr	초록우산 어린이재단
부산가정위탁 지원센터	부산광역시 수영구 수영로 657, 동원빌딩 3층	전화: 051)758-8801 팩스: 051)752-8810	www.busan.sc.or.kr	세이브더칠드런 코리아
대구가정위탁 지원센터	대구광역시 동구 아양로 291, 1층	전화: 053)656-2510 팩스: 053)626-2510	dgfc.sc.or.kr	세이브더칠드런 코리아
인천가정위탁 지원센터	인천광역시 부평구 부흥로 294번길 4, 추인타워 8층	전화: 032)866-1226 팩스: 032)504-1226	www.icfoster.or.kr	초록우산 어린이재단
광주가정위탁 지원센터	광주광역시 서구 상무대로 955번길 1, 3층	전화: 062)351-1206 팩스: 062)261-2141	www.gjw.or.kr/foster	초록우산 어린이재단
대전가정위탁 지원센터	대전광역시 중구 보문로 246 대림빌딩 804호	전화: 042)242-5240 팩스: 042)242-5280	www.djfoster.or.kr	(사)한국 수양부모협회
울산가정위탁 지원센터	울산광역시 남구 중앙로 216 안강빌딩 4층	전화: 052)286-1548 팩스: 052)286-4675	ulsan.goodneighbors.kr	굿네이버스

경기가정위탁 지원센터	경기도 수원시 영통구 영통로214 번길 9, 서린프라자빌딩 7층	전화: 031)234-3980 팩스: 031)234-2353	www.gg-foster.or.kr	초록우산 어린이재단
경기북부가정 위탁지원센터	경기도 의정부시 신흥로 278 4층	전화: 031)821-9117 팩스: 031)840-2828	www.kgfoster.or.kr	대한사회복지회
강원가정위탁 지원센터	강원도 춘천시 후석로 379번길 27, 2층	전화: 033)257-1407 팩스: 033)257-1407	www.fostercare-gangwon.or.kr	YMCA
충북가정위탁 지원센터	충청북도 청주시 흥덕구 서현중로 66, 404호	전화: 043)250-1226 팩스: 043)238-7757	cbfc.sc.or.kr	세이브더칠드런 코리아
충남가정위탁 지원센터	충청남도 천안시 서북구 두정중 10길 8 희망빌딩 4층	전화: 041)577-1226 팩스: 070)8891-1226	www.fosterservice.or.kr	초록우산 어린이재단
전북가정위탁 지원센터	전라북도 전주시 완산구 팔달로 232, 청목빌딩 6층	전화: 063)288-7770 팩스: 063)288-7780	jbfc.sc.or.kr	세이브더칠드런 코리아
전남가정위탁 지원센터	전라남도 목포시 해양대학로 28	전화: 061)279-1225 팩스: 061)245-1524	www.jnfoster.org	공생복지재단
전남동부가정 위탁지원센터	전남 순천시 저전길 84	전화: 061)744-1964 팩스: 061)744-1969	www.jnefoster.org/jnbd	순천성신원
경북가정위탁 지원센터	경북 경주시 안강읍 비화원로 10-4 1층	전화: 054)705-3600 팩스: 054)705-3500	www.gbfoster.or.kr	(사)한국 아동복지협회
경남가정위탁 지원센터	경상남도 창원시 의창구 원이대로 271(봉곡동), 한마음타워 5층	전화: 055)237-1226 팩스: 055)716-0080	www.knfoster.or.kr	초록우산 어린이재단
제주가정위탁 지원센터	제주특별자치도 제주시 연삼로 22, 3층	전화: 064)747-3273 팩스: 064)747-3272	www.jeju-foster.or.kr	(사)제주 상담센터

출처: 보건복지부(2023). 아동분야 사업안내.

가정위탁지원센터에 위탁가정이 신청을 하면 위탁부모교육을 실시하고 가정방문조사를 통해 위탁가정으로 선정하여 등록한다. 이웃의 추천서와 건강진단서 등의 서류심사를 통해 적격 여부를 심사한 후 통과한 경우 적합한 위탁아동을 추천하고 시·군·구청 연계 요청 및 승인을 통해 위탁아동을 선정하고 배치하게 된다. 가정위탁지원센터의 기능은 〈표 10-3〉과 같다.

〈표 10-3〉 가정위탁지원센터의 기능

1. 가정위탁사업 홍보
2. 위탁가정 개발과 교육
3. 위탁아동의 연계 및 사후 관리
4. 위탁부모 자조모임 육성 및 사후 관리
5. 도 및 시·군의 가정위탁 보호 업무 지원
6. 친부모와 위탁아동의 정기적인 만남 지원
7. 친부모의 자립 및 정서적 안정 지원

4 가정위탁보호 현황

1) 연도별 가정위탁아동

2021년 아동권리보장원이 발표한 가정위탁보호 현황보고서에 의하면, 2010년부터 2021년까지 전체 가정위탁보호 아동의 수가 지속적으로 감소 추세를 보이고 있다. 2010년 가정위탁보호 아동의 수는 16,359명이었으나, 2021년에는 9,541명까지 감소하였다. 유형별로 대리양육 위탁, 친인척위탁, 일반위탁 아동의 수를 살펴보아도 2010년 이후 전반적으로 감소 추세를 보이고 있으며 2013년을 제외하면 매년 감소하고 있다. 이는 저출산의 영향으로 전체적인 아동의 수가 감소함에 따라 보호 필요 아동 수 또한 감소한 것으로 추측된다. 2021년을 기준으로 전체 가정위탁아동의 수는 9,541명으로 조사되었는데, 이 중 일반(친인척) 위탁이 8,452명(88.6%)으로 가장 많았고, 다음으로 일반(친인척 외) 위탁이 947명(9.9%), 전문 가정위탁이 99명(1.0%), 일시가정위탁이 43명(0.5%)의 순으로 조사되었다. 한편 21년 위탁 유형 변경(일반(친인척), 일반(친인척 외), 전문, 일시)으로 인해 전문 위탁아동과 일시 위탁아동의 수가 99명, 43명으로 신설된 것이 특징이라고 할 수 있다.

〈표 10-4〉 연도별 가정위탁 아동 수(2010~2021년)

(단위: 명, %)

구분	계	일반 (친인척)	일반 (친인척 외)	전문	일시
2021년	9,541	8,452	947	99	43
	100.0	88.6	9.9	1.0	0.5

* '21.6.30. 위탁유형 변경: (기존) 일반 · 대리 · 친인척 → (변경) 일반 · 전문 · 일시

(단위: 명, %)

구분	계	대리양육	친인척	일반
2020년	9,894	6,468	2,466	960
	100.0	65.4	24.9	9.7
2019년	10,334	6,865	2,566	903
	100.0	66.4	24.8	8.8
2018년	11,111	7,412	2,786	913
	100.0	66.7	25.1	8.2
2017년	11,975	7,942	3,096	937
	100.0	66.3	25.9	7.8
2016년	12,907	8,549	3,339	974
	100.0	66.6	25.9	7.5
2015년	3,721	9,141	3,590	990
	100.0	66.6	26.2	7.2
2014년	14,340	9,587	3,757	996
	100.0	66.9	26.2	6.9
2013년	14,584	9,829	3,803	952
	100.0	67.4	26.1	6.5
2012년	14,384	9,770	3,684	930
	100.0	67.9	25.6	6.5

2011년	15,486	10,512	3,955	1,029
	100.0	67.8	25.5	6.7
2010년	16,359	10,865	4,371	1,123
	100.0	66.4	26.7	6.9

출처: 아동권리보장원(2021). 가정위탁보호 현황보고서.

2) 위탁아동의 성별 및 연령

2021년 아동권리보장원이 발표한 보고서에 따르면, 전체 위탁아동의 성별 비율은 남자가 51.7%, 여자가 48.3%로 남자가 3.4% 더 높은 것으로 나타났다. 전체 위탁아동의 연령별 비율을 살펴보았을 때 17~19세가 25.8%로 가장 높은 비중을 차지했고 20세 이상은 23.4%, 14~16세 19.5%, 11~13세 14.0%의 순으로 나타났다. 전체 위탁아동 중 약 50%의 인원이 자립 지원의 주 대상인 고등학생 이상 연령(49.2%)으로 조사되었으며, 일반위탁 유형에서는 모든 연령대에 고루 분포되어 있었으나, 전문위탁과 일시 위탁에서는 주로 저연령이 많이 분포되어 있었고, 일반(친인척) 위탁양육에서는 14세 이상의 아동이 주로 분포되어 있는 것을 알 수 있었다.

〈표 10-5〉 위탁아동의 성별 및 연령 (단위: 명, %)

구분	계	성별		연령						
		남	여	1~3	4~7	8~10	11~13	14~16	17~19	20세 이상
총계	9,541	4,930	4,611	201	564	894	1,332	1,856	2,462	2,232
	100.0	51.7	48.3	2.1	5.9	9.4	14.0	19.5	25.8	23.4
일반 (친인척)	8,452	4,331	4,121	58	374	736	1,211	1,723	2,268	2,082
	100.0	51.2	48.8	0.7	4.4	8.7	14.3	20.4	26.8	24.6

일반 (친인척 외)	947	519	428	66	162	147	108	124	190	150
	100.0	54.8	45.2	7.0	17.1	15.5	11.4	13.1	20.1	15.8
전문	99	61	38	45	19	9	13	9	4	0
	100.0	61.6	38.4	45.5	19.2	9.1	13.1	9.1	4.0	0.0
일시	43	19	24	32	9	2	0	0	0	0
	100.0	44.2	55.8	74.4	20.9	4.7	0.0	0.0	0.0	0.0

출처: 아동권리보장원(2021). 가정위탁보호 현황보고서.

3) 가정위탁보호 사유

2021년 아동권리보장원이 발표한 보고서에서 가정위탁보호 사유를 살펴보면 가장 비중이 높은 것은 이혼(27.8%)으로 나타났고, 다음으로 부나 모의 사망(24.2%), 별거/가출(22.0%) 순으로 나타났다. 위탁 유형별로 살펴보면 일반(친인척) 위탁의 경우 이혼(29.5%), 일반(친인척 외) 위탁은 별거/가출(19.1%), 전문 및 일시 위탁은 학대/방임이 53.5% 이상으로 가장 높은 비중을 차지하고 있는 것으로 나타났다.

〈표 10-6〉 가정위탁보호 사유 (단위: 명, %)

구분	계	부모 모두 사망	부나 모의 사망	별거/가출	이혼	부모 수감	실직/빈곤	부모 질병	학대/방임	미혼모(부)/혼외출생	시설 의뢰	부모 장애	기타
계	9,541	514	2,306	2,095	2,651	464	108	185	501	350	122	85	160
	100.0	5.4	24.2	22.0	27.8	4.9	1.1	1.9	5.3	3.7	1.3	0.9	1.7
일반 (친인척)	8,452	502	2,222	1,907	2,492	432	65	148	300	207	4	63	110
	100.0	5.9	26.3	22.6	29.5	5.1	0.8	1.8	3.5	2.4	0.0	0.7	1.3
일반 (친인척 외)	947	12	82	181	148	29	43	34	118	128	112	20	40
	100.0	1.3	8.7	19.1	15.6	3.1	4.5	3.6	12.5	13.5	11.8	2.1	4.2

구분													
전문	99	0	1	6	10	3	0	0	53	14	4	1	7
	100.0	0.0	1.0	6.1	10.1	3.0	0.0	0.0	53.5	14.1	4.0	1.0	7.1
일시	43	0	1	1	1	0	0	3	30	1	2	1	3
	100.0	0.0	2.3	2.3	2.3	0.0	0.0	7.0	69.8	2.3	4.7	2.3	7.0

출처: 아동권리보장원(2021). 가정위탁보호 현황보고서.

4) 위탁아동의 가정위탁보호 진입

2021년 아동권리보장원이 발표한 보고서에서 보호대상아동의 가정위탁 보호 진입 시 연령은 8~10세(23.7%), 11~13세(22.2%), 4~7세(21.2%)의 순으로 높은 비중을 차지했고 영아기를 제외한 유아기부터 학령기 연령까지 대체로 고르게 분포되었다. 20세 이상(0.1%)은 전체 연령에서 가장 낮은 수치를 보였다.

위탁 유형별 연령대를 살펴보면 일반(친인척) 위탁은 8~10세(25.1%) 구간의 비중이 가장 높게 나타났으며, 그 외 일반(친인척 외), 전문, 일시 위탁은 1~3세 구간의 비중이 각각 33.7%, 61.6%, 74.4%로 가장 높게 나타났다. 일반(친인척) 위탁은 보호결정 시 연령대 분포의 구조가 4~16세까지 보호 결정 비율이 비교적 고르게 분포되어 있으나 그 외 위탁 유형은 다른 위탁 유형에 비해 취학 전 아동의 보호결정 비율이 높게 나타났다.

〈표 10-7〉 위탁보호 결정 시 위탁아동의 성별 및 연령대 (단위: 명, %)

구분	계	성별		연령						
		남	여	1~3	4~7	8~10	11~13	14~16	17~19	20세 이상
총계	9,541	4,930	4,611	783	2,020	2,261	2,121	1,594	752	10
	100.0	51.7	48.3	8.2	21.2	23.7	22.2	16.7	7.9	0.1

일반 (친인척)	8,452	4,331	4,121	371	1,687	2,122	2,030	1,521	712	9
	100.0	51.2	48.8	4.4	20.0	25.1	24.0	18.0	8.4	0.1
일반 (친인척 외)	947	519	428	319	306	129	83	71	38	1
	100.0	54.8	45.2	33.7	32.3	13.6	8.8	7.5	4.0	0.1
전문	99	61	38	61	18	8	8	2	2	0
	100.0	61.6	38.4	61.6	18.2	8.1	8.1	2.0	2.0	0.0
일시	43	19	24	32	9	2	0	0	0	0
	100.0	44.2	55.8	74.4	20.9	4.7	0.0	0.0	0.0	0.0

출처: 아동권리보장원(2021). 가정위탁보호 현황보고서.

5) 가정위탁보호 기간

(1) 위탁 유형에 따른 위탁 기간

2021년 아동권리보장원이 발표한 보고서에서 전체 위탁아동의 평균 위탁 기간은 6년으로, 위탁 유형별로 평균 위탁 기간을 살펴보면, 일반(친인척) 위탁 5년 9개월, 일반(친인척 외)위탁 6년 9개월, 전문위탁 2년 5개월, 일시 위탁 2개월로 나타나 일반(친인척 외) 위탁아동의 평균 위탁 기간이 가장 높은 것으로 나타났다. 이 같은 결과는 위탁아동의 전입 연령이 일반위탁 아동의 경우 더 낮기 때문인 것으로 분석할 수 있다. 일반위탁 유형에서 6년 이상 장기 보호된 아동의 비중이 가장 높게 나타났으며, 구체적으로는 일반(친인척)위탁 44.2%, 일반(친인척 외)위탁 49.9%로 일반(친인척 외)위탁의 장기보호아동 비중이 가장 높은 것으로 조사되었다. 한편, 전문위탁의 경우 '6개월 미만'이 34.3%로 가장 높은 위탁 기간 비중을 차지한 것을 알 수 있다.

〈표 10-8〉 위탁 유형에 따른 위탁 기간 (단위: 명, %)

구분	계	위탁기간									
		~ 6개월 미만	6개월 이상 ~ 1년 미만	1년 이상 ~ 2년 미만	2년 이상 ~ 3년 미만	3년 이상 ~ 4년 미만	4년 이상 ~ 5년 미만	5년 이상 ~ 6년 미만	6년 이상 ~ 10년 미만	10년 이상 ~	평균 위탁 기간
총계	9,541	517	562	996	928	835	727	748	2,380	1,848	6년
	100.0	5.4	5.9	10.4	9.7	8.8	7.6	7.8	24.9	19.4	
일반 (친인척)	8,452	369	485	877	849	771	675	688	2,163	1,575	5년 9개월
	100.0	4.4	5.7	10.4	10.0	9.1	8.0	8.1	25.6	18.6	
일반 (친인척 외)	947	72	63	95	74	62	50	58	205	268	6년 9개월
	100.0	7.6	6.7	10.0	7.8	6.5	5.3	6.1	21.6	28.3	
전문	99	34	13	24	5	2	2	2	12	5	2년 5개월
	100.0	34.3	13.1	24.2	5.1	2.0	2.0	2.0	12.1	5.1	
일시	43	42	1*	0	0	0	0	0	0	0	2개월
	100.0	97.7	2.3	0.0	0.0	0.0	0.0	0.0	0.0	0.0	

* 일시보호유형의 경우 최장 6개월까지 일시 위탁하는 유형으로서, 해당아동의 위탁기간은 6개월인 것으로 파악되었음.

출처: 아동권리보장원(2021). 가정위탁보호 현황보고서.

(2) 위탁 사유에 따른 위탁 기간

2021년 아동권리보장원이 발표한 보고서에서 가정위탁 보호 사유별 위탁 기간을 살펴보면 위탁아동 수가 많은 위탁 사유는 이혼(2,651명)이 6년 3개월로 가장 많았고, 다음으로 부나 모의 사망(2,306명) 6년, 별거/가출(2,095명) 6년 9개월 순으로 나타났다. 평균 위탁 기간별로 살펴보면 부모 실직/빈곤 7년 1개월, 부모 별거/가출 6년 9개월, 이혼 6년 3개월, 미혼모(부)/혼외 출생 6년 1개월 순이었고 평균 위탁 기간이 짧은 순서는 학대/방임 3년 2개월, 부모 수감 4년 2개월, 기타 4년 3개월 순으로 확인되었다.

〈표 10-9〉 위탁 사유에 따른 위탁 기간

(단위: 명, %)

구분	계	위탁기간									
		~6개월 미만	6개월 이상~ 1년 미만	1년 이상~ 2년 미만	2년 이상~ 3년 미만	3년 이상~ 4년 미만	4년 이상~ 5년 미만	5년 이상~ 6년 미만	6년 이상~ 10년 미만	10년 이상 ~	평균 위탁 기간
총계	9,541	517	562	996	928	835	727	748	2,380	1,848	6년
	100.0	5.4	5.9	10.4	9.7	8.8	7.6	7.8	24.9	19.4	
부모 모두 사망	514	21	27	53	45	49	44	44	157	74	5년 8개월
	100.0	4.1	5.3	10.3	8.8	9.5	8.6	8.6	30.5	14.4	
부나 모의 사망	2,306	106	128	220	249	226	197	183	551	446	6년
	100.0	4.6	5.6	9.5	10.8	9.8	8.5	7.9	23.9	19.3	
별거/가출	2,095	60	88	155	194	172	173	156	586	511	6년 9개월
	100.0	2.9	4.2	7.4	9.3	8.2	8.3	7.4	28.0	24.4	
이혼	2,651	96	111	246	264	215	194	231	748	546	6년 3개월
	100.0	3.6	4.2	9.3	10.0	8.1	7.3	8.7	28.2	20.6	
수감	464	35	50	104	43	50	22	34	87	39	4년 2개월
	100.0	7.5	10.8	22.4	9.3	10.8	4.7	7.3	18.8	8.4	
실직/빈곤	108	15	5	15	11	6	2	3	10	41	7년 1개월
	100.0	13.9	4.6	13.9	10.2	5.6	1.9	2.8	9.3	38.0	
부모질병	185	22	19	26	20	14	12	17	19	36	5년
	100.0	11.9	10.3	14.1	10.8	7.6	6.5	9.2	10.3	19.5	
학대/방임	501	105	79	93	38	35	33	29	45	44	3년 2개월
	100.0	21.0	15.8	18.6	7.6	7.0	6.6	5.8	9.0	8.8	
미혼모(부)/혼외출생	350	25	31	31	24	24	25	26	94	70	6년 1개월
	100.0	7.1	8.9	8.9	6.9	6.9	7.1	7.4	26.9	20.0	
시설의뢰	122	10	9	15	15	13	10	6	28	16	5년 2개월
	100.0	8.2	7.4	12.3	12.3	10.7	8.2	4.9	23.0	13.1	
부모장애	85	6	3	10	8	9	5	10	23	11	5년 6개월
	100.0	7.1	3.5	11.8	9.4	10.6	5.9	11.8	27.1	12.9	
기타	160	16	12	28	17	22	10	9	32	14	4년 4개월
	100.0	10.0	7.5	17.5	10.6	13.8	6.3	5.6	20.0	8.8	

출처: 아동권리보장원(2021). 가정위탁보호 현황보고서.

6) 가정위탁보호 연장아동

(1) 연장 위탁아동의 성별 및 연령

2021년 아동권리보장원이 발표한 보고서에서 연장 위탁아동의 성별 비율은 남자가 44.8%, 여자가 55.2%로 여자가 10.4% 더 높았다. 연장 위탁아동의 연령대 비율을 살펴보면 20세 이상이 98.0%로 대부분의 비중을 차지했고, 그 외 17~19세 2.0%로 나타나 보호 연장아동의 연령대가 높게 구성되어 있음을 알 수 있다.

〈표 10-10〉 연장 위탁아동의 성별 및 연령 (단위: 명, %)

구분	계	성별		연령						
		남	여	1~3	4~7	8~10	11~13	14~16	17~19	20세 이상
총계	2,223	997	1,226	0	0	0	0	0	45	2,178
	100.0	44.8	55.2	0.0	0.0	0.0	0.0	0.0	2.0	98.0
일반 (친인척)	2,076	927	1,149	0	0	0	0	0	43	2,033
	100.0	44.7	55.3	0.0	0.0	0.0	0.0	0.0	2.1	97.9
일반 (친인척 외)	147	70	77	0	0	0	0	0	2	145
	100.0	47.6	52.4	0.0	0.0	0.0	0.0	0.0	1.4	98.6

출처: 아동권리보장원(2021). 가정위탁보호 현황보고서.

(2) 연장 위탁아동의 보호 연장 사유

2021년 아동권리보장원이 발표한 보고서에서 아동복지법 제16조 제4항에 따라 보호기간이 연장된 아동의 주된 연장 사유를 살펴보면 대학 진학(85.2%)이 가장 높은 비중을 차지하고 있었다. 여기서 복학의 경우 휴학 등으로 보호 연장이 일시적으로 중지되었다가 다시 학업을 재개하는 경우이므로 대학 진학에 포함된다. 따라서 복학을 포함한 대학 진학으로 인한 연장 보호(85.2%)가 주된 사유라고 볼 수 있다.

보호 연장 사유들 중 장애 및 질병(5.8%)을 제외하고 모두 5.0% 미만의 비중을 차지하고 있었다.

연장 위탁아동의 보호 연장 사유를 위탁 유형별로 살펴보면 모든 위탁 유형에서 대학진학이 일반(친인척) 85.6%, 일반(친인척 외) 78.2%로 가장 높은 비중을 차지하고 있었다. 그다음으로는 장애 및 질병이 각 5.1%, 15.6%로 2순위를 차지했다.

〈표 10-11〉 연장 위탁아동의 보호 연장 사유 (단위: 명, %)

구분	계	보호 연장 사유						
		대학진학	직업능력 개발훈련 시설에서 교육 중	학원교육 (20세 미만)	지능지수 71~84 (25세 미만)	장애 및 질병	취업준비 등으로 1년 연장	기타
총계	2,223	1,893	17	20	27	129	92	45
	100.0	85.2	0.8	0.9	1.2	5.8	4.1	2.0
일반 (친인척)	2,076	1,778	16	19	27	106	91	39
	100.0	85.6	0.8	0.9	1.3	5.1	4.4	1.9
일반 (친인척 외)	147	115	1	1	0	23	1	6
	100.0	78.2	0.7	0.7	0.0	15.6	0.7	4.1

출처: 아동권리보장원(2021). 가정위탁보호 현황보고서.

(3) 연장 위탁아동의 보호 연장 기간

2021년 아동권리보장원이 발표한 보고서에서 전체 보호 연장아동은 총 2,223명이었으며 평균 보호 연장 위탁 기간은 2년 5개월로 나타났다. 위탁 유형별로 살펴보면 일반(친인척) 위탁은 2년 4개월, 일반(친인척 외) 위탁은 2년 6개월로 두 위탁 유형이 평균에 근사하게 나타났음을 알 수 있다. 보호 연장 기간은 6개월 이상~1년 미만이 28.8%로 가장 높은 비율을 차지하고 있었다. 다음으로 1년 이상~2년 미만

23.5%, 3년 이상~4년 미만 16.7%, 2년 이상~3년 미만 16.6% 순으로 높게 나타났다. 6개월 미만을 제외하고 보호 연장 기간이 길어질수록 보호 연장아동의 비율이 낮아지며, 6개월 이상~4년 미만 보호 연장된 아동의 비중이 85.6%로 보호 연장 기간의 대부분을 차지하고 있었다.

〈표 10-12〉 연장 위탁아동의 보호 연장 기간 (단위: 명, %)

구분	계	보호 연장 기간							
		6개월 미만	6개월 이상~ 1년 미만	1년 이상 ~ 2년 미만	2년 이상 ~ 3년 미만	3년 이상 ~ 4년 미만	4년 이상 ~ 5년 미만	5년 이상	평균 연장 기간
총계	2,223	18	641	523	369	371	172	129	2년 5개월
	100.0	0.8	28.8	23.5	16.6	16.7	7.7	5.8	
일반 (친인척)	2,076	18	608	485	344	343	157	121	2년 4개월
	100.0	0.9	29.3	23.4	16.6	16.5	7.6	5.8	
일반 (친인척 외)	147	0	33	38	25	28	15	8	2년 6개월
	100.0	0.0	22.4	25.9	17.0	19.0	10.2	5.4	

출처: 아동권리보장원(2021). 가정위탁보호 현황보고서.

7) 가정위탁보호 종결 아동

(1) 위탁 종결 아동의 성별 및 연령

2021년 아동권리보장원이 발표한 보고서에서 위탁 종결 아동의 성별 비율은 남성이 52.7%, 여성이 47.3%로 남자가 5.4% 더 높았으며, 위탁 종결 아동의 연령분포를 살펴보면 20세 이상이 76.0%로 가장 높았고, 다음으로 17~19세가 6.9%, 8~10세가 3.5%의 순으로 나타났다.

〈표 10-13〉 위탁 종결 아동의 성별 및 연령대 (단위: 명, %)

구분	계	성별		연령						
		남	여	1~3	4~7	8~10	11~13	14~16	17~19	20세 이상
총계	1,581	833	748	37	50	56	51	76	109	1,202
	100.0	52.7	47.3	2.3	3.2	3.5	3.2	4.8	6.9	76.0
일반 (친인척)	1,428	757	671	4	26	39	47	63	98	1,151
	100.0	53.0	47.0	0.3	1.8	2.7	3.3	4.4	6.9	80.6
일반 (친인척 외)	107	59	48	5	14	13	3	11	11	50
	100.0	55.1	44.9	4.7	13.1	12.1	2.8	10.3	10.3	46.7
전문	7	1	6	3	3	0	0	1	0	0
	100.0	14.3	85.7	42.9	42.9	0.0	0.0	14.3	0.0	0.0
일시	39	16	23	25	7	4	1	1	0	1
	100.0	41.0	59.0	64.1	17.9	10.3	2.6	2.6	0.0	2.6

출처: 아동권리보장원(2021). 가정위탁보호 현황보고서.

(2) 위탁 종결 아동의 가정위탁 종결 사유

2021년 아동권리보장원이 발표한 보고서에서 가정위탁 종결 사유를 살펴보면 보호 연장 종결이 49.5%로 가장 높게 나타났으며, 다음으로 기타 17.6%, 만 18세 이상으로 종결 16.4%, 친가정 복귀 13.5% 순으로 나타났다. 위탁 유형별로 살펴보면 일반위탁(친인척, 친인척 외)은 보호 연장 종결이 각각 52.5%, 29.9%로 가장 높은 비중을 차지하였으나, 전문 및 일시 위탁의 경우에는 친가정 복귀가 각각 42.9%, 53.8%로 가장 높은 비중을 차지하여 위탁 유형별로 가정위탁 종결 사유에 차이를 나타냈다.

〈표 10-14〉 위탁 유형에 따른 위탁 종결 사유 (단위: 명, %)

구분	계	위탁 종결 사유								
		친가정 복귀	위탁 가정의 환경 변화	위탁 가정과 친가정의 문제	아동과 위탁 가정의 부적응	아동의 문제 행동	만 18세 이상으로 종결	보호 연장 종결	입양	기타
총계	1,581	214	21	1	8	7	260	782	10	278
	100.0	13.5	1.3	0.1	0.5	0.4	16.4	49.5	0.6	17.6
일반 (친인척)	1,428	169	14	1	2	2	248	750	2	240
	100.0	11.8	1.0	0.1	0.1	0.1	17.4	52.5	0.1	16.8
일반 (친인척 외)	107	21	6	0	6	5	12	32	4	21
	100.0	19.6	5.6	0.0	5.6	4.7	11.2	29.9	3.7	19.6
전문	7	3	1	0	0	0	0	0	0	3
	100.0	42.9	14.3	0.0	0.0	0.0	0.0	0.0	0.0	42.9
일시	39	21	0	0	0	0	0	0	4	14
	100.0	53.8	0.0	0.0	0.0	0.0	0.0	0.0	10.3	35.9

출처: 아동권리보장원(2021). 가정위탁보호 현황보고서.

5 가정위탁 지원 서비스

가정위탁아동 및 가정에 대한 지원에는 양육보조금, 전문 아동보호비, 일시위탁보호비, 아동용품 구입비, 상해보험 가입비, 심리검사 · 치료비, 위탁가정 전세 주택, 자립 정착금, 자립수당, 대학 진학 자금 등이 있으며 내용을 간략히 정리하여 〈표 10-15〉에 나타내었다.

〈표 10-15〉 가정위탁 지원 서비스

구분	지원대상 및 기준	지원액
아동양육 보조금	• 위탁아동 1인당 양육보조금 지급 • 만 7세 미만(83개월까지): 월 300천 원 이상 • 만 7세~만 13세(84개월~155개월): 월 400천 원 이상 • 만 13세 이상(156개월부터) : 월 500천 원 이상 * 연장보호아동 포함	월 300천 원~500천 원 이상 차등지원(지방이양) 권고
전문아동 보호비	• 전문위탁부모에 지급	아동 1인당 월 100만 원 이상
일시위탁 보호비	• 일시위탁부모에 지급	일 3만 원 이상 지급(지방이양) 권고
아동용품 구입비	• 신규 책정 위탁가정 대상 • 위탁가정 소재지 시・군・구에서 양육보조금 지급 개시 시 위탁부모 계좌로 최초 1회 지급 • 초기 아동 적응 및 양육 물품 구입 등 소요비용	위탁가정 당 100만원 지급 권고
가정위탁아동 상해보험 가입비	• 위탁아동 및 부양자 1인의 후유장해, 위탁아동 입원・통원 의료비 등 지원 * 일시위탁보호, 연장보호아동 포함	1인당 연 68,500원 내외
심리검사・치료비	• 위탁아동(18세 이상 고등학교 재학 중인 아동, 일시보호아동, 연장보호아동 포함)의 심리정서치료비, 검사비, 교통비	• 심리정서치료비 월 20만 원 이내 • 심리검사비 20만 원(1회) • 교통비 월 2만 원 이내
위탁가정 전세주택 (국토교통부)	• 양육자가 무주택세대구성원으로서 해당 가구의 월평균소득이 전년도 도시근로자 가구당 월평균 소득 이하인 소년소녀가정・위탁가정, 가정위탁 보호조치가 종료된 지 5년 이내인 무주택자 아동 • 입차전용면적 85m^2 이하인 주택 • 일반주택 전세자금 및 공공임대주택 임대보증금 지원	• 수도권: 1명(12,000만 원), 2명(13,500만 원) • 광역시: 1명(8,000만 원), 2명(10,000만 원) • 그 밖의 지역: 1명(6,000만 원), 2명(8,500만 원) * 전세보증금이 지원한도 이하인 경우 전세보증금으로 함
자립정착금	• 18세 이상의 가정위탁 보호종료아동(연장보호종결아동 포함)	아동 1인당 최소 1,000만 원 이상 지급 권고(지방이양)

자립수당	• 가정위탁 보호종료 5년 이내 아동 중 다음 사항에 모두 해당되는 경우 - 만 18세 이후 만기 또는 연장 보호종료된 자 (단, '18.8월 이후 보호종료된 자) - 보호종료일을 기준으로 과거 2년 이상 연속하여 보호를 받은 자 • 신청일이 속하는 달부터 지급하며, 보호종료일로부터 최대 60개월 한도 내 지급 가능	매월 40만 원 현금 지급(본인 명의 계좌이체) 원칙
대학진학자금	• 대학진학자금 지급 • 평생교육법 제32조 1항 및 제33조 제3항에 교육부장관의 인가를 받아 전문대학・대학졸업자와 동등한 학력・학위가 인정되는 평생교육시설의 경우에도 지원 권고	아동 1인당 5,000천 원 이상 지급 권고

출처: 보건복지부(2023). 아동분야 사업안내.

6 가정위탁보호 서비스의 개선방향

1) 가정위탁보호 사업에 대한 홍보 활성화 및 인식 제고

가정위탁보호 사업이 활성화되고 발전하기 위해서는 가정위탁보호에 대한 홍보가 필요하다. 사회적으로 관심을 가져야 하는데, 행정기관이나 공무원들도 가정위탁보호 제도에 대한 인식이 부족한 것이 문제이다. 일반인들의 경우 가정위탁보호 서비스의 존재를 모르는 경우도 많다. 아동의 복지를 위해서는 원가정으로의 복귀가 우선적으로 고려되어야 함을 생각했을 때 향후 가정위탁보호 사업에 대한 적극적인 홍보를 실시하고, 보호가 필요한 아동이 발생했을 경우 가정위탁보호와 연계할 수 있도록 인식을 제고할 필요가 있다.

2) 위탁부모에 대한 법적 권리 강화

우리나라는 보호가 필요한 아동에 대해 가정위탁보호가 결정되었을 때, 위탁부모가 행사할 수 있는 법적인 권한이 명확하지 않다. 실제로 위탁부모는 친부모를 대신하여 기본적인 의식주와 일상적인 양육을 책임지고 있지만, 아동의 은행 계좌 개설, 휴대폰 개통, 여권 발급 등 행정 업무처리에 있어서는 친권자의 동의가 있어야지만 가능하기 때문에 위탁아동을 보호함에 있어서 어려움이 존재한다.

아동이 시설에 입소하면 시설장이 아동의 후견인이 되어 행정적인 업무 처리가 가능하듯이, 가정위탁 보호기간 동안에는 위탁아동을 보호하고 있는 위탁부모에게도 법적인 권한을 확대할 필요가 있다.

3) 위탁가정에 재정적 지원 확대 필요

현재 보호가 필요한 아동을 가정위탁할 경우 재정적 지원을 하고 있으나, 지자체별로 금액이 상이하고, 금액 또한 매우 적어서 아동을 실질적으로 양육하기에는 부족한 금액이 지원되고 있다. 보호가 필요한 아동에 대한 보호조치 유형으로 입양이나 시설보호보다 가정위탁보호의 우선 배치를 권고하고 있으나, 가정위탁보호에 대한 지원금액이 적기 때문에 보다 전문적인 위탁부모를 양성하는 데는 많은 어려움이 있다. 향후 재정적인 지원 확대를 통해 가정위탁보호 제도를 활성화시키고 위탁가정의 서비스 질을 높일 수 있도록 노력을 경주하여야 한다.

4) 가정위탁지원센터 및 전담인력의 확충

현재 우리나라의 가정위탁지원센터는 전국에 18개로 긴급사례에 대한 개입이나 친가정으로의 복귀에 적극적으로 개입하는 것에 한계가 있다. 향후에는 가정위탁지원센터 및 전담인력을 확충하여 위탁가정과 아동에 대한 서비스 접근성을 높일 수 있도록 해야 한다. 이를 통해 아동 개개인의 사례에 맞는 전문적인 개입 및 체계적인 사례관리 등이 가능해질 것이며, 위탁아동의 권리옹호 및 친가정 복귀에 대한 비율도 증가될 것이다.

몰라서 못 하는 가정위탁제… "안 버리고 키울 수 있어요"

부산 사상구에 거주하는 정보경(56)씨는 최근 정부 전수조사를 통해 드러난 영아 유기 사건이 남 일 같지 않다고 했다. 정씨 가정은 전문위탁가정으로 현재 네 살 남자아이 재호(가명)를 키우고 있다. 어린 나이에 재호를 출산한 친부모는 아이를 키울 수 있는 상황이 안 돼 2020년 구청 문을 두드렸고, 가정위탁제도를 통해 당시 6개월 된 재호를 정씨에게 맡겼다. 정씨는 이후에도 재호의 친아버지와 주기적으로 만나 재호가 원가정으로 언제쯤 복귀할 수 있을지를 상의한다. 정씨는 13일 "친아버지가 재호를 키울 수 있는 환경을 마련할 때까지 기다리고 있다"며 "재호가 초등학교에 입학할 때쯤 복귀하는 것을 염두에 두고 있다"고 말했다.

경기 남양주에 사는 구회숙(59)씨의 위탁아동 민혁(10 · 가명)이도 10대 미혼모가 낳은 아이다. 태어나자마자 시설에 맡겨진 민혁이는 시설에서 봉사활동을 하던 구씨의 딸과 인연이 닿았다. 구씨는 "민혁이가 16개월일 때부터 가정 체험을 하다가 다섯 살에 가정위탁을 시작했다"고 말했다.

재호나 민혁이처럼 위탁가정에서 보호받는 아이는 친부모의 양육 능력이 회복되면 해당 가정으로 복귀한다. '입양'과의 가장 큰 차이점이다. 안전한 곳에 아이를 맡기고 센터를 통해 정기적으로 만날 수 있어 당장 아이를 키우지 못하는 부모에겐 큰 도움이 될 수 있다. 문제는 이 제도의 법적 공백과 함께 널리 알려지지 않은 탓에 이용률이 높지 않다는 점이다.

(중략)

공무원들도 제도를 모르는 경우가 있다고 했다. 구씨는 "서류를 보는 공무원도 가정위탁에 대해 잘 모르다 보니까 후견인 지정에 시간이 오래 걸렸다"고 말했다. 정익중 아동권리보장원장은 "담당 공무원이 계속 바뀌면서 제도에 대해 잘 모르는 때가 종종 발생한다"며 "공무원도, 사회도 가정위탁에 대해 알 수 있도록 홍보가 가장 시급하다"고 밝혔다.

출처: 서울신문(2023. 8. 14.). https://www.seoul.co.kr/news/newsView.php?id=20230814003004&wlog_tag3=naver에서 2023년 11월 4일 인출.

Q·u·i·z /퀴즈/

1. 가정위탁보호 서비스의 유형 3가지는 무엇인가?

2. 가정위탁보호의 대상이 되는 아동은 누구인가?

3. 가정위탁보호의 구성요소 4가지를 쓰고 각각에 대해 설명해 보시오.

4. 가정위탁지원센터의 기능을 3가지 이상 써보시오.

Think·about·it /생각나누기/

1. 입양이나 시설보호보다 가정위탁 보호를 우선적으로 권고하고 있는 이유는 무엇일지 함께 이야기 나누어 봅시다.

2. 가정위탁보호의 활성화 방안에 대하여 조별로 이야기를 나누어 봅시다.

다문화아동복지

/CHAPTER/ 11

CHILD WELFARE

학/습/목/표
1. 다문화사회에 대한 이해와 다문화복지의 필요성을 설명할 수 있다.
2. 다문화아동의 현황 및 문제를 이해할 수 있다.
3. 다문화아동 및 가족을 지원하기 위한 사업내용을 이해할 수 있다.

1 다문화사회와 다문화복지

1) 다문화사회로의 진입 및 다문화복지의 필요성

다문화사회란 여러 인종 및 여러 민족이 함께 살아가는 사회를 의미하는 것으로 한 사회 내에 여러 인종 또는 민족이 함께 어울려 사는 사회를 말한다. 즉, 동일 혈통과 문화를 추구하는 단일문화에 다른 문화가 흡수되거나 통합되어 여러 문화가 한 사회 내에 공존하는 것이라 할 수 있다. 다문화가족은 우리나라와 다른 민족 또는 다른 문화적 배경을 가진 사람들이 포함된 가정을 통칭하는 용어로 한 가정 내의 차이는 물론 가치, 문화, 종교, 생활양식 등 문화적 다양성을 강조하는 개념이다.

다문화사회의 형성 배경은 세계화, 정보화 사회로의 진입으로 국제간 자원 및 노동자들을 포함한 교류가 활발해지면서 장, 단기적으로 외국에 거주하게 되면서 다른 문화와 접촉이 활발히 이루어지고 그로 인해 다양한 민족 및 문화가 한 사회에 공존하게 되었다. 주로 1960년대 이후 미국, 영국 및 캐나다 등에서 주로 나타나는 다문화 현상이라 할 수 있다.

우리나라의 경우, 1980년대 이후 경제개발 정책 추진으로 외국인근로자들이 우리나라의 노동시장에 유입되기 시작하였고 1991년 산업연수제도라는 법적기반을 통해 대거 입국하기 시작하면서 다문화사회로 진입하는 계기가 마련되었다. 또한 도시화에 따라 농촌의 여성 인구가 감소하고 농촌의 결혼 적령기 남성들의 배우자 선택의 폭이 좁아지면서 사회적 문제로 대두되기 시작하면서 1990년부터 '농촌총각 장가보내기 운동'의 국제결혼이 추진되었고, 1995년 이후 중국동포여성의 국내로의 대거 유입을 시작으로 베트남, 필리핀 등의 아시아국가에서 결혼을 통한 이주민이 증가하기 시작하였다. 외국인근로자, 결혼이주민의 증가, 1995년 이후 북한이탈주민의 한국 사회로의 유입은 한국사회가 다문화사회로의 진입에 커다란 영향을 미치게 되었다.

서구유럽의 경우, 다문화사회로의 진입이 100~200년에 거쳐 서서히 진행되었으나, 우리나라는 30~40년 안에 다문화사회로 진입하게 되면서 이전에 경험하지 못한 다양한 사회적 문제에 직면하게 되었다. 한국 사회는 전통적으로 단일민족국가라는 자부심이 내재되어 있어 다른 문화를 수용하고 이해하는 데 여러 어려움을 경험하게 되면서 결혼이민자들의 한국사회 문화 적응, 사회적 편견 등 다양한 갈등이 사회적 관심과 문제로 대두되었다.

따라서 여러 이유로 형성된 다문화사회로의 진입 및 다문화가족의 경우 이들의 안정적인 한국 사회에 정착, 한국 사회 적응 및 사회적 통합을 위한 다양한 논의가 이루어지게 되었다. 우리나라에서는 2008년 「다문화가족지원법」 제정을 통해 다문화가족 구성원이 안정적인 가족생활을 영위하고 경제 · 사회 · 문화 등 각 분야에서 사회구성원으로서의 역할과 책임을 다할 수 있도록 필요한 제도와 여건을 조성하고 이를 위한 시책을 수립 · 시행하고 있다. 다문화복지는 최근 10년 사이에 우리나라 사회복지분야에 자리를 잡은 영역으로 서구의 다문화사회 형성에 비해 형성과정이 매우 짧은 것이 특징이며, 특히 우리나라의 사회복지 영역이 확대되면서 새롭게 포함된 사회복지 분야라 할 수 있다.

2) 다문화아동복지 대상과 현황

일반적으로 다문화가족이란 우리나라에 거주하는 문화적 차이가 존재하는 가족과 세대, 계층 등 문화적 차이가 있는 모든 가족을 의미한다. 그러나 법률적 정의로는 다문화가족이란 「다문화가족지원법」의 정의로 갈음하고 있으며, 「재한외국인 처우 기본법」 제2조 제3호의 결혼이민자와 「국적법」 제4조에 따라 귀화 허가를 받은 자를 말한다. 즉, 「다문화가족지원법」에서 의미하는 다문화가족이란 결혼 이민자, 귀화허가를 받은 자와 출생 시부터 대한민국 국적을 취득한 자로 이루어진 가정으로 좁은 의미의 다문화가족을 의미한다. 주로 국제결혼 가정이 주 대상으로 명시되어 있으며, 이 법의 정의에 따르면 다문화가족은 최소한 한 사람의 가족 구성원이 대한민국에서 출생한 경우로 한정하고 있다. 이러한 법률적 정의는 외국인근로자가족, 무국적 외국인 등의 적용에는 한계가 있다. 최근에는 다문화가족의 개념을 국제결혼 가정이외에도 외국인근로자가족, 북한이탈주민(새터민) 등으로 정책적으로 확대 적용하고 있다는 점을 감안한다면, 보다 넓은 의미의 개념으로 다문화가족을 이해해야 할 필요가 있다.

〈표 11-1〉 다문화가족 유형 및 다문화 아동

다문화가족 유형	다문화아동
결혼이민자가족	• 한국인 부 + 외국인 모 사이에서 태어난 아동 • 한국인 모 + 외국인 부 사이에서 태어난 아동 • 외국인 부모가 양육하는 전 결혼에서 태어난 아동
외국인근로자가족	• 외국인 근로자가 한국에서 결혼하여 태어난 아동 • 본국에서 부모와 같이 이주한 가정의 아동
북한이탈주민(새터민)	• 북한에서 부모와 같이 입국한 아동 • 부모가 입국 후 출생한 아동 • 북한이주민과 한국인 사이에 출생한 아동

현재 결혼이민자가족, 외국인근로자가족, 북한이탈주민 등을 포함한 다문화가족 인구는 2019년까지 점차 증가추세로 나타났으며, 코로나19로 인해 2020년 이후는 감소추세로 나타나고 있다.

〈표 11-2〉 국내 체류외국인 현황 (단위: 명)

구분	2017	2018	2019	2020	2021
전체 인구	51,778,544	51,826,059	51,849,861	51,829,023	51,683,809
체류외국인	2,180,498	2,367,607	2,524,656	2,036,075	1,956,781

출처: 법무부(2022). 출입국 통계.

(1) 결혼이민자가족

다문화가족지원법이 처음 시행된 2008년 당시 외국인주민현황조사에 나타난 다문화가구수는 14만 4천 명이었으나, 2018년 기준 전체 33만 가구(가구원 101만 명)로 전체 가구대비 1.7%(가구원 2%)를 차지하고 있다. 2007년에 다문화가족의 구성원 수가 100만 명을 넘어섰고, 최근 3~4년 동안 외국인과 결혼하는 수가 전체 결혼자의 10%를 넘고 있어 다문화가족은 해마다 늘어나고 있다. 다문화 가구원은 2020년 기준 전체 인구(5,183만 명)의 2.1%(109만 명)을 차지하며, 다문화 출생은 전체 출생(27.2만 명)의 6.0%(1.6만 명)를 차지하고 있으며, 2022년 조사에 의하면 다문화가구는 전체 346,017가구로 우리 사회의 다문화가족 구성원은 계속 증가하는 추세이다(여성가족부, 2022). 2021년 여성가족부 전국다문화가족실태조사에 의하면, 수도권(서울, 경기, 인천)에 거주하는 다문화가족은 56.1%로 2018년(55.6%)에 비해 증가하였으며, 대도시에 거주하는 비율이 읍면 지역 거주 비율보다 3배 이상 높게 나타났다.

〈표 11-3〉 결혼이민자 현황 (단위: 명)

구분	2017	2018	2019	2020	2021
결혼이민자	155,457	159,206	166,025	168,594	168,611

출처: 법무부(2022). 출입국 통계.

(2) 외국인근로자 가족

외국인근로자 또는 이주노동자라는 용어로 불리며, 이들은 다른 나라에서 보수 활동에 종사하고 있는 자들을 의미한다. 외국인근로자가족 중 일부는 「출입국관리법」 및 「외국인근로자 고용에 관한 법률」에 의거해 체류기간이 초과하여 불법으로 체류하고 있는 경우도 있으며, 2020년 법무부 자료에 의하면 2020년 기준 외국인근로자는 248만 1,565명이고, 이 중 15.5%에 달하는 38만 5,880명으로 집계되었다.

외국인근로자는 우리나라의 부족한 노동시장을 보완하는 역할뿐 아니라 저출산 및 고령화로 인한 노동력 감소 현상을 해소할 수 있는 긍정적인 효과를 제공하며 앞으로 외국인근로자들은 지속적으로 증가할 것으로 예측된다. 그러나 법적으로 체류자격을 인정받은 외국인근로자 이외에 불법체류하고 있는 외국인근로자의 경우 열악한 노동조건과 가족의 보건, 복지뿐 아니라 그들 자녀의 보육 및 교육 문제의 사각지대에 놓여 있다.

(3) 북한이탈주민

'탈북민' 또는 '새터민'으로 불렸으나 현재는 북한이탈주민으로 법률상 규정하고 있다. 이들의 경우, 같은 민족으로 우리와 유사한 언어를 사용하기는 하나, 체제가 다른 사회에 대한 이질감, 문화적 충격, 탈북과정에서 경험하게 되는 여러 어려움 등은 결혼이민자가족과 외국인근로자가족의 문제와는 다른 양상을 보이기도 한다. 북한이탈주민은 1990년대 중반 북한의 식량사정 악화로 인해 탈북자 수가 급증하면서 2000년 이전에는 100명에 불과한 것이 2020년 기준 2만 7,000여명에 달하고 있다.

북한이탈주민은 난민, 이주민, 동포, 민족 등 다양한 정체성을 가지고 있다는 점에서 결혼이민자 가족, 외국인근로자 가족과는 다른 문제를 가지고 있다. 북한이탈주민의 경우, 탈북과정에서 겪는 어려움, 이질적인 체제 경험을 통한 문화 충격과 그로 인한 한국 사회에서의 적응 문제 등을 경험하게 된다. 최근 가족 단위의 입국이 증가하면서 여성, 아동, 장년층의 비율이 증가하고, 연령구성이 다양해지면서 육아문제, 교유문제, 노인문제 등 새로운 적응문제가 대두되고 있다.

2 다문화가족 및 자녀의 문제

1) 다문화가족의 문제

(1) 경제적 문제

다문화가족은 주요 직종이나 종사상 지위, 임금수준, 근로시간 등을 고려한 질적인 경제활동 수준이 우리나라 일반 국민에 비해 열악한 상태로 나타난다. 2021년 다문화가족실태 조사에 의하면, 월평균 소득이 300만 원 이상이 2018년 조사에 비해 다소 높아졌으나, 코로나19 확산으로 인해 51.5%의 가구가 소득이 감소한 것으로 조사되었다. 근로유형의 경우, 단순노무직에 종사하는 가구구성원이 32.%로 전체 근로자(14.4%)에 비해 높게 나타나, 경제적 지위가 비다문화가정보다 다소 낮은 것을 알 수 있다. 외국인근로자의 경우, 대다수가 소규모, 고위험 노동업종에 근무하며, 저임금 및 장시간 노동, 임금체불 등의 인권문제를 경험하고 있다. 북한이탈주민의 경우, 우리나라 일반 국민에 비해 2~3배 정도 낮은 고용율 및 높은 실업률로 인한 경제적 어려움에 직면하고 있다.

(2) 의사소통의 어려움과 외로움

다문화가족은 언어문제로 인해 한국 사회 적응의 어려움을 경험하게 된다. 언어소통의 어려움은 가족 간의 대화 단절로 이어지고 이는 가족 간 갈등의 원인이 될 수 있으며, 결혼이민자 당사자의 고통은 물론 가정 해체의 위기로까지 이어지고 있다. 이러한 문제로 인해 부부관계, 친구관계, 사회생활 등이 원만하지 못하여 심리적 외로움을 경험하기도 한다. 또한 언어 및 의사소통의 어려움은 자녀 양육과정에서도 다양한 문제의 원인으로 나타나고 있다. 특히, 최근 조사에 의하면 문화적 차이로 인한 부부간의 문제 중 의사소통방식에서는 여전히 어려움을 경험하고 있는 것으로 나타났다.

(3) 자녀양육의 문제

다문화가정의 부모-자녀 관계에 대한 선행연구들에서는 한국어에 서툰 다문화가정의 어머니는 자녀와 충분한 의사소통이 이루어지지 않아 가족 간의 상호작용에 부정적인 영향을 미칠 뿐 아니라, 비다문화가정의 어머니보다 무관심하거나 강압적인 양육태도를 취할 수 있다고 보고하고 있다. 부모의 교육적 관여와 관련하여, 다문화가정 부모들은 학교 참여와 교육적 지원을 하는 것이 충분하지 않은 것으로 나타났으며, 다문화가정 부모님들은 자녀의 숙제 점검하기, 과제물 챙기기, 등교시키기, 학부모회의 참여하기 등의 자녀에 대한 교육적 관여가 미흡할 뿐 아니라, 학교생활에 있어서 조력자의 역할을 담당하는 데 어려움을 경험하고 있는 것으로 보고되고 있다.

다문화청소년을 대상으로 한 실태조사(여성가족부, 2015) 결과에 의하면, 다문화가정의 한국인 아버지들은 자녀의 교육에 무관심한 것으로 나타났으며, 아버지의 무관심은 외국인 어머니의 부담으로 작용하고 있는 것으로 나타났다. 2021년 여성가족부 조사에서도 학습지도 및 진로지도가 자녀양육에서 가장 큰 어려움으로 경험되고 있는 것으로 나타났다. 외국의 경우에도 부족한 언어능력은 이주여성들이 자녀들의 교육적 지원을 어렵게 하는 요인으로 작용하고 있는 것으로 나타났다.

(4) 사회적 편견 및 차별 경험

우리나라는 전통적으로 단일민족이라는 자부심을 가지고 있어 타 민족에 대해 다소 배타적인 관념으로 타 민족에 대해 편견을 가지고 있었다. 특히, 경제적 지위가 낮은 제3국가에서 온 외국인에 대한 편견과 차별은 서구 선진국에서 온 외국인들에 비해 높다고 할 수 있다. 결혼이주민들 중 대부분은 동남아시아에서 온 여성들이 대부분을 차지하고 있으며, 그들에 대한 사회적 편견으로 인한 차별경험은 그들의 한국 사회 적응을 더욱 어렵게 하는 요인으로 작용하고 있다.

2) 다문화가족 자녀의 문제

(1) 문화적응 및 정체감 혼란

다문화가족 아동들이 경험하고 있는 문제는 첫째, 이중 문화 적응에 대한 어려움, 이중 문화로 인한 정체성의 혼란을 들 수 있다. 이러한 문화적응의 문제로 인해 자신의 정체성에 대한 혼란은 결과적으로 자신을 이방인으로 생각하는 것으로 나타났다. 중도입국 다문화가족 아동들은 국내에서 출생하고 자란 다문화가족 아동들보다 한국 사회가 더욱 낯설고, 한국문화에 적응하는 것이 더욱 어려운 것으로 나타났다. 특히, 중도입국 다문화가족 아동들은 성장 도중에 한국으로 입국하게 되어 거의 외국인과 다름없는 한국어 실력이나 한국 문화 적응에 대한 스트레스가 더 높다고 할 수 있다.

(2) 차별 및 또래 관계 문제

다문화가족 아동이 경험하는 차별의 문제가 있다. 다문화가족 아동들이 경험하는 낮은 차별은 그들의 학교생활적응에도 부정적인 영향을 미치고 있다. 또래관계의 어려움과 그로 인한 심리사회적 문제를 들 수 있다. 다문화가족 아동들은 비다문화가족 아동들과는 다소 다른 외모로 인한 교우관계 및 학교생활에서의 어려움을 경험하는 것으로 나타났다. 학교에서 다문화가족 청소년들이 집단 따돌림을 받는 정도는 10명 중 3명의 비율로 나타났으며, 그 이유로는 '외국인이라서(46.7%)', '특별한 이유 없음(40.0%)'으로 나타났으며, 그 외 의사소통이 되지 않아서 따돌림을 당하고 있는 것으로 나타났다.

(3) 언어발달 및 학업 문제

다문화가족 아동들은 언어적 환경에 따른 어려움을 경험하는 것으로 나타났다. 아동들이 언어발달 시기에는 주 양육자인 어머니의 영향을 많이 받는데, 외국인 어머니의 경우 한국어 실력이 낮아 아동들의 언어발달을 저해할 가능성이 높다. 이는 이후 인지발달, 사회성 발달에 부정적인 영향을 미치며, 낮은 학업성취로 이어질 수 있다. 국내 출생 다문화가족 아동들의 경우 일상생활에서 의사소통에는 크게 어려움을 경험하지 않으나, 글쓰기와 독해 등의 영역에서 어려움을 경험하는 것으로 나타났으며, 결과적으로 낮은 학업성취로 이어지고 있었다. 2021년 여성가족부 조사에 의하면, 다문화가족 자녀의 취학률은 우리나라 학교급별 전체 국민에 비해 모두 낮은 수준이고, 고등교육기관 취학률 격차는 31.0%로 매우 큰 것으로 조사되었다. 더욱이 다문화가족 자녀의 43.9%가 청소년으로 조사되었고, 이들에 대한 학령기에 맞춤형 지원에 대한 필요성이 더욱 커지고 있는 것으로 나타났다.

- 다문화가족 자녀: 초등학교 95.3%, 중학교 95.7%, 고등학교 94.5%, 고등교육기관 40.5%
- 전체국민: 초등학교 98.4%, 중학교 97.9%, 고등학교 96.1%, 고등교육기관 71.5%

(4) 진로문제

다문화가정 아동들의 경우, 문화적응의 어려움, 정체성의 혼란, 낮은 학업성취 및 학교 부적응 등이 있음이 보고되고 있으며, 이는 청소년기에 이르러 학업중단 및 낮은 대학 진학률 등의 부정적인 결과로 이어지고 있다. 이러한 문제는 자신의 미래에 대한 불확실성을 갖게 하여 결과적으로 진로에도 상당히 부정적인 영향을 미칠 수 있음을 예측해 볼 수 있다. 2016년 여성가족부 조사에 의하면 다문화가정 자녀들이 요구하는 서비스로는 진로상담 및 진로교육(53.7%), 직업기술훈련(42.0%)로 학습지원(41.%)에 비해 높게 나타났으며, 다문화가정 아동, 다문화가정 부모, 교사들이 희망하는 서비스에서도 진로와 관련된 요구가 2014년 이후로 매년 지속적으로 증가되는 있는 것으로 나타났다(한국청소년정책연구원, 2017). 그러나 다문화가정 아동들은 비다문화가정 아동들에 비해 진로탐색 및 진로준비가 낮거나, 진로장벽을 높게 인식하고 있어 미래 진로계획에 대해서도 회의적이거나 무기력한 태도를 보이는 것으로 나타났다.

③ 다문화아동 및 가족지원정책

1) 다문화아동 및 가족지원정책 기본계획

2008년 제정된 「다문화가족지원법」에서는 다문화가족의 사회적응의 어려움, 가족 간 갈등, 자녀양육의 어려움 등의 문제를 해소하고 사회구성원으로 역할을 하고 안정적인 한국 사회 적응 및 가족생활을 지원하기 위해 다양한 정책 및 서비스 지원의 근거를 마련하고 있다. 「다문화가족지원법」은 주로 결혼이민자들을 정책의 대상자로 규정하고 있으며, 다문화가족을 대상으로 국가와 지방자치단체가 할 정책적 지원을 명하시고 있다. 「다문화가족지원법」 제3조에 의하면 여성가족부장관, 관계 중앙행정기관의 장과 시 · 도지사는 5년마다 다문화가족지원정책에 관한 기본계획을 수립하도록 하면서 중앙행정기관의 장 및 시 · 도지사에게는 매년 기본계획에 따른 시행계획을 수립하고 시행하도록 하였다. 또한 여성가족부장관은 다문화가족의 실태를 3년마다 조사하고 그 결과를 공표하여 정책에 반영하도록 하고 있다.

이에 정부는 다문화사회가 '도입 및 성장기'에서 '정착기'로 패러다임이 변화하는 추세를 고려해 다문화가족 초기적응 지원 중심에서 장기정착화에 따른 정책을 강화하여 제4차 기본계획(2023~2027) 수립했다. 제4차 다문화가족정책 기본계획은 다문화가정의 안정적인 생활환경을 조성하고 다문화 아동 및 청소년의 동등한 출발선을 보장을 목표로 진행 중이다. 제4차 다문화가족 기본계획에는 결혼이민자의 한국 정착주기가 장기화되고 다양한 가족유형이 발생함에 따라 안정된 가족생활을 도모할 수 있는 지원을 강화하고, 결혼이주여성의 인권보호를 위해 가정폭력 관련 긴급 상담, 전문상담 및 주거시설을 확대 운영하는 등 가정폭력 피해 대응 체계를 강화하고 있다. 또한 가족관계 증진을 위한 프로그램을 다양화하고, 한부모가족과 관련된 제도를 개선하고 지원하고 있으며, 다문화가족 자녀가 학령기에 본격 진입함에 따라 학업, 글로벌 역량, 사회진출을 위한 지원 및 중도입국자녀에 대한 지원을 지속적으로 추진할 계획이다. 결혼이주여성의 초기적응지원과 취업 서비스 내실화 방안을 강구하며 일반국민의 다문화 수용성을 제고하기 위한 다양한 정책을 추진하고 있다. 제4차 다문화가족 기본계획의 내용은 [그림 11-1], [그림 11-2]와 같다.

	도입 및 성장기		정착기
국제결혼	증가 후 안정화	➡	감소 추세
다문화가족	지속 증가		안정화 및 장기정착 비율 증가
결혼이민자	초기적응 및 사회진출 활성화		사회진출 욕구증대 및 경제사회적 참여 강화
자녀	출생 및 초기 성장		학령기(청소년기) 비율 상승
가족유형	가족생활 갈등 발생 및 해체증대 가능성 증가		한부모 등 가족형태 다양화
사회적수용성	관심형성 및 부정적 태도 확산 우려		다소 개선되고 있으나 지속적 개선 노력 필요

[그림 11-1] 다문화사회의 변화

출처: 여성가족부(2018).

비전	다문화가족과 함께 성장하는 조화로운 사회	
목표	다문화 아동 · 청소년의 동등한 출발선 보장	다문화가족의 안정적 생활환경 조성

대과제	중과제
다문화 아동청소년 성장단계별 맞춤형 지원	① 영유아 자녀양육 지원 ② 학령기 다문화 아동 학습역량 제고 ③ 다문화 청소년 진로개발 지원 ④ 다문화 아동 · 청소년의 정서안정 기반 조성
결혼이민자 정착주기별 지원	① 건전한 국제결혼 환경 조성 ② 다문화가족 가구상황별 맞춤형 지원 ③ 결혼이민자 경제활동 참여 확대 ④ 가정폭력 예방 및 피해자 보호
상호존중에 기반한 다문화 수용성 제고	① 다문화 이해교육 확대 ② 다양성 존중 인식 확산 ③ 다문화가족 사회참여 활성화
다문화가족정책 추진기반 강화	① 다문화가족정책 환류 시스템 구축 · 운영 ② 다문화가족 지원 서비스 접근성 제고 ③ 다문화가족정책 협력체계 강화

[그림 11-2] 제4차 다문화가족정책 기본계획(2023~2027)

출처: 여성가족부(2023).

「다문화가족지원법」에서 명시하고 있는 다문화가족 지원에 대한 내용은 다음과 같다.

① 다문화가족에 대한 이해 증진

다문화가족에 대한 사회적 차별과 편견을 예방하고 사회구성원들이 문화적 다양성을 인정하고 존중할 수 있도록 다문화 이해교육을 실시하고 홍보해야 함을 규정하고 있다. 이에 각급 학교에서 다문화가족에 대한 이해를 돕는 교육을 실시하기 위한 시책을 수립·시행하고 있다.

② 다문화가족에 대한 생활정보 제공, 교육지원

결혼이민자 등이 대한민국에서 생활하는 데 필요한 기본적 정보(아동·청소년에 대한 학습 및 생활지도 관련 정보를 포함한다)를 제공하고, 사회적응교육과 직업교육·훈련 및 언어소통 능력 향상을 위한 한국어교육 등을 받을 수 있도록 필요한 지원을 실시하고 있다. 또한 거주지 및 가정환경 등으로 인하여 서비스에서 소외되는 결혼이민자 등과 배우자 및 그 가족구성원이 없도록 방문교육이나 원격교육 등 다양한 방법으로 교육을 지원하고 있다.

③ 평등한 가족관계 유지

국가와 지방자치단체는 다문화가족이 민주적이고 양성평등한 가족관계를 누릴 수 있도록 가족상담, 부부교육, 부모교육, 가족생활교육 등을 추진하여야 한다. 이 경우 문화의 차이 등을 고려한 전문적인 서비스가 제공될 수 있도록 노력하여야 한다.

④ 가정폭력 피해자에 대한 보호 및 지원

국가와 지방자치단체는 가정폭력의 피해를 입은 결혼이민자등에 대한 보호 및 지원을 위하여 외국어 통역 서비스를 갖춘 가정폭력 상담소 및 보호시설의 설치를 확대하도록 노력하여야 한다. 또한 결혼이민자 등이 가정폭력으로 혼인관계를 종료하는 경우 의사소통의 어려움과 법률체계 등에 관한 정보의 부족 등으로 불리한 입장에 놓이지 아니하도록 의견진술 및 사실 확인 등에 있어서 언어통역, 법률상담 및 행정지원 등 필요한 서비스를 제공할 수 있다.

2) 다문화가족지원 전달체계

(1) 다문화가족지원센터

다문화가족지원사업은 여성가족부의 다문화가족정책 전달체계인 다문화가족지원센터를 중심으로 이뤄지고 있다. 국제결혼을 통해 한국으로 이주한 여성과 그 가족에 대한 서비스를 지원하기 위해 2006년 결혼이민자가족지원센터라는 명칭으로 전국에 21개소가 설치되었으며, 2008년 「다문화가족지원법」 제정을 통해 다문화가족지원센터로 명칭을 변경하였다. 다문화가족지원센터는 시 · 도, 시 · 군 · 구에서 비영리 법인이나 단체에 위탁하여 설치 운영하고 있으며, 최근 다문화가족지원센터 전달체계의 개편이 추진되어, 2014년부터 기존의 건강가정지원센터와 다문화가족지원센터의 기능을 통합하여 전국 9개 기관이 통합 운영되고 있다. 이후 통합센터의 명칭이 가족센터로 변경되었으며, 2023년 기준 전국 211개소가 운영되고, 건강가정지원센터는 13개소, 다문화가족지원센터는 20개소로 운영되고 있다. 가족센터 및 다문화가족지원센터는 다문화가족의 안정적인 정착과 가족생활을 지원하기 위한 생애주기별 종합적인 서비스를 제공하며, 다문화가족지원센터의 생애주기별 지원 내용과 제공되는 주요 서비스는 다음과 같다.

〈표 11-4〉 다문화가족지원센터 생애주기별 지원 내용

주기별 정책 과제	세부 추진 과제
입국 전 결혼 준비 시기 국제결혼 과정의 인권 보호	• 국제결혼 탈법 방지 및 결혼 당사자 인권 보호 • 결혼이민예정자 사전 정보 제공 • 한국인 예비배우자 결혼 준비교육
입국 초 가족관계 형성기 결혼이민자 초기 적응과 다문화가족의 안정적 생활 지원	• 한국어교육, 문화이해교육, 위기개입과 가족통합 교육, 상담 등 종합 서비스 제공 • 다국어판 생활, 정책정보 제공(포털 '다누리' 운영 등 한국생활 정보 제공) • 의사소통 지원을 위한 통,번역서비스 제공

자녀 양육기 및 정착기 다문화가족 자녀 임신, 출산, 양육 지원	• 임신, 출산 지원 • 부모의 자녀 양육 능력 향상 지원 • 보육시설에서의 다문화 프로그램 시행 • 다문화가족 자녀 학교생활 지원 • 다문화가족 자녀의 이중언어 역량 개발 및 글로벌 인재 육성
역량 강화기 다문화가족의 경제, 사회적 자립 지원	• 다문화가족의 직업교육 및 훈련 시행 • 통번역 요원 및 다문화 강사 등 결혼이민자 적합 직종 개발 • 국가별 결혼이민자 자조모임 지원

① 한국어 교육서비스

- 체계적인 한국어 교육을 실시하여 결혼이민자들의 한국 사회 적응을 돕고 안정적 인 조기정착을 지원
- 결혼이민자, 중도입국자녀 등을 대상으로 생활언어를 익히기, 한국문화 이해를 위한 단계적 한국어교육 실시(결혼이민자를 대상으로 수준별로 반편성을 통한 단계별 한국어 교육을 시행하고 있으며, 집합교육, 방문교육, 온라인교육, 방송교육 병행 등 다양한 방법으로 운영)

② 다문화사회 이해 교육 실시

- 결혼이민자들이 가정, 지역사회 및 한국생활 전반에 대해 쉽게 적응할 수 있도록 지원
- 결혼이민자 대상 우리나라 법률 및 인권교육
- 결혼과 가족의 이해
- 다문화가족생활교육 등을 강의, 체험 방식 등을 병행하여 진행

③ 가족교육

- 의사소통 미숙 및 부재로 인한 가족 간 갈등을 예방하고 가족구성원 교육을 통해 가족 내 역할 및 가족문화에 대한 이해력 향상을 위한 서비스를 제공

- 다문화가족 대상 가족전체 통합교육, 시부모교육, 예비 배우자교육
- 자녀지원 프로그램 운영

④ 가족개인상담

- 부부, 부모, 자녀, 성, 경제 문제 등 결혼이민자와 그 가족들의 문제를 파악하고, 심리, 정서적 지원 및 정보 제공

⑤ 방문교육서비스 (1:1지도)

- **한국어교육서비스:** 입국 5년 이하 결혼이민자, 중도입국자녀(만 19세 미만)
- **부모교육서비스:** 만 12세 미만의 자녀가 있는 결혼이민자에게 생애주기별 자녀양육 관련 교육 · 정보제공, 가족상담 등 실시
- **자녀생활서비스:** 다문화자녀(만 3~12세)에게 생활지원 서비스 제공

⑥ 다문화가족 자녀언어발달 교실

- 만 12세 이하 다문화가족 자녀 대상으로 한국어 발달 평가 및 촉진교육, 부모상담

⑦ 결혼이민자 통 · 번역 서비스

- 의사소통이 어려운 입국초기 결혼이민자에게 통 · 번역 서비스 제공
- My Seoul App에서만 통 · 번역 서비스 신청 가능

⑧ 취 · 창업지원

- 결혼이민자의 사회, 경제적 자립 등을 지운하기 위하여 인력양성 및 취업연계 등 맞춤형 취 · 창업 지원
- 취 · 창업능력 향상 교육프로그램 제공, 해당 지역의 일자리 제공 기관과 결혼이민자 연계 활동 지원

⑨ 다문화 인식개선 사업

- 결혼이민자들과 지역사회 구성원들이 다양한 문화를 체험하는 기회를 통해 서로에 대한 이해를 높이고 공동체의식 함양 지원

⑩ 포털 '다누리' 운영

- 결혼이민자의 한국생활 조기정착을 지원하기 위한 정보제공을 목적으로 하는 웹사이트로 2009년 4월에 개통
- 다문화가족에게 한국생활 적응에 필요한 생활, 정책정보를 온라인과 오프라인 매체를 통해 한국생활정보, 학습정보, 전국다문화가족지원센터 정보, 다문화 소식 등 다양한 정보를 13개국 언어로 제공

[그림 11-3] 다문화가족지원 포털 다누리

출처: 다누리 홈페이지.

(2) 글로벌청소년센터

이주를 경험한 모든 청소년들이 한국 사회에서 건강하게 청작 할 수 있도록 지원하며, 이주배경 청소년과 가족들에게 교육, 정서, 자립지원서비스를 제공하여 역량을 계발하고, 지역사회 주민과의 소통과 인식개선을 통해 지역사회 지지망을 구축하여 글로벌인재 육성의 기반을 조성하기 위한 다양한 서비스를 제공하고 있다.

① **초기지원**: 이주배경 청소년의 초기 정착을 위한 언어와 사회문화에 대한 이해 교육을 실시한다. 한국어 교육, 학교생활 및 가정생활 상담, 진로상담, 편입학 안내 등을 지원하고 있다.

② **교육지원**: 공교육진입이 불가능한 청소년들을 대상으로 초, 중, 고등학교 교과목 지도와 검정고시 대비 지도를 통해 검정교시 자격취득을 지원하고 있다. 또한 학교 교과목 수업 이해에 어려움을 겪는 청소년들을 대상으로 집중 지도를 실시하고 있다.

③ **통합지원**: 다양한 문화체험과 또래 관계 형성 프로그램을 통해 지역 내 청소년 및 주민들과 교류의 기회를 확대하고 더 나아가 공동체 의식을 형성할 수 있도록 지원하고 있다.

(3) 이주배경청소년지원센터

이주배경청소년지원재단은 「청소년복지법」 제18조에 따라 2006년 설립된 비영리 재단법인으로, 여성가족부의 지원을 받아 무지개청소년센터를 운영하며 다문화 청소년, 외국인 근로자가정 자녀, 중도입국 청소년, 탈북 청소년, 제3국 출생 북한이탈주민 자녀 등 다양한 이주 배경을 지닌 청소년을 대상으로 교육, 직업훈련, 상담, 멘토링 등의 프로그램을 운영하고 있다. 이주배경청소년지원센터의 서비스내용은 다음과 같다.

① 초기적응 지원

사회적응 및 정착 지원을 위해 전국에 23개소의 레인보우스쿨을 운영하여 한국사회에 대한 기본 정보 제공, 한국어 교육, 사회적 관계 향상 및 심리정서 지원 프로그램을 제공하고 있다.

② 진로지원

'무지개 Job아라'를 통해 단계별, 맞춤 진로교육을 실시하며, 진로탐색, 진로설계 및 다양한 직업교육을 제공하여 사회적응 능력 향상과 자립의지를 고취시키기 위한 지원을 하고 있다.

③ 탈북청소년 적응 및 자립지원

하나원 소속 탈북청소년을 대상으로 '비교문화체험학습'을 통해 기초 및 경제생활 체험, 대중교통 이용, 교육기관 탐방, 문화체험 등 실생활에 필요한 체험활동을 지원하고 있다. 이를 통해 탈북청소년의 남한 사회 이해 제고와 지역사회 원활한 정착을 지원하고 있다.

또한 탈북청소년 대상으로 지역사회 정착에 필요한 다각적인 교육(성, 인권, 진로, 건강, 자기이해)을 주제로 건강한 지식을 배우고, 문화를 함께 나누는 기회를 제공하여 건강한 성장을 지원하며, 탈북청소년의 욕구 및 특성을 파악하고 안정적인 정착을 위한 맞춤형 서비스 지원 및 사후관리를 진행하고 있다.

❹ 다문화가족 지원 정책의 나갈 방향

2008년 다문화가족지원법이 제정되었던 해에 17만 명이었던 결혼이민자와 귀화자 수는 현재 37만 명까지 증가하였으며, 전체 다문화가족 수는 109만 명으로, 우리 전체 인구의 2.1% 가량을 차지하고 있다. 특히, 초등학교를 비롯한 취학 연령대의 다문화가족 자녀는 눈에 띄게 증가하는 추세이며, 2012년 다문화 배경 학생 비율이 전체의 0.7% 수준이었던 것이 2022년에는 3%까지 급격히 증가한 점을 감안하다면, 다문화가족 구성원과 아동들이 차별 없이, 행복한 삶을 살 수 있도록 보장하는 것은 국가적 의무라 할 수 있다. 이에 2022년 2월 국무총리산하 다문화정책위원회에서 발표한 다문화가족 지원 정책방향의 내용을 중심으로 앞으로 다문화가족 지원이 나갈 방향을 다음과 같이 제시하고자 한다.

1) 다문화가족 자녀들이 동등한 출발선 지원

학령기의 다문화가족 자녀가 학업 과정에서 차별받거나 뒤처지는 일이 없도록 다양한 지원방안을 마련해야 하며, 특히, 입학 전후 맞춤형 교육을 통해 학력 격차를 해소해야 한다. 2021년 전국다문화가족실태조사 결과에 의하면, 다문화가족은 부모가 우리 사회에 익숙지 않아, 자녀의 학교생활을 보살펴 주기 어렵고, 그 결과 진로 탐색이나 학업에 대한 의지가 위축된다는 점을 고려하여 취학 전후 학습지원, 학업 · 진로 컨설팅 등을 집중적으로 추진할 필요가 있다.

2) '다양성'이 존중되는 학교 환경을 적극 조성

다문화가족 아동들이 학교생활에서 가장 어려운 문제로 지적하는 것은 친구관계와 차별적 시선이라고 보고되었다. 이에 다문화가족 청소년의 정서와 마음을 보듬을 수 있도록 1:1 전문 심리상담을 확대 지원하고, 건전한 또래 관계가 형성될 수 있도록 맞춤형 지원을 강화해야 한다. 또한 교사 및 또래의 지지가 다문화가족 아동들의 학교적응에 유미하게 긍정적인 영향을 미치는 점을 감안하다면, 학교 내에서의 다문화가족 아동들에 대한 교사의 관심과 긍정적인 교우관계 형성을 지원하기 위한 다각적 지원이 필요할 것으로 보인다.

3) 다문화가족의 인권보호 및 다양한 가족에 대한 지원 강화

정부의 간행물, 교육 자료 등에서 나타나는 다문화의 인종차별적 요소를 확인하고, 모든 학교에서 다문화 관련 교과, 비교과활동을 실시하여 다문화가족에 대한 차별감소 및 인권 침해의 가능성을 감소시키는 방향으로 나가야 할 것이다. 또한 국제결혼중개업자의 경우 의무적으로 다문화 사회 이해 및 성인지 감수성, 인권보호교육을 이수하도록 함으로써 결혼이주여성들의 인권을 보호해야 할 것이다.

마지막으로 사각지대 없는 복지서비스를 제공할 수 있는 정책적 지원이 필요하다. 점차 증가하는 다문화 한부모가족 등 다양한 가족형태를 포용하기 위해 다문화 한부모가족 지원, 사각지대에 있는 결혼이민자 현황 및 실태 파악을 통한 제도 개선, 부처별 산재되어 있는 다문화가족 지원서비스를 통합한 서비스를 통해 복지서비스에 대한 접근성을 향상시켜 나가야 할 것이다.

"엄마가 행복해야 다문화 가정 인식도 바뀐다" 농구하는 엄마들

"어머니들이 행복하게 사는 모습을 통해 다문화 가정에 대한 인식을 바꾸는 게 목표입니다. 다치지 말고, 싸우지 맙시다."

지난 12일 서울 용산구 이촌동 용산청소년센터 체육관. 양옆으로 길게 줄지어 선 운동복 차림의 여성 13명을 앞에 두고 천수길 한국농구발전연구소장이 말했다. 선수들 사이에 천 소장의 말을 옮기는 중국어와 영어 몇 마디가 바삐 오갔다. 한국농구발전연구소가 모집한 '다문화 어머니 농구단'은 이렇게 첫발을 뗐다.

이들은 2012년부터 연구소가 운영하던 다문화 어린이 농구단에서 출발했다. 어린이 농구단은 나이지리아계 혼혈 모델 한현민을 비롯한 다문화 가정 어린이 300여 명이 거쳐 갔다. 지난 6월 어린이 농구단 행사 도중 어머니들의 농구 시합이 즉석에서 열렸는데, 경기를 뛴 어머니들이 땀 흘리는 재미를 느끼면서 농구단 창설 논의를 시작했다.

어린이 농구단에서 알고 지내던 어머니들이 주축이 돼 지난달 11~22일 농구단 모집에 응한 다른 어머니들이 더해졌다. 중국, 대만, 일본, 멕시코 등 다양한 국가에서 서로 다른 경험을 하다 한국에 온 30 · 40대 20여 명이 농구단에 모였다.

이날 본격적인 훈련은 없었지만, 농구공을 손에 쥔 이들은 골대를 바라보며 둥글게 모여 슛을 던지기 시작했다. 몸이 풀리자 몇몇은 레이업슛까지 시도하며 실력을 뽐냈다. (중략)

장소를 제공한 용산청소년센터 심묘탁 센터장은 "다문화 가정 어머니들이 한국에서 살면서 느끼는 애환이 있을텐데 모임을 통해 마음의 위로를 얻을 것"이라며 "어머니들의 행복이 곧 자녀들이 어긋나지 않게 성장하도록 돕는다"고 말했다.

농구단은 앞으로 매주 목요일마다 모여 손발을 맞춰 갈 계획이다. 시합에 나가 우승을 하는 게 목표는 아니지만, 유니폼도 맞추고 정식 팀 이름도 정한 뒤 실력이 무르익으면 다른 팀과 농구 시합도 할 계획이다.

든든한 후원자를 만나야 한다는 과제는 남아 있다. 천 소장은 "모두가 이주민, 다문화의 중요성은 알지만 한국이 이들을 받아들이는 속도는 느리다"며 "결국 누군가가 나서 다문화에 대한 인식을 개선하도록 도와야 한다는 마음으로 농구단을 운영하려 한다"고 말했다.

출처: 경향신문(2023. 10. 19.). https://m.khan.co.kr/national/national-general/article/202310191004001에서 2023년 10월 20일 인출.

Q·u·i·z /퀴즈/

1. 다문화아동의 유형 3가지는 무엇인가?

2. 다문화가정 아동의 문제 중 자신을 이방인으로 생각하는 것으로, 특히 중도입국 다문화가족 아동들은 국내에서 출생하고 자란 다문화가족 아동들보다 한국 사회가 더욱 낯설고, 한국문화에 적응하는 것이 더욱 어려운 문제는 무엇인가?

① 사회적 편견 ② 정체감 혼란 ③ 진로문제 ④ 학업 적응

3. 다문화가족 및 아동을 지원하기 위한 기관은 무엇인가?

Think·about·it /생각나누기/

1. 다문화가족 내 아동의 문제에 대해 생각을 나누어 봅시다.

2. 다문화가족 및 아동을 지원하기 위한 다양한 사업의 내용을 논의하고, 보완이 필요한 부분이 무엇이 있는지 고민해 봅시다.

한부모가족아동을 위한 아동복지

CHILD WELFARE

/CHAPTER/ 12

학/습/목/표 1. 한부모가족의 개념에 대해 설명할 수 있다.
2. 한부모가족아동이 겪는 문제와 한부모가족 현황에 대해 이해할 수 있다.
3. 한부모가족을 위한 정책에 대해 설명할 수 있다.

1 한부모가족의 이해

1) 한부모가족의 개념

우리나라에서는 과거 한부모가족을 편부모가족이라는 용어를 사용하여 지칭하였다. 그러나 편부모라는 용어가 '부족하다', '결손이 있다'라는 의미를 내포하고 있기 때문에 용어를 개선하자는 움직임이 일어났고, 편부모가족이라는 용어 대신 '온전하면서 하나로 충분하다'라는 의미의 한부모가족으로 대체되고, 기존에 모자복지법이었던 법률을 2007년 「한부모가족지원법」으로 개정하면서 현재는 한부모가족이라는 용어로 사용하고 있다.

한부모가족이란 모(母) 또는 부(父)와 18세 미만(취학 시 22세 미만)의 자녀를 혼자서 양육하는 모자가족 또는 부자가족을 말한다. 이때 '모' 또는 '부'란 배우자와 사별 또는 이혼하거나 배우자로부터 유기된 자, 정신이나 신체장애로 장기간 노동능력을 상실한 배우자를 가진 자, 교정시설 · 치료감호시설에 입소한 배우자 또는 병역복무 중인 배우자를 가진 사람, 미혼자(사실혼 관계에 있는 자 제외)로 아동인 자녀를 양육하는 자를 말한다. 또한 청소년 한부모가족도 포함하는데 여기서 말하는 청소년 한부모가족이란 한부모가족으로서, 모(母) 또는 부(父)의 연령이 24세 이하인 가족을 말한다. 2023년 9월 대통령령이 개정되면서 부모가 사망하는 등의 사유로 조부 또는 조모가 아동을 양육하고 있는 조손가족과 국내에 체류하고 있는 외국인인 모 또는 부가 대한민국 국적의 아동을 양육하고 있는 가족까지 한부모가족의 지원범위가 확대될 전망이다.

2) 한부모가족아동이 겪는 어려움

(1) 경제적 어려움

한부모가족의 큰 문제 중 하나는 경제적 문제이다. 한부모가족이 되면 부(父) 또는 모(母) 한쪽이 가정의 경제를 책임져야 한다. 한부모가족은 생계유지와 아이의 양육을 혼자 해결해야 한다는 점에서 어려움을 겪는다.

실제로 2021년 한부모가족 실태조사에 따르면 한부모가족의 월평균 소득은 245만 원으로 중위소득을 하회하고 있었으며, 전체 가구 대비 경제적 여건 및 주거환경 등이 열악하고, 이혼 후 양육비를 지급받는 비율도 28%에 불과한 것으로 조사되었다. 한부모의 경우 본인 때문에 자녀들이 풍족하게 생활하지 못한다는 생각이 들면서 아동에게 죄책감을 갖게 되는 경우가 있다. 아동의 경우에는 전과 다른 가정의 경제적 상황의 변화로 사회적으로 위축되기도 하며, 경제적 상황의 변화에 상관없이 자신들의 욕구를 채우려고 하기도 한다.

(2) 심리 · 정서적 어려움

한부모가족은 심리 · 정서적으로 후유증을 겪게 되는 경우가 많다. 부모의 경우 홀로 지내는 시간의 증가로 우울증 등 정신적 고통에 시달리기도 하며, 불안, 분노,

우울 등으로 인한 극심한 스트레스를 경험하기도 한다. 한부모는 자녀를 홀로 키워야 하는 현실에 부딪치면서 배우자에 대한 원망이 증폭되어 심리적 어려움을 겪게 된다. 실제로 2021년 한부모가족 실태조사에 의하면 전체 응답자의 12.4%가 우울 증상을 경험하고 있는 것으로 나타났는데 이는 만 19세 이상에서 우울감 경험률이 10.5%로 나타난 2020년 한국의 사회지표 자료 수치와 비교할 때 다소 높은 수준을 보이고 있었다.

아동의 경우 한쪽 부모의 부재로 인한 상실감을 겪게 되며, 부(父) 또는 모(母)와 관계가 단절되는 경우에는 마음에 상처가 깊어지면서 분노, 좌절 우울 등의 정서적 어려움을 겪게 된다.

(3) 사회적 편견으로 인한 어려움

한국 사회에서 한부모가족에 대한 사회적 편견이 많이 없어졌지만 아직도 경제적 활동, 대인관계, 자녀 양육 등에 있어서 사회적 편견의 영향을 받고 있다. 특히 이혼으로 인해 한부모가족이 된 경우에는 개인의 성격이나 부모로서의 결함에서 비롯된 것이라는 인식 때문에 차별을 받기도 한다.

2021년 한부모가족 실태조사 결과에 따르면 한부모 본인의 17.4%가 동네나 이웃 주민으로부터 차별을 경험하였다고 응답하였고, 학교나 교육 시설로부터는 19.1%, 가족 및 친척으로부터는 17.0%의 응답자가 부당한 일이나 차별을 경험했다고 응답하였다. 한부모가족 자녀의 경우 동네나 이웃 주민에게 차별을 받은 경험이 19.3%이며, 학교나 보육 시설에서의 차별 경험은 17.4%, 가족 및 친인척으로부터의 차별 경험은 14.2%로 집계되었다. 이러한 결과는 2018년보다 모두 증가한 것으로 나타났다. 향후 한부모가족아동들이 차별 없이 사회에 적응해 나가기 위해서라도 좀 더 개방적인 시각으로 한부모가족을 바라볼 필요가 있다.

2 한부모가족 현황

우리나라는 「한부모가족지원법」 제6조에 의거하여 3년마다 한부모가족 실태조사를 실시하고 있다. 2012년 첫 번째로 조사가 이루어졌고 2021년에는 2015년과 2018년에 이어 4번째 조사가 실시되었다. 2021년 한부모가족 실태조사 결과를 살펴보면, 한부모가족의 평균연령은 40대가 60.7%로 가장 많았고, 학력의 경우 고졸 이하가 가장 많은 것으로 조사되었다. 또한 대부분 이혼으로 인해 한부모가족이 된 것으로 나타났다. 가구 구성은 부자가구보다 모자가구가 더 많았으며, 기초보장 및 저소득 한부모지원 등 정부 지원을 받는 가구가 과반수를 차지하고 있었다. 한부모가 된 기간의 경우 5년에서 10년 미만이라고 하는 응답이 가장 높게 나타났다.

1) 한부모가구 현황

한부모가구 현황을 살펴보면 2021년 기준 한부모가구는 총 151만 가구로 이 중 부+미혼자녀는 37만 4천 가구, 모+미혼자녀가 113만 6천 가구로 나타났다. 막내 자녀의 경우 18세 이하보다 19세 이상인 경우가 더 많았다.

〈표 12-1〉 한부모가구 현황

(단위: 천 가구)

세대 구성	막내자녀 연령구분	2020년	2021년
계	소계	1,533	1,510
	18세 이하	373	369
	19세 이상	1,160	1,141
부+미혼자녀	소계	381	374
	18세 이하	122	119
	19세 이상	259	255

모+미혼자녀	소계	1,152	1,136
	18세 이하	252	250
	19세 이상	900	886

출처: 여성가족부(2023). 한부모가족지원사업 안내지침.

2) 저소득 한부모가족 현황

저소득 한부모가족 현황을 살펴보면, 2018년에는 182,703세대 455,433명이었던 것이, 2019년에는 조금 감소하였으나, 다시 2020년에 184,006세대, 457,236명까지 증가하였고, 2021년에는 185,461세대, 463,084명까지 증가하였다. 한부모가족의 증가와 더불어 저소득 한부모가족 또한 증가하고 있어, 저소득 한부모가족을 위한 지원 및 대책 마련이 필요하다.

〈표 12-2〉 저소득 한부모가족 현황 (단위: 세대, 명)

연도별	계		모자가족		부자가족	
	세대	세대원	세대	세대원	세대	세대원
2018	182,703	455,433	144,156 (78.5%)	537,539 (78.5%)	38,629 (20.8%)	95,744 (20.8%)
2019	182,606	453,045	143,740 (78.7%)	356,895 (788%)	37,969 (20.8%)	94,064 (20.8%)
2020	184,006	457,236	145,482 (79.1%)	361,998 (79.2%)	37,660 (20.5%)	93,234 (20.4%)
2021	185,461	463,084	146,973 (79.2%)	367,366 (79.3%)	37,432 (20.2%)	93,260 (20.1%)

출처: 여성가족부(2023). 한부모가족지원사업 안내지침.

3) 한부모가족 복지시설 현황

한부모가족 시설 유형은 모자가족시설, 부자가족시설, 미혼모자 가족복지시설의 3가지 유형으로 구분할 수 있다. 2022년 기준 한부모가족 복지시설은 총 121개로 이 중 미혼모자 가족복지시설이 63개로 가장 많았고, 다음으로 모자가족시설이 46개, 부자가족시설이 3개로 조사되었다.

〈표 12-3〉 한부모가족 복지시설 현황

(단위: 개소)

시설유형		2019년	2020년	2021년	2022년
합계		124	124	122	121
모자가족 복지시설	기본생활지원	42	42	42	42
	공동생활지원	3	3	2	2
	자립생활지원	2	2	2	2
부자가족 복지시설	기본생활지원	2	2	2	2
	공동생활지원	1	1	1	1
	자립생활지원	-	-	-	-
미혼모자 가족복지시설	기본생활지원	22	22	23	23
	공동생활지원	40	41	39	38
		2	2	2	2
일시지원복지시설		10	9	9	9

* 법 개정에 따라 2012. 8월부터 현행 시설 유형 적용

출처: 여성가족부(2023). 한부모가족지원사업 안내지침.

③ 한부모가족을 위한 지원정책

여성가족부에서는 저소득 한부모가족, 미혼가족, 조손가족 등이 가족 기능을 유지하고 건강하고 문화적인 생활을 영위할 수 있도록 내실 있는 지원 사업을 수행함으로써 한부모가족의 생활 안정 및 자립 기반 조성과 복지 증진에 기여하기 위해 관계 부처 합동으로 한부모가족 지원 사업을 실천하고 있다.

1) 임신 · 출산과 관련된 정책

임신 · 출산과 관련된 정책에는 미혼모자시설이 있다. 지원 대상은 이혼 · 사별 또는 미혼의 임산부 및 출산 후(6개월 미만) 양육 및 숙식 지원을 필요로 하는 미혼모이다. 미혼모자시설에서는 미혼모에게 숙식 무료제공, 분만 혜택 제공, 자립지원, 의료비 등을 지원한다. 입소 문의는 해당 시설 및 지자체 한부모 상담전화 1644-6621로 문의하면 된다.

2) 양육 · 돌봄과 관련된 정책

(1) 저소득 한부모가족아동 양육비 등 지원

지원 대상은 2024년 기준, 소득 인정액이 기준 중위소득 63% 이하이면서 18세 미만 혹은 18세 이상이라도 자녀가 고등학교에 재학 중인 경우 고등학교 3학년에 다니는 해의 12월까지 자녀를 양육하는 한부모가족 및 조손가족이다.

지원기준은 2024년 한부모가족아동 양육비 복지 급여 소득 인정액 기준(중위소득 63% 이하)로 1인 1,403,920원, 2인 2,320,043원, 3인 2,970,233원, 4인 3,609,845원, 5인 4,218,313원 이하면 해당된다.

지원내용은 한부모가족아동 양육비 18세 미만 아동 1인당 월 21만 원이며, 조손가족 및 35세 이상 미혼 한부모가족의 5세 이하 아동 1인당 월 5만 원, 25세 이상 34세 이하 청년 한부모가족의 5세 이하 아동 1인당 월 10만 원, 6세 이상 18세 미만 아동 1인당 월 5만 원의 추가 아동 양육비가 지급된다. 또한 중학생 및 고등학생 아동 1인당 학용품비 연 9.3만 원이 지원되며, 한부모가족복지시설 입소가구에 생활보조금 월 5만 원을 지급한다.

(2) 청소년 한부모 아동 양육비 등 지원

지원 대상은 2024년 기준, 소득 인정액이 기준 중위소득 65% 이하이면서 모 또는 부의 나이가 24세 이하인 청소년 한부모 가구의 자녀가 0~1세 영아인 경우 아동 1인당 월 40만 원을 지급한다. 2세 이상은 35만 원을 지급한다.

또한 청소년 한부모가 검정고시를 준비하는 경우 등 가구당 연 154만 원 이내의 검정고시 등 학습 지원을 하고, 청소년 한부모가 학업이나 취업활동을 하는 경우 가구당 월 10만 원의 자립촉진 수당을 지급한다.

(3) 청소년 한부모 등 자립지원 패키지

지원 대상은 자녀를 양육하고 있는 기준 중위소득 72% 이하 청소년 한부모 가구, 혼인기록이 없고 사실혼 관계가 아닌 한부모가족 복지시설에 거주하지 않는 미혼모 · 부자이다.

지원내용은 사례관리를 통한 청소년 한부모 및 미혼모 · 부의 양육 · 자립 지원으로 정부 서비스 연계, 생활지원, 자립지원, 기타 지원, 정서 지원 등 서비스를 제공한다. 정서 지원 서비스의 경우 상담, 전문 심리치료, 멘토링, 양육 용품, 병원비 등으로 연 100만 원 이내에 지원을 받을 수 있다.

3) 시설 · 주거와 관련된 정책

(1) 한부모가족 복지시설

지원 대상은 「한부모가족지원법」상 저소득 무주택 한부모가족(모 · 부자가족, 미혼모 · 부자가족, 조손가족)이다. 지원내용은 일정 기간 주거와 자립 준비, 아이돌봄서비스 · 심리치료 지원 및 자립준비비금 인정 등이 있다. 한부모가족 복지시설 서비스 내용은 〈표 12-4〉, 한부모가족 복지시설의 유형 및 종류는 〈표 12-5〉와 같다.

〈표 12-4〉 한부모가족 복지시설 서비스 내용

시설유형	서비스 내용
모자가족 복지시설	모자가족에게 편의를 제공하는 시설 • 기본생활지원: 생계가 어려운 모자가족에게 일정 기간 주거, 생계지원 • 공동생활지원: 독립적인 생활이 어려운 모자가족에게 일정 기간 공동생활을 통해 자립을 준비할 수 있도록 주거 등을 지원 • 자립생활지원: 자립욕구가 강한 모자가족에게 일정 기간 주거 제공
부자가족 복지시설	부자가족에게 편의를 제공하는 시설, 모자가족 복지시설과 서비스 내용은 유사함
미혼모자가족 복지시설	미혼모자가족과 미혼모에게 편의를 제공하는 시설 • 기본생활지원: 미혼여성의 임신, 출산 시 안전분만 및 심신의 건강회복과 출산 후의 아동양육지원을 위해 일정 기간 주거와 생계 지원 • 공동생활지원: 출산 후 해당 아동을 양육하지 않는 미혼모 또는 미혼모와 그 출산 아동으로 구성된 미혼모자가족에게 일정 기간 동안 공동생활을 통한 자립 준비 가능한 주거 등 지원

일시지원 복지시설	배우자가 있으나 배우자의 물리적·정신적 학대로 아동의 건전한 양육이나 모의 건강에 지장을 초래할 우려가 있을 경우 일시적 또는 일정 기간 동안 모와 아동 또는 모에게 주거와 생계를 지원하는 시설

〈표 12-5〉 한부모가족 복지시설 유형 및 종류

시설유형		입소대상	입소기간(연장)
모자가족 복지시설	기본생활지원	• 18세 미만의 자녀를 양육하는 무주택 저소득 모자가족	3년(2년)
	공동생활지원	• 독립적인 가정생활이 어렵고 일정기간 공동으로 가정을 이루어 생활하면서 자립을 준비하고자 하는 모자가족	2년(1년)
	자립생활지원	• 18세 미만의 자녀를 양육하는 무주택 저소득 모자가족, 기본 생활지원형에서 퇴소한 모자세대로서 자립준비가 미흡한 모자 가족	3년(2년)
부자가족 복지시설	기본생활지원	• 18세 미만의 자녀를 양육하는 무주택 저소득 부자가족	3년(2년)
	공동생활지원	• 독립적인 가정생활이 어렵고 일정기간 공동으로 가정을 이루어 생활하면서 자립을 준비하고자 하는 부자가족	2년(1년)
	자립생활 지원	• 기본생활지원형에서 퇴소한 부자세대로서 자립준비가 미흡한 부자가족	-
미혼모자가족 복지시설	기본생활지원	• 이혼·사별 또는 미혼의 임신여성 및 출산 후(6월 미만) 지원을 요하는 여성	1년(6월)
	공동생활 지원	• 3세 미만의 영유아를 양육하는 미혼모	2년(1년)
		• 출산 후 해당아동을 양육하지 아니하는 미혼모	2년(6월)
일시지원 복지시설		• 배우자의 학대로 인하여 아동의 건전 양육과 모의 건강에 지장을 초래할 우려가 있는 모와 아동	6월(6월)

출처: 여성가족부(2023). 한부모가족 복지서비스 종합안내서.

4) 교육 · 취업과 관련된 정책

(1) 학생 미혼모 대안교육 위탁교육기관

학업을 지속하고자 하는 학생 미혼모는 원적교의 학적을 유지한 채 전국 어디서든 위탁 교육이 가능하다. 학생 미혼모 대안교육 위탁교육기관 현황은 〈표 12-6〉과 같다.

〈표 12-6〉 학생 미혼모 대안교육 위탁교육기관 현황

지역	시설명	전화번호	지역	시설명	전화번호
서울	나래대안학교	02-393-4720	강원	마리아의집	033-264-0194
부산	마리학교	051-253-7543	충북	청주해오름마을	043-285-4438
대구, 경북	가톨릭푸름터	053-764-8537	충남	구세군아름드리	041-568-0691
				천안새소망의집	041-568-0695
광주	엔젤하우스	062-651-8585	전북	민들레학교	063-283-1356
대전, 세종	대전자모원	042-934-6934	전남	성모의집	061-279-8004
울산	미혼모의집물푸레	052-903-9200	경남	범숙학교	055-298-1127
경기	아우름대안학교	02-1600-0152	제주	사회복지법인 청수(애서원)	064-773-2010
	나래대안학교	02-393-4720			

출처: 여성가족부(2023). 한부모가족 복지서비스 종합안내서.

(2) 한부모 근로자 육아휴직 급여

지원 대상은 「한부모가족지원법」에 따른 한부모인 근로자로서 「남녀고용평등법」상 육아휴직을 30일 이상 사용한 근로자이다. 지원내용은 육아휴직 첫 3개월은 통상임금의 100%(상한액 월 250만 원), 4개월째부터는 통상임금의 80%(상한액 월 150만 원)를 지급한다.

5) 금융 · 법률과 관련된 정책

(1) 양육비 이행지원 서비스

지원 대상은 19세 미만의 자녀를 양육하고 있는 한부모 · 조손가족이다. 지원내용은 양육비 상담, 협의, 소송, 추심 및 모니터링 지원 등 미성년 자녀의 양육비 청구와 이행확보 지원 등에 관한 원스톱 종합 서비스를 제공한다. 신청 문의는 한부모 상담전화 1644-6621 및 양육비 이행관리원 누리집(www.childsupport.or.kr)을 참고하면 된다.

또한 양육비 이행관리원 서비스를 신청한 양육비 채권자가 양육비를 받지 못해 미성년 자녀의 건강한 성장에 어려움이 있다고 판단되는 가구에는 9개월간(최장 1년) 자녀 1인당 월 20만 원을 지원한다.

(2) 한부모가족 무료법률 구조

지원 대상은 기준 중위소득 125% 이하의 한부모가족이다. 지원내용은 한부모가족에게 민 · 가사 사건, 형사 사건 등 법적 분쟁 발생 시 무료법률구조(법률상담, 소송대리 등)를 통해 소송비용 및 변호사 보수 등을 지원한다. 신청 문의는 대한법률구조공단 132번 혹은 한국가정 법률상담소 1644-7077로 문의하면 된다.

6) 기타

(1) 저소득 한부모가족을 위한 요금감면

지원내용	신청 및 문의
건강보험료 경감	국민건강보험공단 1577-1000
복지용 쌀 할인지원(기준가격의 60~90% 할인)	읍 · 면 · 동 행정복지센터/주민센터
지역난방 · 전기 · 가스요금감면	• 읍 · 면 · 동 행정복지센터/주민센터 • 전기: 한국전력공사 123 • 가스: 해당지역 가스공급사 고객센터 • 산업통상자원부 1577-0900
에너지효율개선(주거지의 단열, 창호 공사 및 보일러 보급 지원, 에어컨 보급 지원)	• 읍 · 면 · 동 행정복지센터/주민센터 • 에너지효율개선사업 콜센터 1670-7653
에너지바우처(기초생활수급가구)	• 읍 · 면 · 동 행정복지센터/주민센터 • 에너지바우처 콜센터 1600-3190
이동전화요금 감면 • 생계 · 의료급여 수급자: 기본료 면제(월 2만 6,000원까지), 통화료 35% 감면(월 최대 33,500원) • 주거 · 교육급여 수급자, 차상위계층: 기본료 면제(월 1만 1,000원까지), 통화료 35% 감면(월 최대 21,500원)	• 읍 · 면 · 동 행정복지센터/주민센터 전용 ARS 1523 • 이동통신사 대리점
과태료 50% 이내 감면	해당 과태료 부과 행정기관 법무부
자동차검사수수료 감면 (기초생활수급자 면제, 한부모가족 80% 감면)	한국교통안전공단 1577-0990
수도요금 감면	• 읍 · 면 · 동 행정복지센터/주민센터 • 거주지 관할 상수도사업본부
종량제 폐기물 처리 수수료 감면	
주민등록 등 · 초본 발급 수수료 면제	

출처: 여성가족부(2023). 한부모가족 복지서비스 종합안내서.

(2) 스포츠 강좌 이용권

지원 대상은 한부모가정 등의 5~18세 유 · 청소년이다. 지원내용은 1인당 매월 일정 금액 내 스포츠 강좌 수강료 지원 이용권을 제공한다. 신청방법은 스포츠 강좌 이용권 누리집에서 온라인 신청 및 시군 구청을 방문하여 서면으로 신청하면 된다.

(3) 4대궁 종묘 조선왕릉 무료입장

지원 대상은 한부모가족(한부모가족 지원법 시행규칙 제3조의 3에 따라 발급받은 한부모가족 증명서 제시)으로 4대궁(경복궁, 창덕궁, 창경궁, 덕수궁)과 종묘, 조선왕릉을 무료로 입장 가능하다.

4 한부모가족아동을 위한 서비스의 개선 방향

1) 한부모가정 지원정책에 대한 적극적인 홍보 및 사각지대 발견 노력 경주

2021년 한부모가족 실태조사 결과, 한부모가족 지원 사업 관련 정보를 습득하는 경로를 살펴보면 구청/주민센터가 43.4%로 가장 많았고, 인터넷/온라인 카페 21.9%, 여성가족부 홈페이지 10.5% 등의 순으로 조사되었다. 지역복지관이나 한부모가족복지시설, 방송 보도 및 신문 기사를 통한 정보 습득 비율은 지속적으로 낮은 것으로 나타났다. 서울시 여성가족 재단이 실시한 조사에서는 한부모가 된 가장 큰 이유로 이혼(45.3%), 비혼 출산(37.5%), 가정폭력으로 인한 별거(3.1%)가 순위에 올라 잠재적 위기를 겪다가 한부모가족이 된 경우가 많음을 알 수 있었다. 이들은 지원시설에 대한 정보를 알지 못했으며, 어려움을 해결하기 위해 혼자 인터넷으로 정보를 찾아보았다고 하는 응답이 과반을 차지했다. 이러한 결과는 한부모가정 지원 정책에 대한 적극적인 홍보가 필요함을 말해준다.

우리나라의 복지는 신청주의로 정보를 알지 못해 서비스를 신청하지 않으면 서비스 지원 대상에 해당되더라도 서비스를 받을 수 없다. 따라서 향후 방송 보도 및 신문 등을 적극적으로 활용하여 한부모가족 지원정책에 대한 홍보를 실시하고, 잠재적 한부모가족이 될 가능성이 있는 위기가정을 적극적으로 발굴하여 한부모가족 아동들이 복지 사각지대에 놓이지 않도록 노력해야 할 것이다.

2) 한부모의 고령화에 따른 자녀 맞춤형 정책 검토 필요

2020년을 기준으로 막내 자녀의 연령이 19세 이상인 한부모는 116만 가구로 전체 한부모 가구의 75%를 넘어섰다. 전년과 비교하면 1만 5000가구가 늘어난 규모다. 특히 이 중에서도 엄마와 함께 사는 19세 이상 미혼 자녀는 1만 3000가구나 늘어 전체 대비 50%를 차지했다. 이러한 결과는 여성 가장과 사회 진입을 목전에 둔 미혼 자녀로 구성된 한부모 세대에 대한 맞춤형 지원이 증가해야 함을 의미한다. 나이가 들어가면서 점점 경제력을 상실하고 있는 한부모와 취업과 결혼 및 출산을 앞둔 자녀로 구성된 가정에 대한 관심이 필요한 때이다.

현재 한부모가족 지원 정책은 미혼모 혹은 저소득 한부모가정에 집중되어 있다. 다양한 한부모가족의 유형이 증가하고 있는 만큼 이들을 위한 맞춤형 정책에 대해 다각도로 검토하고, 성인을 목전에 두고 있는 한부모가족아동에 대한 취업 연계 등을 통해 이들이 사회의 한 구성원으로서 역할을 다할 수 있도록 노력이 필요하다.

3) 한부모가정 아동을 위한 다양한 복지 프로그램 개발

현재 한부모가정 지원은 가구주 중심으로 이루어지고 있다. 양육자의 임금 수준에 따라 지원 여부가 결정되며, 개인으로서 아동의 권리는 고려되지 않는다. 현재는 한부모에게 자녀의 복지를 전담하고 부분적으로 사회가 보완한다는 관점에서 서비스가 이루어지고 있지만, 향후에는 공공이 취약가정의 아동을 100% 보장한다는 관점에서 정책이 개발되어야 한다. 즉, 가구 중심의 복지에서 개인 중심, 아동 중심의 복지로 한부모가정 아동에 대한 복지정책의 패러다임 전환이 필요하다. 복지 실천의 방향을 경제적 지원과 더불어 심리 · 사회적 지원, 그리고 자립능력을 기르는 것에 초점을 맞춰서 다양한 프로그램이 도입되어야 할 것이다.

향후에는 한부모가정 아동을 위한 주간 보호, 단기 보호 및 방과 후 보호 시설을 확충하고, 특기 적성이나 취미교실을 할 수 있는 프로그램 마련이 필요하다. 또한 아동의 연령에 따라 생애 주기별 맞춤 프로그램 등을 실시할 필요가 있다. 저연령 아동에게는 부나 모의 부재가 주는 영향을 최소화시켜야 할 필요가 있을 것이며, 연령이 높아질수록 독립성 고취 및 자립을 모색하기 위한 프로그램이 필요하다.

(중략)

"4층 옥탑방에서 아이를 키우며 1층에서 분식집을 했는데, 봐줄 사람이 없으니 그냥 방에 아이를 재우고 일을 했어요. 건물이 낡아서 엘리베이터도 없었어요. 그래서 아주 잠깐이라도 시간이 나면 계단을 단숨에 뛰어올라가서 아이가 잘 있는지 보고 내려오곤 했어요. 1년을 그렇게 살다보니 무릎이 다 상해서 나중에는 중고 유모차를 어렵게 구해 아이를 태우고 주방에서 일했어요. 제대로 돌봐주지 못했다는 미안함 때문에 눈물을 참을수가 없어요"

당시를 회상하는 선영씨의 목소리를 무거웠다. 이른바 '독박육아', 특히 생계와 함께 해야 하는 돌봄은 한부모들에게 가장 큰 어려움이다. 정부가 저출산 해소 차원에서 다양한 지원책을 마련하고 있지만 '사각지대'는 여전하다.

취학 전 아이를 맡길 수 있는 어린이집 운영시간은 평일 오전 7시 30분부터 오후 7시 30분. 토요일은 오후 3시 30분이면 운영이 끝난다. 일요일과 공유일은 운영하지 않는다.

생계에 집중해야 하는 한부모입장에서는 운영시간 외 돌봄이 절실한 상황. 정부가 키움센터 등 대책을 내놓고 있지만 사각지대를 온전히 해소하기에는 역부족이다. 결국 높은 비용을 지불하고 민간 서비스를 이용해야 하는 악순환이 발생하는 것이다.

(중략)

전문가들은 부정적인 경험이 대물림되지 않도록 교육적인 접근이 필요하다고 입을 모으지만 이에 대한 논의는 초기 단계다. 시급한 대책마련이 요구되는 부분이다.

장경은 경희대 아동가족학과 교수는 "한부모 가정은 혼자서 생계와 양육을 책임져야 하기 때문에 스트레스가 높을 수 밖에 없고 그 영향이 아이들에게 미치기 쉽다. 심리적 소진이 크면 아무래도 아이들을 정서적으로 방임할 수 있기 때문"이라고 지적했다.

이어 "이런 악순환을 막으려면 탄력근무제를 통해 아이들과 함께 할 수 있는 시간을 늘려주는 등의 사회적 지원이 필요하다"고 강조했다.

출처: 뉴스핌(2022. 9. 30.). https://www.newspim.com/news/view/20220929000893에서 2023년 11월 3일 인출.

Q·u·i·z /퀴즈/

1. 한부모가족의 정의는 무엇인가?

2. 한부모가족 복지시설의 유형 중 가장 수가 많은 것은 어떤 유형인가?

3. 한부모가족아동이 겪는 어려움에는 어떠한 것들이 있는지 1개 이상 적어 보자.

Think·about·it /생각나누기/

1. 한부모가족아동에 대한 편견을 없애기 위해서는 어떠한 노력이 필요한지 생각해 봅시다.

2. 한부모가족들은 현재 한부모가족 지원 기준을 기준중위소득 현행(52~72%)인 것에서 100%까지 늘려야 한다고 주장합니다. 이러한 주장에 대해서 어떻게 생각하는지 함께 이야기를 나누어 봅시다.

시설보호아동의 보호지원서비스

/CHAPTER/ 13

CHILD WELFARE

학/습/목/표	1. 시설보호 및 아동에 대해 이해한다. 2. 시설보호아동의 현황에 대해 알 수 있다. 3. 시설보호아동의 보호지원과 서비스에 대해 알 수 있다.

1 시설보호의 이해

보호가 필요한 아동의 보호지원은 「아동복지법」 아동복지시설 종류 중 아동양육시설, 아동일시보호시설, 아동보호치료시설, 공동생활가정으로 볼 수 있다. 이 장에서는 아동양육시설의 개념, 시설보호아동이 생기는 원인과 현황, 시설보호아동의 지원 및 서비스 등에 대해 알아보고자 한다.

1) 시설보호 개념 및 종류

카두신(Kadushin, 1980)에 의하면 시설보호사업은 아동의 부모가 자녀를 양육할 의사나 충분한 양육 능력이 없는 경우 타인의 부모 역할을 대리하여 일정한 시설에서 아동을 일시적 또는 장기적으로 집단 보호하는 서비스이다.

「아동복지법」 제2조제3항에서는 아동에 대한 상담, 보호조치 결정 등 아동보호 전 과정에 걸쳐 아동의 이익을 최우선적으로 고려해야 한다고 언급되어 있다. 아동보호는 '시급성'과 '시의 적절성'이 무엇보다 중요하며, 긴급한 보호가 필요한 아동이 있는 경우 '선 보호 후 행정 처리' 원칙에 따라 보호(불가피한 사유가 없는 한 즉시 보호 원칙)해야 한다고 규정되어 있다(보건복지부, 2023).

- 보호자가 특정 아동양육시설 또는 공동생활가정, 위탁가정 등으로 배치를 요구하는 경우, 보호자의 요구는 아동 배치 시 최대한 고려하되 반드시 따라야 하는 것은 아님에 유의
- 아동의 보호는 최대한 아동의 입장에서 실시되어야 하므로, 보호자의 요구가 아동의 이익에 부합한다고 인정되는 경우 보호자의 배치 요구를 수용하되 보호자의 요구가 아동보호에 현저히 부적절하다고 판단되는 경우 아동의 이익에 보다 부합하는 방향으로 보호조치 결정

아동복지법 제52조 제1항에 규정된 아동복지시설 중 시설보호유형은 다음과 같다.

- **아동양육시설:** 보호대상아동을 입소시켜 보호, 양육 및 취업훈련, 자립지원 서비스 등을 제공할 것을 목적으로 하는 시설
- **아동일시보호시설:** 보호대상아동을 일시보호하고 아동에 대한 향후의 양육대책 수립 및 보호조치를 행하는 것을 목적으로 하는 시설
- **아동보호치료시설:** 아동에게 보호 및 치료 서비스를 제공하는 다음 각 목의 시설
  - 불량행위를 하거나 불량행위를 할 우려가 있는 아동으로서 보호자가 없거나 친권자나 후견인이 입소를 신청한 아동 또는 가정법원, 지방법원소년부지원에서 보호위탁된 19세 미만인 사람을 입소시켜 치료와 선도를 통하여 건전한 사회인으로 육성하는 것을 목적으로 하는 시설
  - 정서적 · 행동적 장애로 인하여 어려움을 겪고 있는 아동 또는 학대로 인하여 부모로부터 일시 격리되어 치료받을 필요가 있는 아동을 보호 · 치료하는 시설
- **공동생활가정:** 보호대상아동에게 가정과 같은 주거여건과 보호, 양육, 자립지원

서비스를 제공하는 것을 목적으로 하는 시설

- **자립지원시설:** 아동복지시설에서 퇴소한 사람에게 취업준비기간 또는 취업 후 일정 기간 동안 보호함으로써 자립을 지원하는 것을 목적으로 하는 시설
- **아동상담소:** 아동과 그 가족의 문제에 관한 상담, 치료, 예방 및 연구 등을 목적으로 하는 시설
- **아동전용시설:** 어린이공원, 어린이놀이터, 아동회관, 체육 · 연극 · 영화 · 과학실험전시 시설, 아동휴게숙박시설, 야영장 등 아동에게 건전한 놀이 · 오락, 그 밖의 각종 편의를 제공하여 심신의 건강유지와 복지증진에 필요한 서비스를 제공하는 것을 목적으로 하는 시설
- **지역아동센터:** 지역사회 아동의 보호 · 교육, 건전한 놀이와 오락의 제공, 보호자와 지역사회의 연계 등 아동의 건전육성을 위하여 종합적인 아동복지서비스를 제공하는 시설

2) 시설보호가 필요한 아동

시설보호가 필요한 아동은 만 18세 미만의 보호를 필요로 하는 아동으로 보호자(부모, 조부모, 친척, 기타)가 없거나 보호자로부터 이탈된 아동, 보호자가 아동을 학대하는 등 아동을 양육하기에 부적당하거나, 양육할 능력이 없는 경우의 아동을 말한다(서울특별시아동복지센터, 2023). 「아동복지법」 제3조에서는 보호대상아동을 "보호자가 없거나 보호자로부터 이탈된 아동 또는 보호자가 아동을 학대하는 경우 등 그 보호자가 아동을 양육하기에 적당하지 아니하거나 양육할 능력이 없는 경우"를 뜻하고 있다. 보호대상아동의 주요 유형에서는 아동복지시설 보호아동, 가정위탁아동, 아동학대 피해아동, 입양아동 등으로 볼 수 있다.

원가정 보호 원칙과 가정형 보호 우선 원칙

원가정 보호를 최우선으로 하되, 원가정 분리가 불가피한 경우, 다음 순으로 조치 고려

☞ 국내 입양(부모가 없는 경우 등) → 가정위탁 → 공동생활가정 → 아동양육시설 등 보호조치 실시

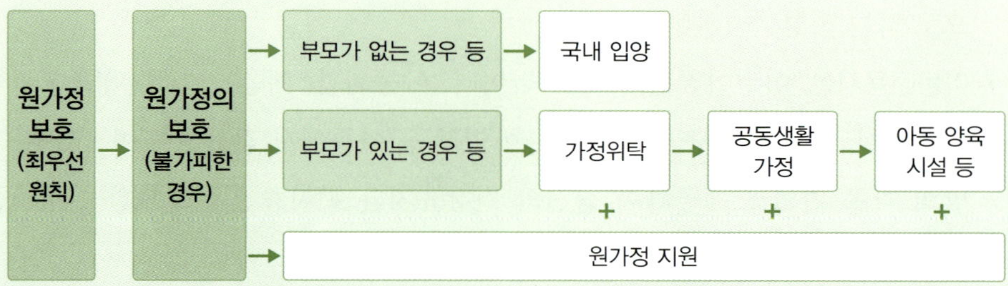

출처: 보건복지부(2023). 2023년 아동분야 사업안내.

아동을 보호조치하는 경우 보호대상아동의 의사를 존중하여야 하며, 아동 및 보호자가 상담, 아동보호 계획 수립 및 보호 등 전 과정에 참여할 수 있도록 지원해야 한다(다만, 아동복지법 제15조제5항에 따라 아동의 보호자가 아동학대범죄의 처벌 등에 관한 특례법에 따른 아동학대 행위자인 경우 반드시 보호자의 의견을 듣지 않아도 됨). 아동에 대한 보호조치 후 보호자와 연락이 단절되지 않도록 주의해야 한다.

❷ 시설보호아동 발생원인

시설보호조치 아동의 발생원인별 현황을 살펴보면, 아동학대가 차지하는 비중이 2010년 12.1%에서 2019년에는 36.7%로 빠르게 증가하고 있다. 2019년 기준으로 보호조치아동 총 4,047명 중 시설입소아동은 2,739명(67.7%), 가정보호아동은 1,308

명(32.3%)이다. 보호조치아동 중 시설입소아동 비중은 2010년 56.4%에서 2019년 67.7%로 증가한 반면, 가정보호아동 비중은 2010년 43.6%에서 2019년 32.3%로 감소하였다(국회예산정책처, 2021).

2023년 보건복지부 「보호대상아동 현황보고」에 따르면 발생유형 총계는 2020년 4,120명, 2021년 3,437명, 2022년 2289명으로 점차 줄어들고 있으나 각 년도마다 학대, 부모빈곤, 실직으로 인한 발생원인이 가장 많은 것으로 나타났다. 2022년 시설보호아동의 발생원인을 살펴보면 학대, 부모빈곤, 실직이 1,953명으로 가장 높게 나타났으며, 미혼부모, 혼외자가 252명, 유기 72명 순으로 나타났다.

〈표 13-1〉 보호조치 아동의 발생원인 (단위: 명)

	2013	2014	2015	2016	2017	2018	2019	2020	2021	2022
발생유형 계	6,020	4,994	4,503	4,583	4,125	3,918	4,047	4,120	3,437	2,289
학대, 부모빈곤, 실직 등	3,668	2,965	2,866	3,139	2,778	2,726	2,865	3,006	2,661	1,953
비행, 가출, 부랑	512	508	360	314	227	231	473	468	293	11
미혼부모, 혼외자	1,534	1,226	930	855	847	623	464	466	366	252
유기	285	282	321	264	261	320	237	169	117	73
미아	21	13	26	11	12	18	8	11	0	0

* 2008년부터 보호대상아동 발생원인 중 〈빈곤, 실직, 학대등 기타〉 항목이 〈학대〉, 〈부모빈곤, 실직〉, 〈부모사망〉, 〈부모질병〉, 〈부모이혼 등〉으로 세분화됨.

출처: 보건복지부(2023). 보호대상아동 현황보고.

❸ 시설아동의 현황 및 실태

저출산으로 인한 아동인구 감소로 보호대상아동 수도 함께 감소하고 있으나 아동 인구 천 명 당 보호대상아동 발생 수는 유지되고 있다. 보호대상아동 발생 수는 2010년 9,960명에서 2016년 5,221명, 2019년에는 4,612명으로 감소되었으며, 아동인구 천명 당 보호대상아동 발생 수는 2015년 이후 약 0.6명대를 유지하고 있다(국회예산정책처, 2021).

2023년 보건복지부 '보호대상아동 현황보고'에 따르면 보호대상 아동수는 3,756명으로 나타났으며, 이 중 1.467명은 귀가 및 연고자가 인도하여 온 아동이다.

해마다 아동학대가 심각해지고 있으며, 건수는 2010년 5,657건에서 2019년 3만 45건으로 5배 이상 증가되었다. 최근 입양 아동 학대 사망 사건 등 중대한 아동학대 사건이 잇따라 발생하고 있으며 아동학대로 사망한 아동 수는 2015년 16명에서 2017년 38명으로 증가하였다. 2018년에는 28명으로 감소하였으나 2019년에는 42명으로 다시 증가하였다(국회예산정책처, 2021). 학대 유형별로 살펴보면, 방임 · 유기의 비중은 감소한 반면, 신체학대 및 정서학대 비중은 증가되었으며 신체학대 비중은 2010년 6.2%에서 2015년 16.1%까지 증가하였다가 다시 약간 감소하여 2019년 13.9%로 나타났다. 정서학대 비중은 2010년 13.7%에서 2019년 25.4%로 10년간 11.7%p 증가되었다.

2023년 보건복지부 '보호대상아동 현황보고'에 보호아동의 조치현황을 살펴보면 2020년 4,120명, 2021년 3,437명, 2022년도 1,881명으로 감소 추세에 있다고 볼 수 있다. 2022년 보호유형에서는 가정위탁(입양, 전위탁포함) 916명, 시설보호 913명, 입양 52명 순으로 보호조치를 하는 것으로 나타났다.

〈표 13-2〉 보호조치 현황

(단위: 명)

	2013	2014	2015	2016	2017	2018	2019	2020	2021	2022
보호유형 계	6,020	4,994	4,503	4,583	4,125	3,918	4,047	4,120	3,437	1,881
시설보호	3,257	2,900	2,682	2,887	2,421	2,449	2,739	2,727	2,183	913
가정위탁 (입양전위탁포함)	2,265	1,688	1,582	1,447	1,417	1,294	1,199	1,305	1,179	916
입양	478	393	239	243	285	174	104	88	75	52
소년소녀가정	20	13	0	6	2	1	5	0	0	0

* 입양은 「입양특례법」에 의한 보호대상아동만을 대상으로 하므로 민법상의 입양(사인간의 입양)은 미포함

출처: 보건복지부(2023). 보호대상아동 현황보고.

〈표 13-3〉 아동복지시설 보호아동 현황

(단위: 명)

구분	계(현원)		아동양육시설		아동보호치료시설		자립지원시설		아동일시보호시설		아동상담소	아동전용시설
	시설	인원	시설	인원	시설	인원	시설	인원	시설	인원		
계	306	101,310	245	9,439	12	435	15	215	17	2223	10	7

출처: 보건복지부(2023). 아동복지시설 현황.

〈표 13-4〉 아동복지시설 보호아동 성별, 취학 현황

(단위: 명)

구분	시설수	종사자수	정원	입소인원			취학아동							
				계	남	여	계	미취학		초등재	중재	고재	대재	기타
								0~3세 미만	3~6세 미만					
계	306	7,740	15,479	10,312	5,744	4,568	10,312	655	1,436	3,806	1,787	1,780	444	410

출처: 보건복지부(2023). 아동복지시설 현황.

〈표 13-5〉 아동복지시설 정, 현원 현황

(단위: 명)

구분	계(현원)		아동양육시설		아동보호치료시설		자립지원시설		아동일시보호시설	
	정원	현원	정원	현원	정원	현원	정원	현원	정원	현원
계	15,479	101,312	13,875	9,439	618	435	441	215	545	223

출처: 보건복지부(2023). 아동복지시설 현황.

〈표 13-6〉 아동복지시설 현황 (단위: 명)

구분	시설수	종사자수	정원	수용인원			아동현황							
				계	남	여	계	미취학		초등재	중재	고재	대재	기타
								0~3 미만	3~6 미만					
계	42	1,401	3,102	2,177	1,221	956	2,177	302	562	535	225	432	35	86
아동양육시설	34	1,222	2,712	1,893	1,059	834	1,893	302	562	481	155	378	11	4
아동보호치료시설	3	84	175	116	75	41	116			1	40	37	1	37
자립지원시설	3	14	95	68	27	41	68						23	45
아동일시보호시설	2	81	120	100	60	40	100			53	30	17		
아동전용시설	1	6												
개인양육시설														

출처: 보건복지부(2023). 아동복지시설 현황.

❹ 보호대상아동 서비스 주요내용

「아동복지법」 제15조제 1항에 따르면 시 · 도지사 또는 시장 · 군수 · 구청장은 그 관할 구역에서 보호대상아동을 발견하거나 보호자의 의뢰를 받은 때에는 아동의 최상의 이익을 위하여 필요한 보호조치를 해야 한다(보건복지부, 2023).

① 아동발견 또는 보호자 의뢰 → ② 아동과 보호자 상담 · 지도 → ③ 원가정 복귀 → ④ 가정위탁, 아동복지시설 입소, 전문치료기관 · 요양소 입원 · 입소, 입양 등 아동의 최상의 이익을 위하여 필요한 보호조치 실시

복지급여 연계 등 지원에도 불구하고 원가정 및 친족에 의한 보호 · 양육이 어렵거나 위탁가정의 부족 등 가정위탁 보호가 불가능한 경우 아동복지시설 입소를 고

려해야 한다. 장애인 등록 아동의 경우 장애인 부서로 의뢰하여 장애인복지전달체계에서 보호하도록 조치한다. 다만, 불가피한 경우 장애인복지전달체계에서 보호되기 전까지 아동복지시설에서 임시보호 가능하다.

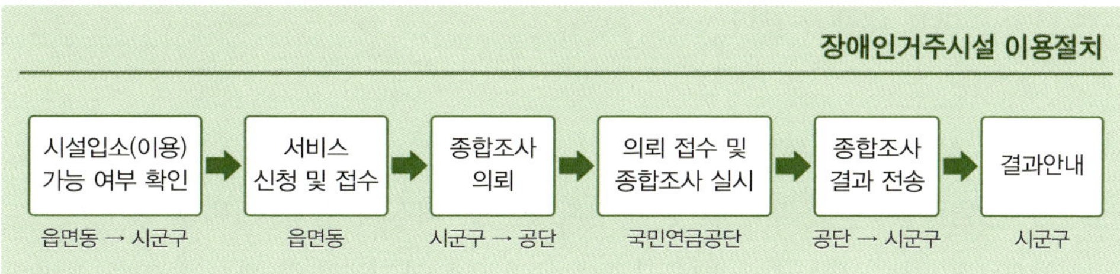

출처: 보건복지부(2023). 아동복지시설 현황.

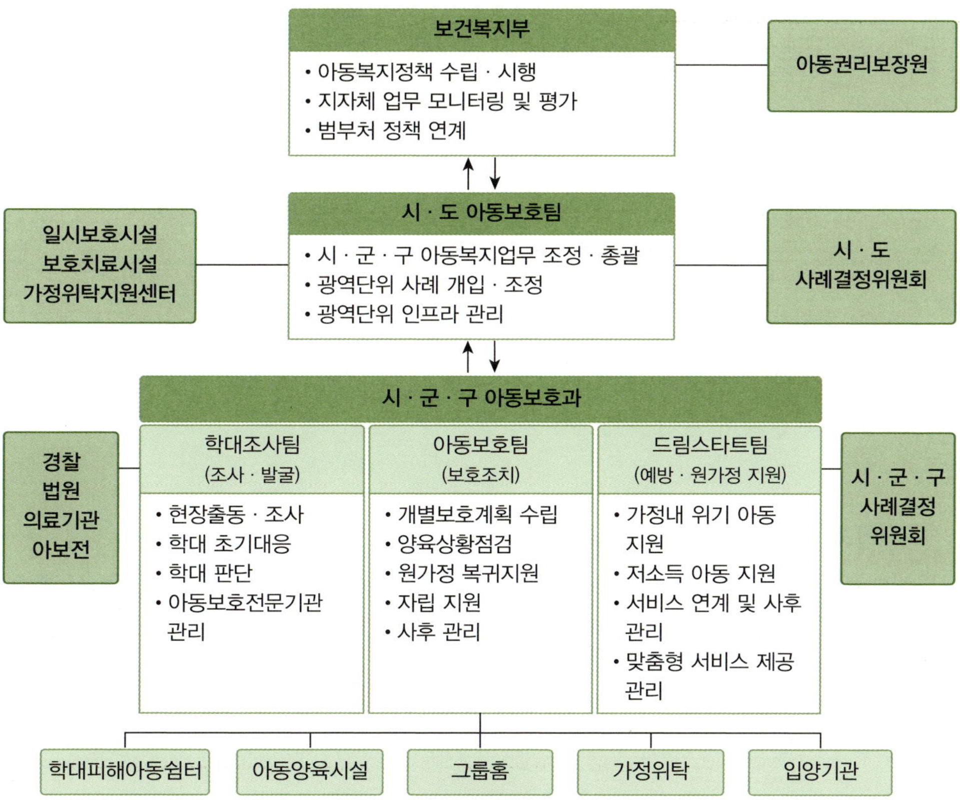

[그림 13-1] 아동보호 추진체계

출처: 보건복지부(2023). 아동복지시설 현황.

1) 아동보호서비스 절차

아동보호 서비스 절차는 1단계 상담, 조사, 사정, 2단계 개별보호 · 관리계획 수립 및 결정, 3단계 보호조치, 4단계 보호조치 종결, 5단계 사후관리로 이루어진다. 자세한 사항은 아래 내용과 같다.

① 1단계: 상담, 조사, 사정

- (접수상담) 기초정보 파악 및 상담 결과에 따른 대상자 접수, 서비스 연계
- (일시보호) 접수상담 과정에서 긴급하게 아동을 분리보호할 필요가 있다고 판단하면, 아동을 즉시 일시보호시설 또는 일시위탁가정 등에 보호조치 결정 시까지 보호
- (욕구조사 등) 아동과 가정의 문제 및 욕구를 파악, 보호서비스 제공 및 방향 등 사정

② 2단계: 개별보호 · 관리계획 수립 및 결정(아동을 원가정에서 분리여부)

- (개별보호 · 관리계획 수립) 조사 · 상담 · 사정 결과를 바탕으로 보호조치 유형 및 보호기간, 사례관리 등 계획을 수립
- (보호결정) 사례회의 결과를 바탕으로 아동복지심의위원회(사례결정위원회)에서 아동의 보호조치 결정

③ 3단계: 보호조치

- (서비스계획 수립 및 제공) 아동이 분리보호 시 원가정외 보호기관(가정위탁, 공동생활 가정, 양육시설, 입양 등)과 협업하여 아동에 대한 서비스계획을 수립 및 제공

- (양육상황 점검) 아동의 분리보호 후 서비스 제공기관의 서비스 제공 상황, 원가정 상황 등을 정기적으로 점검하여 보호조치 및 서비스 계획 변경 필요성 검토

④ 4단계: 보호조치 종결

- 양육상황 점검결과 보호조치 목적 달성 여부 등을 평가하여 아동복지심의위원회를 통해 보호조치 종결

⑤ 5단계: 사후관리

- 보호종료 후 아동의 가정 방문 및 서비스기관(드림스타트, 희망복지지원단, 청소년복지기관 등) 연계 등 해당 아동의 복지증진을 위한 필요한 지도 · 관리 제공

상담 · 조사 · 사정	▶	보호계획 및 결정	▶	보호조치	▶	종결	▶	사후관리
• 접수상담 • 일시보호 • 욕구조사/상황점검 • 건강검진/심리검사		• 개별보호관리 계획 수립 • 사례회의 • 보호조치 결정		• 아동보호 및 서비스 제공계획 수립 • 양육상황점검 및 재평가		• 종결		• 사후관리 • 자립지원

출처: 보건복지부(2023). 2023년 아동복지 사업.

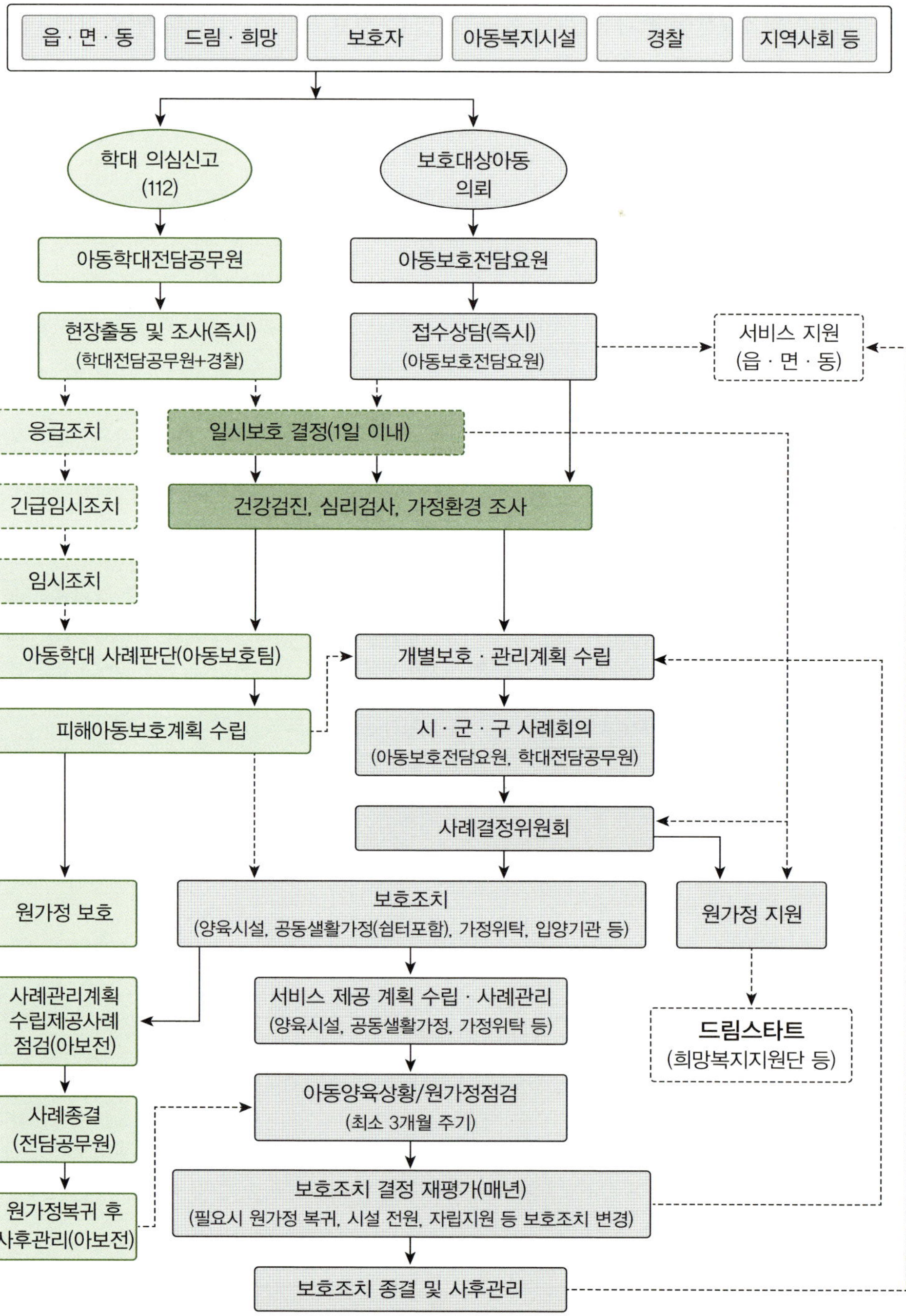

[그림 13-2] 보호아동 발생시 업무처리 흐름도

출처: 보건복지부(2023). 2023년 아동복지 사업.

2) 보호아동 자립지원

자립지원이란 보호대상아동의 자립 준비 역량을 강화하고 안정적으로 사회에 진출하여 독립적으로 자신의 삶을 이끌어가도록 돕는 것이다 정부는 1993년 하반기부터 전국 8개소에 자립지원센터를 설치하여 퇴소연장 아동을 대상으로 취업 지도, 직업 교육, 사회생활 상담 등의 서비스를 제공하기 시작하였다.

아동복지시설은 보호대상아동의 보호종료 이후 자립에 필요한 주거 · 생활 · 교육 · 취업 등의 지원으로 자립에 필요한 자립정착금 및 자립수당 지급, 자립에 필요한 자산의 형성 및 관리 지원(자산형성 지원)을 하고 있다. 자립지원과 관련된 내용은 〈표 13-7〉과 같다.

〈표 13-7〉 자립지원 서비스 내용

단계별		서비스 내용
1단계	입소(위탁) 상담	• 원가정이 있는 경우, 원가정 복귀계획 수립
2단계	입소(위탁) 결정 후	• 건강, 지능, 사회성, 심리, 학습 관련 통합사정 실시 • 통합사정결과를 토대로 아동복지시설(위탁가정) 배치
3단계	시설(위탁가정) 적응 기간	• 아동복지시설(위탁가정) 적응을 위한 프로그램 운영 * 아동복지시설장은 경계선 지능 의심 아동이 있는 경우 반드시 경계선 자립지원사업에 참여지도
4단계	적응기간 경과 후	• 아동복지시설(가정위탁센터)내 사례관리회의 - 자립 · 건강 · 심리 · 학습 등 관계자 참석
5단계	사례관리 회의 후	• 아동별 자립지원서비스 계획 수립 - 1 · 4단계의 내용을 반영 - 원가정 유대강화 서비스 포함 - 경계선지능 등 자립취약아동에 대한 별도의 서비스 개입 계획 수립 • 5단계의 아동별 자립지원서비스 계획수립에 기반한 자립지원 프로그램 운영

6단계	자립지원계획 수립 및 운영 (아동복지법 제39조)	• 만 15세부터 보호종료 이후를 대비하여 매년 개인별 자립기술평가 실시 및 자립지원계획을 수립하여 운영 - 진로, 학습, 취업 계획 등 포함 • 아동 자립지원서비스 계획을 차세대 사회보장정보시스템 입력
7단계	자립체험프로그램 운영	• 보호아동에 별도(1인실) 공간 제공을 통해 자립체험 프로그램 운영
8단계	보호종료 전 점검	• 보호종료가 예정된 아동에 대한 자립준비 점검 - 대학진학, 취업(예정)유무, 등록금조달, 주거 마련, 원가정 관계, 자립정착금 사용계획, 자립수당 신청 여부 등 • 경계선지능 등 자립취약아동의 자립준비기간이 필요할 시 아동복지법 제16조의3 및 시행령 제22조에 근거하여 연장보호 검토
9단계	보호종료	• 종결심사서 작성 및 사후관리 동의서 확보 • 시 · 도 자립지원전담기관 연계
10단계	사후관리 및 상담	• 만 18세 이상 보호종료 후 5년까지 안정적 자립정착을 위한 사후관리 및 자립수준평가 실시 〈서식 2호〉 * 집중 지원이 필요한 경우 시 · 도 자립지원전담기관에서 맞춤형 사례관리(자립지원통합서비스) 지원

출처: 보건복지부(2023). 2023년 아동복지 사업.

3) 디딤씨앗통장(CDA)

취약계층 아동의 사회진출 시 학자금 · 취업 · 창업 · 주거마련 등에 소요되는 초기비용 마련을 위한 자산형성을 적극적 · 장기적으로 지원할 필요가 있다. '07년 4월부터 미래 성장 동력인 아동에 대한 사회투자로 빈곤의 대물림을 방지하고 건전한 사회인 육성을 위해 "아동발달지원계좌(Child Development Account: CDA)" 추진되고 있다. 지원대상은 만 18세 미만의 아동복지시설(아동양육시설, 공동생활가정) 보호아동, 가정위탁 보호아동, 장애인거주시설 아동, 소년소녀가정 아동이다. 기본 매칭적립은 아동이 후원자 또는 보호자의 도움 등으로 적립 시 월 5만 원 내의 범위(최대 적립금액은 월 50만 원)에서 1:2로 매칭하여 국가(지자체)가 월 10만 원 내로 지원하고 있다. 추가 적립에 대해서는 아동(보호자, 후원자 등)은 월 최대 50만 원(연간 600만 원)까지 적립이 가능하나, 월 5만 원을 넘는 추가 적립액에 대한 국가 매칭은 불가(매칭지원금은 월 최대 10만 원)하다(보건복지부, 2023).

적립금 사용용도는 만 18세(만기) 이후 학자금, 기술자격 및 취업훈련비용, 창업지원금, 주거마련 지원 등 자립을 위한 용도에 한하여 사용 가능하며, 만 24세까지 학자금 · 기술자격취득 · 주거마련 등 자립사용용도가 발생하지 않은 경우, 만 24세 도달 시 사용 용도 제한 없이 아동 적립금 및 정부 매칭지원금의 지급이 가능하다(보건복지부, 2023).

〈표 13-8〉 적립금 제부 사용 용도

구분	사용항목	사용조건
① 학자금	• 전문학사 학위인정기관* • 2,(3)년제 대학 • 4년제 대학 • 대학원	• 입학금, 등록금, 대학 기숙사비 • 대학(대학원) 수학 관련 주요 비용 • 대학 생활지원비(대학합격증, 재학증명서 등 증빙)
② 기술자격 및 취업훈련 비용	• 국가자격증 • 국제자격증 • 국가고시 • 학원등록금	• 민간자격증은 제외하되 관련 법령에 의한 민간 자격증 및 취업관련 자격증은 가능 ※ 한국직업능력개발원 민간자격 정보서비스 참조 (http://www.pqi.or.kr 접속 후 공인민간자격 검색) • 학원등록금은 운전면허증 등 기술자격 취득 및 취업훈련을 위한 경우, 단 대학 진학을 위한 학원 등록금도 지자체 판단에 따라 인출 허용 - 온라인 강의 수강료 사용 가능 ※ 아동의 특성에 따라 횟수제한이 필요한 경우 제한 가능
③ 창업지원금	• 사무실 보증금 • 장비구입비 • 시설 설치비	• 창업전문기관 등의 의견청취 및 확인 등을 통해 사업타당 여부 검토 ※ 증빙서류(예시) - 창업 업종에 대한 운영 계획서, 사업자 등록증, 임대차 계약서, 물품 견적서 등

④ 주거마련지원	• 임대아파트 보증금 • 전세금, 주택구입자금 • 월세	• 주거공간 마련 관련 주요 비용에 한함 • 월세는 6개월 이상의 계약기간 요구
⑤ 의료비 지원	• 진료비, 입원비 • 재활치료비 • 기타 의료비	• 질병이 있는 아동의 경우 완쾌 시까지 지원 가능
⑥ 결혼지원	• 결혼 및 결혼생활 비용 지원	• 안정된 결혼(가정)생활 유지를 위해 지원 ※ 혼인신고서류 등 결혼증명 서류 제출(사후 지원 가능)
⑦ 기타	• 아동 자립지원을 위해 적립금사용이 필요하다고 시 · 군 · 구청장이 인정하는 경우 ※ 시 · 군 · 구청장은 사용승인 전에 필요한 경우 관련 전문가, 아동복지시설 · 장애인시설(기관)장, 아동위원 및 보호자 등의 의견을 들을 수 있음 • 예외적으로 생계 문제 등으로 어려움을 겪고 있는 경우 본인 신청 시 아동복지시설 · 장애인시설(기관)장, 위탁부모 등 보호자, 아동보호전담요원 등 의견 청취 후 인정 가능	

* 전문학사 학위 인정 기관: 「학점인정 등에 관한 법률」에 의거하여 교육부장관이 대통령령으로 정하는 평생교육시설, 직업교육훈련기관 등

출처: 보건복지부(2023). 2023년 아동복지 사업.

4) 맞춤형 사례관리

종합심리검사 결과 경계선지능 아동으로 진단받은 아동복지시설 보호아동 중 종합심사를 거쳐 최종 선정된 자로 선정아동 대상 맞춤형 사례관리서비스 제공을 하고 있다. 아동복지시설에서 종사하는 임상심리사, 임상심리상담원, 생활지도원, 생활복지사, 간호사, 자립지원전담요원 등이 서비스 제공 최대 50회기로(시설 내 자체 서비스 외 전문기관 등 외부서비스 연계 가능) 종합심리검사보고서 및 상담 등을 통해 아동의 욕구를 고려하여 사례관리서비스를 제공하고 있다(보건복지부, 2023).

주요 프로그램 영역

- **공통 프로그램**: 인지학습 · 사회성 · 정서 · 자립 · 사회인지 영역
  ※ 자립 프로그램: 성교육, 경제교육, 자립여행 등 자립에 필요한 프로그램
  ※ 경계선 지능 아동의 개별 수준을 고려하여 자립지원 표준화 프로그램 활용 가능
- **특화 프로그램**: 학업지원, 취업지원 프로그램 등

5) 자립수당

자립준비청년(보호종료아동)에게 자립수당을 지급하여 보호종료 후 경제적 부담을 완화하고 복지향상을 통해 안정적인 사회정착 및 성공적 자립에 기여하는 것이다. 매월 40만 원 현금 지급(본인 명의 계좌 이체)을 원칙으로 하고 있으며, 국비 및 지방비 매칭으로 국비의 경우 서울 50%, 지방 80%로 하고 있다. 신청 자격 요건은 아동복지시설, 가정위탁 보호종료 5년 이내 아동 중 만 18세 이후 만기 또는 연장 보호종료된 자, 보호종료일을 기준으로, 과거 2년 이상 연속하여 보호를 받은 자이다(보건복지부, 2023).

6) 시 · 도 자립지원전담기관 설치 및 운영

전국 17개 시 · 도 자립지원전담기관 운영을 통해 지역 · 보호체계 간 편차 없는 자립지원 서비스 전달체계 마련 및 자립지원 업무를 체계화하고 있다. 맞춤형 자립지원을 제공하여 자립준비청년(보호종료아동)의 안정적 사회정착 지원한다. 주요 지원 대상은 아동양육시설, 공동생활가정, 가정위탁 보호종료 5년 이내 자립준비청년

이며, 자립준비청년 사후관리 실시(아동복지법 제38조제1항제4호), 자립준비청년 맞춤형 사례관리(자립지원통합서비스) 제공(아동복지법 제38조제1항제1호), 자립지원통합관리시스템 관리 및 지역 자립지원 정보체계 구축, 지역사회 자원 발굴 · 네트워크 구축 및 자립지원 사업 홍보, 시 · 도별 바람개비서포터즈 자조모임 모집 및 운영, 보호대상아동 자립지원 업무지원 및 자립지원 관련 종사자 교육, 기타 보호대상아동 및 자립준비청년의 자립지원을 위하여 필요한 업무를 하고 있다.

7) 아동학대예방 및 피해아동보호

아동학대 예방 강화 및 피해아동에 대한 적극적인 보호를 통해 아동의 안정적인 성장 환경 조성 및 권리증진 도모를 증진하고 있으며, 학대피해아동에게 보호와 치료, 양육서비스 등을 제공함으로써 심신의 회복과 원가정 복귀 지원(아동복지법 제53조의2, 제52조제1항제4호)하고 있다. 설치주체는 지방자치단체(시 · 군 · 구)로 지방자치단체가 학대받은 아동의 보호, 치료, 양육서비스 제공을 위해 공동생활가정 중에서 지정 또는 신규 설치 · 운영하고 있다. 지정운영기관 자격기준은 비영리법인이 설치한 공동생활가정에서 보호하고 있다.

5 시설보호아동 지원 정책의 나갈 방향

정부에서는 포용국가의 주춧돌인 아동에 대한 국가책임을 더욱 확대한다는 내용을 발표한 바 있다. 해당 보도자료에서 정부는 부모로부터 온전한 보호와 지원을 받지 못하는 취약아동을 보호하기 위하여 국가와 지자체의 책임을 강화하고 아동의 권리와 이익을 최우선으로 하는 보호체계를 구축하겠다는 의지를 표명하였다. 또한 '보호종료아동지원강화 방안'(2021.7.13.)을 통해 보호대상아동의 의지에 따라 만 24세까지 보호 연장을 가능하게 하고, 연장요건을 완화하였다. 그러나 아동양육시설을 담당하는 중앙기관의 부재로 2019년 7월에 아동권리보장원을 설립하여 아동 중심의 보호체계 기반확보를 추진하여 주로 입양 및 학대 관련 기관이 통합된 형태로 운영되고 있으나 이들 아동에 대한 구체적인 연계 내용이 드러나 있지 않은 실정이다(이정림, 2019).

앞에서 살펴본 바와 같이 보호대상 아동은 예전보다 줄어들었으나 보호가 필요한 아동들이 줄어든 만큼 이들이 질 높은 양육환경에서 보호되고 있는지 확인할 필요가 있다.

1) 시설아동의 자존감 강화

복지시설에서 생활하는 아동들의 자존감을 지킬 수 있는 대안이 필요하다. 시설아동들이 자존감이 낮아 사회생활에 어려움을 겪는 경우가 많다. 무조건적, 무분별한 수용은 아니지만, 자존감을 떨어뜨리는 요인들을 막고, 눈치보고 위축되는 경험을 줄여야 한다. 아동들을 양육하는 시설에서는 개개인의 자율성을 보장하면서 사회적 규칙을 가르칠 방안을 마련해야 한다. 또한, 개인 및 소집단의 의견이 반영된 규율과 규칙을 정하고 이를 어겼을 경우 적절한 통제와 제재가 필요하다. 그러나 그 속에는 아동들을 향한 존중과 사랑이 가장 우선되어야 한다(베이비뉴스, 2023).

2) 자립준비기간 확보 및 지원 강화

보호종료아동에 대한 관심이 높아졌고 정부와 지자체, 기업, 언론, 민간단체 등 모두가 보호종료아동을 위한 제도와 정책들이 많이 생기고 개선되면서 다양한 지원이 이루어지고 있다. 아동 개인의 특성을 고려하여 자립준비를 할 수 있는 시간을 확보해 주며 경계선 아동이나 장애아동의 경우 자립 준비가 일반 보호대상아동보다 점진적이고 체계적으로 이루어져야 한다(손선옥 · 박현용, 2022).

보호받고 있는 아동들을 위한 시설 차원의 노력과 지원이 함께 병행되는 것이 중요하다. 아동의 자립은 보호 종료 후 아동들에게 지원하는 규모도 중요하지만 아동들이 살아온 환경과 유년 시절이 큰 영향을 준다. 복지시설에서 아동을 양육하고, 사랑하고, 존중하는 것이 자립에 큰 영향을 미친다. 또한 낙담과 눈치, 위축과 불가능 경험을 줄이는 것이 자립에 중요한 요인이 된다(베이비뉴스, 2023).

3) 아동양육시설 인력 증원 및 전문성 강화

아동복지법 시행령 [별표 14] 아동복지시설 종사자의 직종 · 수 및 배치기준에 따르면, 99명 이하 아동의 자립 지원을 한 명의 자립지원전담요원이 담당한다고 한다. 이로 인해 개별 아동에 대한 세밀한 보호 및 자립 서비스의 제공이 어려운 실정으로 보고되고 있다.

이에 시설인력 증원 및 보충이 시급하며 종사자들의 교육을 통해 아동개입에 대한 역량력을 증진시키고, 자립 지원서비스에 대한 이해와 전문성을 강화시킬 필요가 있다. 또한 시설 외 자립 지원 서비스를 제공하는 공무 종사자의 역할을 이해하고 주거지원뿐만 아니라 소득지원, 교육 및 취업 지원 등의 다양한 자립지원이 요구된다. 정책은 많은 공공 및 민간 기관과 연계하여 이루어지고 연계 기관 내 종사자가 해당 서비스에 대해 충분히 숙지할 수 있도록 해야 한다(장혜진 외, 2023).

"서울 시설생활아동 용돈 2배.늘리고 자립준비청년 정착금 올린다"

서울시가 자립준비청년, 시설생활아동, 저소득 한부모 가족 등 다양한 유형의 약자아동 지원에 올해 총 3105억 원을 투입한다고 29일 밝혔다.

시는 우선 시설에서 생활하는 아이들이 건강하게 성장하고 심리적으로 위축되지 않도록 영양급식비와 용돈을 전년 대비 2배로 인상하고, 아동 1인당 연 최대 15회(회당 10만 원)의 심리정서치료 지원도 새로 시작한다.

결식우려아동은 지난해 급식비를 인상(7,000 → 8,000원)한 데 이어 올해는 지원 대상을 차차상위계층(중위 50% → 중위 60% 이하)까지 확대·발굴한다. 아동학대 위기아동 조기 발견을 위한 전수조사 대상을 기존 '만 3세'에서 '0~만 3세'로 확대해 사각지대를 줄인다.

출처: 머니투데이(2023. 01. 29).

Q·u·i·z /퀴즈/

1. 아동에게 보호 및 치료 서비스를 제공하는 것으로 정서적·행동적 장애로 인하여 어려움을 겪고 있는 아동 또는 학대로 인하여 부모로부터 일시 격리되어 치료받을 필요가 있는 아동을 보호·치료하는 시설을 무엇이라고 하는가?

2. 보호대상아동을 입소시켜 보호, 양육 및 취업훈련, 자립지원 서비스 등을 제공할 것을 목적을 하는 시설을 무엇이라고 하는가?

3. 보호대상아동을 일시보호하고 아동에 대한 향후의 양육대책수립 및 보호조치를 행하는 것을 목적으로 하는 시설을 무엇이라고 하는가?

4. 아동복지시설에서 퇴소한 사람에게 취업준비기간 또는 취업 후 일정 기간 동안 보호함으로써 자립을 지원하는 것을 목적으로 하는 시설을 무엇이라고 하는가?

5. 보호대상아동에게 가정과 같은 주거여건과 보호, 양육, 자립지원 서비스를 제공하는 것을 목적으로 하는 시설을 무엇이라고 하는가?

6. 지역사회 아동의 보호·교육, 건전한 놀이와 오락의 제공, 보호자와 지역사회의 연계 등 아동의 건전육성을 위하여 종합적인 아동복지서비스를 제공하는 시설은 무엇인가?

Think·about·it /생각나누기/

1. 우리나라 아동시설에 대한 장, 단점을 찾아보고, 앞으로 개선방안에 대해 논의해 봅시다.

2. 해외 여러나라 아동시설에 대해 알아보고, 우리나라 아동시설과 비교해 봅시다.

아동복지를 위한 전망과 과제

/CHAPTER/ 14

CHILD WELFARE

학/습/목/표
1. 아동복지 발전방향에 대해 제시할 수 있다.
2. 아동복지의 과제에 대해 설명할 수 있다.

지금까지 아동복지의 개념과 원칙, 필요성, 아동복지 역사, 아동복지의 대상과 접근방법, 여러 분야의 아동복지 실천영역에 대하여 살펴보았다. 그렇다면 앞으로 우리나라 아동복지의 활성화를 위해서 논의되고 검토되어야 할 부분은 무엇이며, 앞으로 나아가야 할 방향은 무엇인지에 대해서 알아보기로 한다.

1 아동복지의 발전방향

오늘날 아동복지는 아동에 대한 관심과 아동권리에 대한 인식이 증가하였다. 저출산 문제뿐만 아니라 아동양육 환경에 대한 문제에 대해 사회적으로 적극적으로 대처하려는 노력이 일어나고 있다. 특히 예전에 비해 처우에서 많은 변화가 일어났는데, 2024년도 복지부 예산안이 처음으로 100조를 넘어섰으며, 만 0세에 월 100만 원, 만 1세에 월 50만 원을 지급한다고 한다. 분야별로 사회복지 예산 중에선 기초연금 등 공적연금 예산이 37조1590억 원으로 가장 많았고, 노인 지원 23조1143억 원(2조6551억 원 증액), 기초생활보장 16조4059억 원(1조9462억 원 증액), 아동 · 보육

9조8206억 원(6386억 원 증액), 취약계층지원 4조6026억 원(4544억 원 증액) 순서로 나타났다. 여기서 영유아 보육료 지원으로 3조69억 원을 편성, 맞벌이 가정의 돌봄 부담을 완화하기 위해 어린이집 연장 보육료 단가를 현재에서 25% 증가, 교사 인건비도 상향시켰다.

이와 같이 우리나라는 아동복지와 관련하여 짧은 기간 내에 많은 노력을 하고 있으나, 급변하는 사회에 가족과 아동을 둘러싼 환경에서 생기는 각종 문제와 욕구에 대해 국가정책과 실천현장에서 서비스가 제대로 작동하지 못하거나 대응하지 못한다는 평가를 받고 있다.

아동복지의 향상을 위해 우리나라 아동복지의 실제는 어떠한지, 급변하는 사회에서 가족과 아동이 둘러싼 환경에서 발생하는 문제 및 욕구들을 어떻게 대처해야 하는지 고려하는 것이 중요하다. 우리나라 아동복지의 발전을 위하여 나아가야 할 방향을 제시하면 다음과 같다.

1) 아동의 권리에 대한 인식강화

아동은 한 독립된 인간으로서 인간다운 생활을 영위할 권리가 있으며 사회와 국가는 이러한 권리를 보장해 주어야 할 의무가 있다. 아동복지 필수적인 조건은 아동의 권리를 인정하는 것이다. 그러나 아직까지 가족이나 아동을 둘러싼 환경에서는 아동을 독립된 인격체로 보지 않고 어른들이 보호해야 할 존재, 수동적인 존재, 어른들의 욕구대로 어떻게든 할 수 있는 존재로 보는 경향이 있다. UN아동권리협약(UN Convention on the Rights of the Child: CRC)에 따르면 아동은 신체적, 정신적으로 발달단계에 있어 어른과는 달리 적절한 법적 보호를 포함한 특별한 보호와 배려가 필요하며, 아동이 안전하고, 행복한 환경에서 잠재력을 충분히 발휘하기 위한 것들을 모아 놓은 것이 유엔아동권리협약이다. 우리나라는 1991년 11월 20일에 아동권리협약을 비준하였다. 따라서 아동의 권리를 실현하기 위해서 국가가 정책적으로 아동의 권리를 보장해 주는 법적 장치를 마련하고, 아동복지정책 및 서비스의 대상과 종류, 정책을 집행할 행정체계, 재원 등을 아동의 권리를 실현하는 데 초점을 맞추어야 한다. 아동권리 중심으로 아동복지 서비스 및 제공역할에 대해 국가가 책임을 지고, 공공의 책임을 다할 수 있는 제도를 마련해야 할 것이다.

2) 아동복지 전문인력 강화

오늘날 아동복지에 대한 관심이 높아지고 있으며, 아동복지사업을 수행을 하는 데 있어 전문적인 원칙과 지식과 기술을 필요로 하고 있다. 그러나 많은 현장에서는 전문적인 교육을 받지 않거나 인력이 부족하여 개입이 어려운 경우가 많다. 예를 들면 아동학대전담공무원과, 아동보호체계의 개편으로 사례관리를 담당하고 있는 종사자들에 대한 지원이 부족하여 제역할을 하지 못하는 경우가 많다. 아동학대 전담공무원의 경우를 보면 학대피해아동의 보호에 있어서 공공의 역할 부재를 해결하기 위해 2020년 아동복지법이 개정되면서 아동학대에 대한 조사를 공공화하는 정책이 시행되었다. 주요 내용은 2020년 10월부터 시 · 군 · 구 단위로 아동학대전담공무원이라는 공공인력을 배치하여 학대 피해아동의 발견 및 보호 등의 전반적인 조사 업무를 수행하도록 하고, 기존의 아동보호전문기관은 사례관리를 전담하도록 하는 것이다. 아동학대전담공무원은 학대가 발생했을 때 현장에 출동하여 조사, 피해아동에 대한 응급 및 임시조치, 보호 배치 등을 진행하며, 사례관리를 모니터링하는 역할을 수행한다. 이를 위해 아동학대전담공무원은 아동학대 개입 과정에 대한 전문성을 갖춰야 하고 다양한 사례에 대한 풍부한 경험이 필요하지만 현재 아동학대전담공무원은 순환보직으로 발령 시 참여하는 2주간의 이론 및 실습 교육만이 이루어 있다. 아동학대 관련 업무는 고도의 전문성이 필요하기 때문에 순환보직에 의해 일반직 공무원이 담당하기보다는 충분한 교육과 훈련을 받고 아동학대를 전담하는 전문직 사회복지사가 담당하는 것을 필요하다. 따라서 아동에 대한 전문인력을 증원해야 하고, 업무를 명확하게 규정해야 하며, 전문성을 강화할 필요가 있다.

3) 아동 맞춤 서비스 제공 활성화

현재 우리나라 아동복지는 대상에 따라 서비스가 제공되고 있지만 지역사회를 거점으로 하여 아동의 맞춤 서비스가 활성화되어야 한다. 지역사회 단위별로 아동에게 맞는 서비스 제공은 상이하게 다르며, 아동의 욕구 및 문제 개입에 있어 일괄적으로 처리하는 경우가 많다. 국가와 사회는 아동이 겪고 있는 어려움에 있어 아동 맞춤 서비스를 줄 수 있는 시스템을 구축하고, 특히 아동양육의 기본단위인 가정이 제대로 기능을 수행할 수 있는 다양한 지원을 강화할 필요가 있다. 불가피하게 가정이 없을 때는 가정을 만들어 주고, 아동이 출생가정이나 대리가정에서 생활하면서 서비스를 이용할 수 있기 위해서는 지역사회 단위에서 아동이 잘 성장할 수 있도록 여러 가지 서비스를 제공할 수 있어야 한다. 기존과 달리 현재 우리나라 아동과 가족에게 다양한 문제 및 욕구가 발생하고 있으며 이를 개입할 수 있는 사회복지기관이나 인력이 지역적으로 균형 있게 발전되어야 한다.

4) 다양한 프로그램 개발

아동복지를 발전시키기 위해서는 아동과 아동을 둘러싼 환경에 대해 욕구를 확인하고 이에 대한 다양한 프로그램을 개발시킬 필요가 있다. 현재 추진되고 있는 정책이나 프로그램은 기존 상황에 머물러 있거나 개선하지 못한 경우가 많다. 급속하게 변화하는 사회 속에서 아동들의 욕구가 달라졌으며, 아동을 양육하고 가족 또한 다양한 욕구를 가지고 있다. 앞으로 가족해체가 가속화되면서 아동과 가족구조가 변화할 것이며, 이에 새로운 문제와 욕구를 갖게 될 것이다. 따라서 현재와 미래를 예측할 수 있는 상황에 대해 정확히 조사하고 평가해서 새로운 정책이나 프로그램의 개발에 반영하는 것이 필요하다.

5) 아동복지의 효과적인 전달체계 구축

아동복지 전달체계가 체계적인 시스템으로 구축될 필요가 있다. 아동복지전달체계는 공적서비스체계와 민간서비스체계로 나눌 수 있는데, 중앙정부에서는 아동복지를 위한 정책서비스 구축과 공적서비스 전달체계가 효과적으로 이루어질 수 있도록 해야 한다. 현재 아동복지 정책을 수립하고 실행하는 주무부서는 분산되어 있어 예산을 효율적으로 사용되고 있지 못하며, 중복되거나 정책의 일관성이 부족한 면이 있다. 따라서 전체적으로 주무부서의 역할을 확인하고 업무 통합과 정부부처간의 연계기능을 향상 및 중앙에서 조율할 수 있는 기구를 설립하는 방안을 고려해 볼 필요가 있다.

6) 재원의 확보

아동의 인구추계와 복지제도 확대를 감안한 정확한 재정추계와 효율적 · 효과적인 재정투자 및 재원 확보방안을 마련하는 것이 필요하다. 현재 저출산으로 인한 아동인구 감소로 보호대상아동 수도 함께 감소하고 있으나 아동 인구 천 명당 보호대상아동 발생 수는 유지하고 있다. 아동복지 대상은 모든 아동으로 법과 서비스 제도가 갖춰져 있다고 하더라도 재정이 부족하면 이를 실행할 수가 없다. 현재 우리나라는 아동복지 예산을 증원하는 데 노력을 하고 있으나 유엔 아동권리위원회에 따르면 선진국에 비해 아동에게 할당된 예산은 부족하다고 하였으며, 아동복지 재원을 마련하기 위해 정부나 민간단체는 다각적인 노력을 기울여야 할 것이다.

7) 아동복지법 강화

아동복지법은 모든 가정의 아동이 건강하게 출생하여 행복하고 안전하게 자랄 수 있도록 아동의 복지를 보장하는 것을 목적으로 하며 한다. 특히 개정법 중에서 「아동학대 범죄의 처벌 등에 관한 특례법(아동학대 처벌법)」을 보면 이 법은 아동학대 범죄의 처벌 및 그 절차에 관한 특례와 피해아동에 대한 보호절차 및 아동학대행위자에 대한 보호처분을 규정함으로써 아동을 보호하여 아동이 건강한 사회구성원으로 성장하도록 함을 목적으로 하고 있는데 가장 큰 문제는 신고자가 거의 없다는 것이다. 2014년에 「아동학대 처벌 특례법」까지 만들었고 5년마다 아동정책 기본계획도 세우고 있으나 아동학대 신고 건수를 보면 해마다 늘어나고 있는 실정이다. 이에 아동복지법 개정안에서 다양한 아동학대 신고의무자가 필요하다고 본다.

2 아동복지의 과제

1) 저출산 문제 해결

우리나라 저출산 문제의 심각성이 알려진 것은 오래다. 출산율이 낮아지면서 인구가 감소하고, 이는 사회, 경제, 국가 안보 등에 심각한 영향을 미치고 있다. 저출산 문제에 대처하기 위하여 지난 10년간 100조 원이 넘는 예산을 투자했지만 통계청 자료에서는 출산율 1.24명을 넘지 못하는 현실이며, 프랑스의 2.08명에 비하면 저출산 문제 해결을 위한 노력을 더 강화할 필요가 있다. 선진 외국의 경우 아동 수당, 양육수당, 자녀양육수당, 출산수당, 보육서비스, 출산휴가, 육아휴직 제도 등 경제적인 문제와 노동 보전 방식을 주로 적용해 왔다. 우리나라도 선진 외국의 제도를 도입하여 각종 수당을 지급하고 있고 일부 지자체에서는 무료 보육서비스도 시행 중이지만 아직까지도 저출산의 문제는 해결하지 못하고 있다. 이에 아동관련 예산을 확대하고 종사자들의 노동환경 개선과 다각적인 정책을 추진하는 것이 필요하다.

2) 가족복지 강화

부모의 역할이 자녀의 발달에 중요한 영향을 미친다. 현대 사회가 급속히 변화되면서 경쟁, 교육비, 대인관계, 입시문제 등으로 부모역할에 많은 어려움을 겪고 있다. 기존 사회에서는 부모됨을 자연스럽게 생각하는 문화적 풍토를 가지고 있으나, 가족구조 및 사회환경 변화로 지나친 자녀에 대한 집착, 부모역할을 저버리거나 부모됨을 준비하지 않는 사람들이 늘고 있다. 부모는 아동에게 절대적인 영향을 미치는 가장 중요한 존재이며, 아동의 성장 · 발달이 부모의 물질적 · 정신적 지원에 의해 좌우되고 아동의 안녕과 복지가 부모의 안녕 및 복지와 직결되어 있다(손경숙 외, 2018). 건강한 가족 체계를 위해 부모교육은 물론 가족의 삶의 질을 높이기 위해 다양한 서비스 계획과 제공이 요구된다.

3) 아동의 건전한 놀이문화 형성

요즘 아동은 디지털 문화에 영향을 받는 세대로 디지털 공간에서 놀이문화를 즐기고 있으며, 스마트기기 애플리케이션과 인터넷을 활용하고 있다. 디지털 공간에서의 놀이가 긍정적인 결과도 있지만 미디어 중독, 게임중독, 성착취, 앱을 통한 채팅만남 등 부정적인 결과를 낳기도 한다.

아동은 놀 권리가 있다. 건강한 발달을 위해서는 온, 오프라인에서 건정한 놀이문화가 형성되어야 하며, 디지털 범죄로 이끄는 놀이문화가 되지 않도록 시스템 구축이 필요하다. 따라서 아동이 건전한 놀이문화를 형성하고 교육제도가 개선되어 균형 있게 성장할 수 있도록 환경을 마련해 주어야 한다.

4) 시설지원 확대 및 전문화된 서비스

최근에는 요보호아동을 보호하는 방식이 소규모화되고 있으며 주거형태도 개선되어서 가정적인 분위기를 형성하고 있다. 아동생활시설과 그룹홈에서는 지역사회 내에 있으면서 가정적 보호가 가능하고, 아동에게 가정과 비슷한 분위기에서 전문적인 서비스를 제공하고 있다. 그러나 시설과 그룹홈을 운영하는 데 재정적인 어려움으로 아동에게 제공되는 서비스가 한정되어 있으며, 프로그램 운영에 어려움이 있다. 이에 아동의 질 높은 양육을 위해서는 재정적인 지원이 확대되어야 한다.

시설에서는 아동자립지원 및 아동을 맞춤 전문적인 프로그램을 실시해야 하나 종사자들이 의식주 해결 및 단순보호 차원에서 개입하는 경우가 있다. 종사들에 대한 처우, 임금, 근무조건을 개선하고 적절한 보호, 양육, 상담을 담당할 수 있는 전문성을 갖도록 개선이 필요하다.

5) 장애아동의 조기진단 및 조기치료

현대사회는 장애아동이 등이 증가하고 있으며 이들에 대한 인식변화와 함께 아동의 신체 · 정신 · 정서와 관련한 문제는 조기에 발견하여 조기에 개입하는 것이 가장 효과적이다. 출생 전부터 장애를 예방할 수 있도록 모자보건사업이 강화되고, 영유아기에 건강진단, 성장발달 스크리닝을 통해서 장애를 조기에 발견할 수 있도록 해야 한다. 장애진단 받을 시 정보 제공, 물적 지원을 해야 하며 지속적으로 치료할 수 있도록 가정을 지원하는 프로그램이 확충되어야 할 것이다.

6) 아동학대에 대한 대책 강화

아동의 권리를 침해하는 가장 대표적인 문제가 아동학대 및 방임이다. 아동학대는 경제적 성장과 함께 사회변화에 따라 아동학대는 계속적으로 증가하고 있다. '2021년 아동학대 연차보고서'에 따르면, 아동학대 신고 건수는 약 5만 건으로 2020년 대비 27.6% 증가했다. 학대 판단 건수도 전년 대비 21.7% 상승했다. 2021년 아동학대로 사망한 아동은 40명이며, 그중 가장 높은 비율을 차지하는 아동의 연령군은 만 1세 이하(24개월 미만) 아동으로 37.5%를 차지하고 있다. 팬데믹 기간 동안 아동학대 사례와 관련된 충격적인 사건들이 보도되면서 아동학대 문제에 대한 관심이 급속도로 높아졌지만 사실 아동학대 신고 및 판단 건수는 지난 5년간 꾸준히 증가해왔다(복지타임즈, 2023. 3. 22.). 정부는 더욱 심각해지고 있는 아동학대 문제를 해결하기 위해 '아동학대 방지 보완대책(2018년)', '포용국가 아동정책(2019년)', '아동·청소년 방지대책(2020년)'을 연달아 발표하며 아동학대 대응 정책을 개선하기 위해 꾸준히 노력하고 있지만 아동학대가 줄고 있지 않다. 이에 아동학대에 대한 법을 강화하고, 아동학대 대응 체계를 강화시킬 필요가 있다. 특히 가해자 및 피해아동을 위한 치료 프로그램을 운영하여 건강한 가정상태로 복귀할 수 있도록 지원하는 것이 필요하다.

7) 학교사회사업의 제도화

학교는 교육공간이자 아동들이 많은 시간을 보내는 곳이다. 현재 학교에서는 심리, 정신적인 문제, 가정문제, 학교폭력, 아동학대, 대인관계의 문제, 약물남용, 비행 등 아동과 관련한 전반적 문제가 발생하고 있다. 이에 학교사회사업을 교육제도 안에서 해결해야 할 필요성이 커지고 있으며, 학생들의 문제를 포괄적으로 접근하는 것이 필요하다고 보고 있다. 학교사회사업은 학생들이 학교생활을 잘할 수 있도록 학교적응이 힘든 학생, 또래관계에 어려움이 있는 학생, 학습부진을 보이는 학생, 심리·정서적 문제를 갖고 있는 학생, 가정환경의 문제 등을 해결하기 위해 학교와 가족, 지역사회가 협력해서 하는 활동이다.

현재 우리나라의 학교사회사업은 사회복지사가 계약직으로 되어 있거나 지역사회복지관의 사회복지사가 학교에 파견되어 서비스를 제공하는 형태로 이루어져, 아동의 문제를 개입하는 데 성공적으로 문제를 해결하는데 한계를 갖고 있다. 이에 학교사회복지사들의 정규직 전환과 예산지원을 통해 안정적으로 학생들의 문제를 개입하고 총체적인 삶을 향상시키고 학교가 전인교육을 실현하도록 도와주는 것으로 제도화되어야 한다.

8) 국가가 지역사회를 기반으로 복지시스템 확립 · 구축

지역사회를 기반으로 공공기관, 민간기관 및 가족이 함께 참여하고 어울릴 수 있는 다원주의적 복지서비스가 필요하다. 지역사회 내에서 아동의 양육과 보호를 지원하는 프로그램을 개발하고, 전문 인력이나 자원봉사자를 참여시켜 아동이 원가정 또는 대리가정에서 생활하면서 치료와 서비스를 받을 수 있는 형태가 활성화되어야 한다. 또한 재가아동과 장애아동에 대한 상담, 치료, 교육훈련, 지역사회와의 교류 및 여가활동 등을 총체적으로 지원할 수 있는 방안이 강구되어야 할 것이다(곽형식 외, 2013: 287).

이외에도 아동복지 과제는 많이 남아 있다. 앞으로 우리의 끊임없는 관심과 아동 관련 문제점을 인식하고, 국가적인 차원에서도 아동복지의 정책을 강화시킨다면, 지금보다 나은 아동복지가 실현될 것이며, 우리 모두 함께 대처할 수 있는 방안을 찾아 실천하는 노력이 필요하다.

'아이 키우기 좋은 나라' 한국 21위… 1위는 풍차의 나라

'올바른 아동 양육'이 주요 선진국의 중대한 관심사로 떠오르고 있다. 저출산 문제가 심해져 청소년의 숫자는 줄어드는 반면, 고령화는 갈수록 심화하고 있기 때문이다. 지난해 합계출산율 0.78명을 기록해 '세계 최저 출산율'을 자체 경신 중인 한국 또한 예외는 아니다.

이런 가운데 유니세프가 최근 편찬한 2022 아동 복지 관련 연구 자료인 '리포트 카드' 보고서가 주목받고 있다. 이 보고서는 매년 아동의 ▲정신 건강, ▲육체적 건강, ▲교육 수준을 점수화해 전 세계 43개 선진국의 '아이가 성장하기에 좋은 정도'를 순위로 매긴 것이다. 이번 조사에서 한국은 ▲정신 건강 34위 ▲육체적 건강 13위 ▲교육 수준 11위를 기록해 종합 21위로 중위권을 기록했다. 한국의 경우 전반적으로 공교육의 질은 높았으나, 많은 아이가 학업 스트레스와 경쟁 압력을 호소하는 것으로 나타났다.

(중략)

이번 보고서 종합 1위를 차지한 네덜란드는 정신 건강(1위), 육체적 건강(9위), 교육 수준(3위) 모두 높은 점수를 받았다. 특히 네덜란드 청소년의 삶의 질 수준은 다른 선진국과 비교해 크게 높았다.

네덜란드의 15세 청소년 10명 중 9명은 자신의 삶에 '만족한다'고 응답했다. 이와 관련해 영 매체 BBC는 네덜란드의 우수한 아동 정책이 청소년의 정신 건강에 긍정적인 영향을 미칠 수 있다고 봤다. 네덜란드는 16주의 의무 유급 출산 휴가를 보장하며, 남성도 최대 6주의 출산 휴가를 사용할 수 있다. 상대적으로 시간 여유를 얻게 된 부모는 자녀 양육에 더 많은 공을 들일 수 있다.

클럽, 지역 사회 봉사 등 단체 활동을 통해 청소년 사이 교류가 활발하다는 것도 이점이다. 유니세프에 따르면 15세 네덜란드 청소년 10명 중 8명은 친구를 쉽게 사귈 수 있다고 답했다. 주변 친구로부터 정서적 지지를 받을 가능성이 높다는 뜻이다.

출처: 아시아경제(2023. 2. 27.).

'성평등'이 저출산 해법… '가정'부터 다른 스웨덴 가보니

합계출산율(여성 1명이 평생 낳을 것으로 예상하는 평균 출생아 수)이 0.78명으로 OECD(경제협력개발기구) 회원국 내 최하위권으로 떨어진 우리나라와 달리 최근 들어 1.5명대를 꾸준히 유지하고 있는 독일과 스웨덴의 비결은 무엇일까. 아이를 낳고 양육하는게 혜택이 더 크고 행복하다는 두 나라엔 공통적으로 탄탄한 가족정책과 성평등 인식이 자리 잡은 지 오래다.

"스웨덴 정부는 '성평등'을 목표로 하고, 이는 결국 출산율 측면에서도 긍정적."

스웨덴의 합계출산율(여성 1명이 평생 낳을 것으로 예상하는 평균 출생아 수)을 추이를 보면 2018년 1.75명, 2020년 1.66명으로 하락하다 2021년 1.67명으로 늘었다. 지난해 1.52명으로 감소하긴 했지만, 한국의 출산율 0.78명과 비교했을 땐 여전히 두 배 정도 높다. 경제협력개발기구(OECD) 국가 대부분의 출산율이 하락하고 있는 것을 감안하면 선방하고 있다는 평가다.

뢰프그렌 대변인은 "스웨덴은 국가 재정의 25%를 차지하는 2600억 크로나(31조 원) 이상을 복지정책에 투입하고 있으며, 출산급여 등 가족과 아동 관련 정책에 (이 돈이) 쓰이고 있다고 소개했다.

스웨덴 주요 양육지원 정책

아동수당

- 16세까지 매월 17만 원 정도의 아동수당 전 아동 지급
- 다자녀 추가 수령: 2명 150크로나(약 1만8000원),
  3명 604크로나(약 7만2000원),
  4명 1614크로나(19만2000원)

다자녀출산 장려

- 출산 후 30개월 이내에 아이를 또 낳을 경우 직전 아이를 출산했을 때 받은 만큼의 육아휴직 급여액 보장

한부모 지원

- 아동을 양육하는 부모는 양육하지 않는 부모로부터 월급을 원천징수해 양육비를 받음(부모가 지급 능력이 없으면 국가가 대신 지급)

*자료: 여성가족부

스웨덴 주요 육아휴직 제도

출산휴가

- 1974년 '부모육아휴가법(Parental Leave Act)' 제정
- 출산예정 60일 전부터 사용 가능
- 부모 각자에게 240일간 육아휴직 제공, 90일은 반드시 아빠도 사용(나머지 150일은 배우자가 대신 사용할 수 있음). 쌍둥이 180일 휴가 추가 지급
- 195일 월급 80% 지급, 45일 180크로나(약 2만1600원) 지급
- 근로자들 휴직일의 약 80% 활용하고 있음

간병휴가

- 12세 이하 아동 아픈 경우 120일까지 제공
- 평균 소득 약 77% 간병급여로 지급
- 불치병이나 심각한 질환인 경우 일수 무제한
- 근로자들 1년에 평균 약 10일 정도의 간병휴가 사용 중

*자료: 스웨덴 사회보험청, 여성가족부

출처: 머니투데이(2023. 6. 16.).

"1000만 원 휠체어도 무료"… '복지기술' 활로 찾는 덴마크

덴마크 코펜하겐 벨라센터에서 지난 5월23일 개막한 북유럽 최대 '복지기술(Welfare Technology)' 박람회인 '헬스 앤 리햅(Health & Rehab) 2023' 전시장 C4구역. 올해 창립 50주년인 이동보조장치업체 이택(etac) 부스엔 어린이부터 노인까지 사용할 수 있는 각양각색의 전동휠체어가 전시돼 있었다. 리즈 데이빗슨 이택 총책임자는 "우리의 주요 고객은 지방자치단체(kommune · 코뮨)"라며 "덴마크에선 모두 지자체에서 휠체어를 구매하고, 필요로 한다면 누구나 무료로 받을 수 있다"고 설명했다.

가볍고 성능 좋은 전동휠체어는 1000만 원이 훌쩍 넘는데 장애아동이 성인이 될 때까지 필요한 휠체어는 평균 5대 안팎에 달한다. 우리나라에선 정부지원금이 48만 원에 그쳐 휠체어 구매에 개인의 경제적 부담이 크지만, 덴마크는 지자체에서 평생 지원해 걱정이 없다. '요람에서 무덤까지'. 세계 최고 복지국가인 덴마크를 대표하는 수식어는 몸이 불편한 이들에게 이동의 자유를 주는 휠체어 지급에서도 똑같이 적용되는 셈이다. 덴마크 통계청에 따르면 국내총생산(GDP) 대비 세금 비율은 작년 기준 42.4%에 달한다. 이러한 광범위한 복지서비스가 가능한 이유다.

출처: 이데일리(2023. 11. 10.).

해외에선 '주거부터 가족'까지 촘촘 지원… 국내는 중복되면 '축소'

발달장애인에 대한 사회적 관심이 높아지고, 2015년 11월 '발달장애인 권리보장 및 지원에 관한 법률(발달장애인법)'이 시행되면서부터 개인과 가족에게만 전가됐던 돌봄부담이 점차 공적 체계로 전환됐다. 그러나 사회적 약자에 대한 지원책이 보다 체계화된 해외 선진국과 비교하면 국내 발달장애인에 대한 지원책은 여전히 갈 길이 멀다는 평가다. 국내에선 발달장애인 지원이 일반장애인과 중복되면 이를 축소하는 등 곳곳에 정책 사각지대가 있지만, 해외에선 발달장애인의 주거부터 함께 사는 가족들의 심리상담까지도 지원해 주는 등 보다 촘촘하게 짜여 있다.

해외에선 발달장애서비스 비용은 국가가 지원… 가족도 '쉼'이 필요, 돌봄부담 경감에 초점

국내보다 발달장애인의 복지서비스에 일찍부터 관심을 가져온 해외 선진국에서는 발달장애인 당사자에 대한 재활서비스는 물론 주거, 취업 등도 지원하고 가족들의 돌봄 부담 경감에도 초점을 맞춰 정책을 추진하고 있다.

해외 발달장애인 지원정책 (자료: 국회 입법조사처)

구분	내용
미국 캘리포니아	• 보건복지부 산하에 발달장애인 서비스를 전담하는 발달서비스부 설치
	• 21개 발달장애인 지역센터를 통해 생애주기별 서비스 지원
	• 주간보호서비스, 직업서비스, 주거시설 제공, 조기교육서비스 등 제공
	• 부모 소득에 따라 차등지원, 성인된 후엔 국가가 비용 부담
미국 뉴햄프셔	• '무어센터'를 통해 지역 내 발달장애인 서비스 제공
	• 주거서비스, 성인 준비 위한 전환서비스, 취업 기회 보장하는 고용서비스 등
	• 발당장애인 가족 지원하는 '가족지원서비스'도 제공
캐나다 앨버타	• FMS(Family Managed Service) 제공
	• 18세 이상의 발달장애인과 그 가족이 필요로하는 서비스를 스스로 선택
	• 휴식지원, 가족생활지원, 고용지원, 지역사회 참여지원 등 제공

출처: 아시아경제(2022. 10. 1.).

Think·about·it

/생각나누기/

1. 우리나라 아동복지의 장, 단점은 무엇이라고 생각하는지 토론해 봅시다.

2. 여러분이 생각하는 아동복지는 무엇이라고 생각하는지 이야기 나누어 봅시다.

3. 우리나라 아동복지는 어떻게 변하고, 어떻게 나아가야 한다고 생각하는지 이야기 나누어 봅시다.

초기상담 및 행동관찰지

<table>
<tr><td colspan="2">아동명</td><td></td><td>생년월일</td><td></td><td>연령</td><td>만 세 월</td><td>성별</td><td>남, 여</td></tr>
<tr><td colspan="2">주소</td><td colspan="7"></td></tr>
<tr><td colspan="2">보호자명</td><td></td><td>관계</td><td></td><td>직업</td><td></td><td>전화번호</td><td></td></tr>
<tr><td colspan="2">의뢰 이유
(문제행동)</td><td colspan="7"></td></tr>
<tr><td rowspan="19">생육사</td><td rowspan="3">임신 및 출생</td><td colspan="2">출생전
(어머니)</td><td colspan="5">1. 약복용: 무, 유(내용:) 2. 질병: 무, 유(내용:)
3. 건강상태( ) 4. 심리 · 정서상태( )
5. 기타( )</td></tr>
<tr><td colspan="2">출생 시</td><td colspan="5">1. 분만유형(순산, 가사분만, 난산, 겸자분만, 제왕절개, 조산)
2. 체중(Kg) 3. 원하는 아이(예, 아니오) 4. 울기(강, 약)
5. 인큐베이터 사용(무, 유) 6. 산소호흡기 사용(무, 유)
7. 기타( )</td></tr>
<tr><td colspan="2">출생 후</td><td colspan="5">1. 고열: 무, 유(시기: 체온:) 2. 젖빠는 힘(강, 약)
3. 경기: 무, 유(시기: 정도: 횟수:)
4. 기타( )</td></tr>
<tr><td rowspan="5">초기행동</td><td colspan="2">섭식 및 수면</td><td colspan="5">1. 영양(모유, 우유, 혼합) 2. 이유( ) 3. 영양상태( )
4. 수면의 유형과 양( ) 5. 수면장애(무, 유)
6. 기타( )</td></tr>
<tr><td colspan="2">신체 발달</td><td colspan="5">1. 목가누기( ) 2. 앉기( ) 3. 배밀기( )
4. 기기( ) 5. 서기( ) 6. 걷기( )
7. 기타( )</td></tr>
<tr><td colspan="2">언어 발달</td><td colspan="5">1. 옹알이( ) 2. 첫말단어( )
3. 기타( )</td></tr>
<tr><td colspan="2">신변 처리</td><td colspan="5">1. 옷입기( ) 2. 옷벗기( ) 3. 식사하기( )
4. 대변가리기( ) 5. 소변가리기( )
6. 기타( )</td></tr>
<tr><td colspan="2"></td><td colspan="5"></td></tr>
<tr><td rowspan="11">가정 및 교육환경</td><td colspan="2">양육자</td><td colspan="3"></td><td>생활정도</td><td>상 중 하</td></tr>
<tr><td colspan="2">양육 태도</td><td colspan="3">원만형, 거부형, 방임형, 지배형, 간섭형, 보호형</td><td colspan="2">가족력(가계도)</td></tr>
<tr><td rowspan="9">학습경험</td><td>가정 지도</td><td colspan="3"></td><td colspan="2" rowspan="9">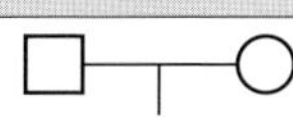</td></tr>
<tr><td rowspan="2">교육 기관</td><td>장소/기간</td><td colspan="2"></td></tr>
<tr><td>교육내용</td><td colspan="2"></td></tr>
<tr><td rowspan="6">학습준비도</td><td>인지</td><td colspan="2"></td></tr>
<tr><td>언어</td><td colspan="2"></td></tr>
<tr><td>운동성</td><td colspan="2"></td></tr>
<tr><td>사회성</td><td colspan="2"></td></tr>
<tr><td>신변자립</td><td colspan="2"></td></tr>
<tr><td colspan="3"></td></tr>
</table>

구분	영역	항목	내용
행동관찰	외모 및 감각양상	일반 외모	자세(　) 피부색(　) 옷 상태(　) 옷 유형(　) 위생(　) 키(　) 체중(　) 기타(　)
		시각	정상(　) 안경(　) 눈깜박이기(　) 눈비비기(　) 곁눈질(　) 읽을 때 머리돌리기(　) 자료 보기(가까이, 멀리) 눈감기(　) 기타(　)
		청각	정상(　) 지시따르기(　) 귀비비기(　) 보청기(　) 반복질문하기(　) 듣지 못함(　) 기타(　)
		근육 운동	정상(　) 소근육(　) 대근육(　) 동작(　) 가만히 있지 못함(　) 무기력함(　) 기타(　)
		신체 장애	정상(　) 시각장애, 청각장애, 지체장애, 뇌성마비, 균형곤란, 물체에 부딪힘, (휠체어, 보조기, 흰지팡이, 안경) 사용, 기타(　)
	외현 행동	활동 수준	정상(　) 편안함(　) 돌아다님(　) 의자 앉기(　) 손발두드리기(　) 소리지르기(　), 자주 울기(　) 졸기(　) 위축(　) 소리에 놀라기(　) 기타(　)
		표정 및 행동	정상(　) 슬픔(　) 웃기(　) 망설임(　) 말(다, 소), 입술깨물기(　) 눈맞춤(　) 기타 자세 및 태도(　)
		언어 사용	정상(　) 말더듬, 애깃말, 조음곤란, 목소리(고, 저) 단어수준(　) 퉁명스러움(　), 말의 속도(　) 기타(　)
	환경과의 상호작용	과제에 대한 태도	정상(　) 즐거워함(　) 관심끌기(　) 망설임(　) 잘 수행(　) 포기함(　) 지시따르지 않음(　) 기타(　)
		또래와의 상호작용	정상(　) 적대적, 호의적, 무관심한, 폭력적, 정중한, 시끄러운, 화내는, 부끄러운, 조용한, 자기주장적, 협조적, 방어적, 수동적, 혼자서 놀기 기타(　)
		어른과의 상호작용	정상(　) 적대적, 호의적, 무관심한, 폭력적, 정중한, 경계하는, 시끄러운, 부끄러운, 조용한, 자기주장적, 협조적, 방어적, 수동적, 화내는, 기타(　)
아동과의 면접	가정환경	부모	
		형제	
		대중 매체	
		개인 습관	
	또래관계		
	학교환경		
	자기지각		

보호자 희망		검사의뢰		
			지능검사(　)	학습검사(　)
			지각검사(　)	사회성검사(　)
			성격검사(　)	언어검사(　)
			발달검사(　)	문제행동(　)
			적응검사(　)	진단검사(　)
		목적		

상담자 소견	
	20　.　.　.　(서명)

출처:www.welfare24.net

<table>
<tr><td colspan="5" rowspan="2">인테이크 상담지</td><td rowspan="2">결재</td><td>담당</td><td>시설장</td></tr>
<tr><td></td><td></td></tr>
<tr><td colspan="2">접수 및 상담일자</td><td colspan="4"></td><td>상담자</td><td></td></tr>
<tr><td colspan="2">상담유형</td><td colspan="4">□ 내원 □ 방문 □ 전화 □ 기타</td><td>의뢰자</td><td>시청</td></tr>
<tr><td rowspan="5">기본정보</td><td>성명</td><td colspan="4"></td><td>성별</td><td></td></tr>
<tr><td>생년월일</td><td colspan="4"></td><td>주민번호</td><td></td></tr>
<tr><td>주소</td><td colspan="6"></td></tr>
<tr><td>학력</td><td colspan="6">□ 취학전 □ 미취학 □ 초등학교 □ 중학교 □ 고등학교 □ 기타</td></tr>
<tr><td>성명</td><td>관계</td><td>연령</td><td>학력</td><td>직업</td><td colspan="2">기타</td></tr>
<tr><td colspan="2">주거상황</td><td colspan="6">□ 자가 □ 전세 □ 월세 □ 기타 ( )</td></tr>
<tr><td colspan="2">경제상황</td><td>생활정도</td><td colspan="3"></td><td>소득액</td><td></td></tr>
<tr><td colspan="2">상담경로</td><td colspan="6"></td></tr>
<tr><td colspan="2">의뢰사유</td><td colspan="6"></td></tr>
<tr><td colspan="2">아동의 구체적인 정보</td><td colspan="6"></td></tr>
<tr><td colspan="2">의뢰인의 욕구</td><td colspan="6"></td></tr>
<tr><td colspan="2">입소희망기간</td><td colspan="6"></td></tr>
<tr><td colspan="2">상담자 의견</td><td colspan="6"></td></tr>
<tr><td colspan="2">지속여부</td><td colspan="6">예 아니오</td></tr>
<tr><td colspan="2">기타</td><td colspan="6">가계도 / 생태도</td></tr>
</table>

출처: 한국아동청소년그룹홈협의회.

<table>
<tr><td colspan="3" rowspan="2">아동상담일지</td><td rowspan="2">결
재</td><td>담당</td><td>시설장</td></tr>
<tr><td></td><td></td></tr>
<tr><td>이름</td><td>○ ○ ○</td><td>성별</td><td>생년월일</td><td colspan="2">(　　세)</td></tr>
<tr><td>입소일자</td><td colspan="2">20○○</td><td>상담자</td><td colspan="2">상담사 또는 종사자</td></tr>
<tr><td>상담일시</td><td colspan="2">20○-○○-○○ (○요일)</td><td>상담장소</td><td colspan="2"></td></tr>
<tr><td>상담주제</td><td colspan="5">학교생활</td></tr>
<tr><td>상담목적 및 목표</td><td colspan="5"></td></tr>
<tr><td>상담사유</td><td colspan="5">상담을 하게 된 계기를 작성함. (고민, 문제, 기타사항)</td></tr>
<tr><td>상담내용</td><td colspan="5">• 육하원칙의 의거하여 작성함.
누가. 언제 어디서, 무엇을 어떻게 왜

(예시)
4월 21일 밤 11시경 그룹홈 내 철수 방에서 철봉이가 철수의 핸드폰을 몰래 하였다. 그걸 본 철수는 어떻게 해야 할지 너무나 고민이라고 한다.
철수의 생각- 철수가 말하길 철수가 사건을 아는 척 하게 되면 철봉 이와의 관계가 좋지 않을 수 있다고 겁을 먹어 어떻게 해야 할지 몰라 함.

• 대화 형식으로 작성하여도 좋음</td></tr>
<tr><td>조치내용</td><td colspan="5">• 육하원칙의 의거하여 작성함.</td></tr>
<tr><td>슈퍼바이저</td><td colspan="5"></td></tr>
<tr><td>슈퍼비전</td><td colspan="5"></td></tr>
</table>

출처: 한국아동청소년그룹홈협의회.

CHAPTER 01 아동복지의 개념과 아동권리

1. 18세 미만
2. ② 지원대상아동
3. ④ 자유권
4. 보편성

CHAPTER 02 아동복지 발달사

1. 외국원조단체한국연합회(KAVA)
2. ② 영유아보육법
3. ② 아동수당법
4. O

CHAPTER 03 아동의 발달

1. ⑤ 복합성
2. 무의식, 전의식, 의식
3. 원초아(id), 자아(ego), 초자아(superego)로 구성된다고 보았다.
4. ③ 고착기
5. ① 제1단계(0~1세): 기본적 신뢰감 대 불신감, ② 제2단계(1~3세): 자율성 대 수치심과 회의, ③ 제3단계(3~5세): 주도성 대 죄책감, ④ 제4단계(5~12세): 근면성 대 열등감, ⑤ 제5단계(청소년기): 정체감 대 정체감 혼미
6. 감각운동기(0~2세), 전조작기(2~7세), 전조작기(2~7세), 형식적 조작기(12세 이후)
7. 왓슨(Watson)
8. 스키너(Skinner)
9. 미시체계, 중간체계, 외체계, 거시체계, 시간체계
10. 생리적 욕구, 안전의 욕구, 소속감과 사랑의 욕구, 자아존중감의 욕구, 자아실현의 욕구

CHAPTER 04 아동복지 대상 및 서비스

1. ② 카두신
2. ① 지지적 서비스
3. ③ 대리적 서비스
4. ⑤ 소득보충프로그램
5. ③ 아동생활시설
6. ① 가정봉사원 파견서비스

CHAPTER 05 아동복지 접근방법

1. ③ 아동정책
2. ② 자립수당
3. ③ 보호아동 자립 지원
4. ② 디딤씨앗통장사업
5. ④ 사회복지전달체계
6. ① 아동복지법
7. ⑤ 장애아동복지지원법
8. ② 개별상담

CHAPTER 06 아동과 빈곤

1. ② 상대적 빈곤
2. 드림스타트
3. 지역아동센터
4. ③ 디딤씨앗통장

CHAPTER 07 학대받은 아동을 위한 아동복지

1. 신체학대, 정서학대, 성학대, 방임, 유기

2. ① 가해자들의 정신적인 결함이나 이상심리적 특성이 아동학대의 원인이라고 보는 정신병리학적 접근
   ② 아동의 발달적 특성에서 기인하여 아동학대가 발생한다고 보는 발달론적 접근
   ③ 부모의 양육태도나 경제수준 등 가정환경을 아동학대의 발생원인으로 보는 사회심리학적 접근
   ④ 폭력에 허용적인 사회문화적 태도가 아동학대를 촉진시킨다고 보는 사회문화적 접근
   ⑤ 아동과 아동을 둘러싼 체계들 간의 관계에서 아동학대의 원인을 찾는 생태학적 접근
3. 의료인 · 의료기사, 응급구조사, 정신건강복지센터 종사자, 육아종합지원센터 종사자, 보육교직원, 어린이집 평가 업무 조사자, 유치원교직원 · 강사, 초 · 중 · 고교 직원, 학원 및 교습소 종사자, 아동권리보장원 및 가정위탁지원센터 종사자, 아동복지시설 종사자, 아동복지전담공무원, 가정폭력피해자보호시설 및 상담소 종사자, 건강가정지원센터 종사자, 다문화가족지원센터 종사자, 한부모가족복지시설 종사자, 사회복지전담공무원, 사회복지시설종사자, 성매매피해시설상담 종사자, 성폭력피해자보호시설 및 성폭력피해자통합지원센터 종사자, 청소년시설 및 단체 종사자, 청소년보호센터 및 재활센터종사자, 장애인복지시설 종사자, 아이돌보미, 취약계층 아동 통합서비스 지원인력, 입양기관 종사자, 아동보호전문기관장 및 종사자, 소방구급대원
4. 아동보호전문기관

CHAPTER 08 장애아동을 위한 아동복지

1. 18세 미만의 사람 중 장애인복지법 제32조에 따라 등록한 장애인
2. 장애아동 및 가족의 활동 제한, 스트레스 및 갈등의 증가, 경제적 어려움, 비장애형제가 겪는 어려움 등
3. 남아
4. 장애아동복지지원법

CHAPTER 09 입양아동을 위한 아동복지

1. 보호자가 없거나 보호자로부터 이탈된 아동등에게 건전한 가정을 영구적으로 제공하여 신체적 · 정서적 · 사회적으로 건강하게 성장할 수 있도록 지원함

2. 입양아동, 친부모, 양부모, 입양기관
3. 아동의 권리보장과 이익 최우선의 원칙, 사생활 존중 및 비밀 보장의 원칙, 개별 욕구 존중의 원칙, 자발적 의사결정 존중의 원칙
4. 남아보다 여아가 더 많고, 만 3세 미만의 아동의 입양이 가장 많음

CHAPTER 10 가정위탁보호와 아동복지

1. 일반가정 위탁보호, 전문가정 위탁보호, 일시가정 위탁보호
2. 가정위탁보호 대상 아동은 18세 미만의 아동으로서, 보호자가 없거나 보호자로부터 이탈된 아동, 아동을 학대하는 경우 그 보호자가 아동을 양육하기에 적당하지 아니하거나 능력이 없는 경우의 아동, 보호 연장 아동
3. ① 위탁아동: 보호가 필요한 아동 중 가정위탁으로 보호 조치된 아동
   ② 친가정(부모): 위탁아동의 친권을 갖고 있는 친부모로 아동의 정상적인 보호 또는 양육이 어렵게 되어 일정 기간 가정위탁보호를 요청한 부모
   ③ 위탁가정(부모): 일정 기간 동안 친가정(부모)의 역할을 대신해 위탁아동을 보호, 양육하며 친가정 복귀를 돕는 가정(부모)
   ④ 가정위탁지원센터: 시 · 도 및 시 · 군 · 구의 가정위탁보호 업무를 지원, 협력하며 위탁아동이 건강하고 안정적인 가정 내에서 보호, 양육될 수 있도록 지원하는 기관
4. 가정위탁사업 홍보, 위탁가정 개발과 교육, 위탁아동의 연계 및 사후 관리, 위탁부모 자조모임 육성 및 사후 관리, 도 및 시 · 군의 가정위탁보호 업무 지원, 친부모와 위탁아동의 정기적인 만남 지원, 친부모의 자립 및 정서적 안정 지원

CHAPTER 11 다문화 아동복지

1. 결혼이민자 가족, 외국인근로자 가족, 북한이탈주민(새터민)
2. ② 정체감 혼란
3. 다문화가족지원센터

CHAPTER 12 한부모가족 아동을 위한 아동복지

1. 모(母) 또는 부(父)와 18세 미만(취학 시 22세 미만)의 자녀를 혼자서 양육하는 모자가족

또는 부자가족

2. 미혼모자 가족복지시설
3. 심리 · 정서적 어려움, 경제적 어려움, 사회적 편견으로 인한 어려움 등

CHAPTER 13 시설보호아동의 보호지원서비스

1. 아동보호치료시설
2. 아동양육시설
3. 아동일시보호시설
4. 자립지원시설
5. 공동생활가정
6. 지역아동센터

참/고/문/헌

공계순, 박현선, 오승환, 이상균, 이현주 (2013). 아동복지론. 서울: 학지사.

곽형식, 백경숙, 김민정, 김혜금, 김혜영, 박희현 (2013). 아동복지론. 서울: 공동체.

교육부 (2023). 특수교육통계.

김민정, 박순득, 정혜란, 강인숙 (2020). 아동권리와 복지. 서울: 동문사.

김성경, 김혜영 (2021). 현대사회 아동복지론. 경기: 양서원.

김진열, 김도경, 이명은, 조예신 (2019). 한국사회 다문화현상의 이해. 서울: 높이깊이.

김현자, 이명숙, 노성향, 박선영, 이지영 (2022). 아동권리와 복지. 경기: 어가.

김효진 (2008). 빈곤이 아동에게 주는 영향 분석. 보건복지포럼, 139, 33-42.

남북하나재단 (2020). 2019 북한이탈주민 정착실태조사. 남북하나재단.

노혜련, 김미원, 조소연 (2021). 예방과 통합의 관점에서 본 아동복지론. 서울: 학지사.

도미향, 남연희, 이무영, 변미희 (2015). 아동복지론. 서울: 공동체.

박언하, 조미숙, 하경표 (2019). 아동권리와 복지. 서울: 동문사.

백혜영, 강현아 (2019). 다문화가정 아동과 비다문화가정 아동의 가족 내 사회적 자본이 진로성숙도에 미치는 영향: 자기효능감과 주관적 안녕감의 매개효과. 학교사회복지, 47, 1-33.

보건복지부 (2018). 아동종합실태조사.

보건복지부 (2018). 아동학대 방지 보완대책.

보건복지부 (2020). 보호종료아동 지원강화 방안.

보건복지부 (2020). 아동 · 청소년 방지대책.

보건복지부 (2020). 제2차 아동정책 기본계획. 관계부처합동.

보건복지부 (2021). 서울시 아동복지 백서.

보건복지부 (2022). 국내 · 외 입양통계.

보건복지부 (2022). 드림스타트 사업안내.

보건복지부 (2022). 등록장애인 현황.

보건복지부 (2022). 아동복지시설 현황.

보건복지부 (2022). 아동학대 주요통계.

보건복지부 (2023). 보육통계.

보건복지부 (2023). 보호대상아동 현황보고.

보건복지부 (2023). 아동복지지원사업

보건복지부 (2023). 아동분야 사업안내.

보건복지부 (2023). 입양실무 매뉴얼.

보건복지부 (2023). 장애인복지사업안내.

보건복지부 (2023). 장애인연금사업안내.

보건복지부 (2023). 제2차 아동정책기본계획(20~24년).

서보준, 김우호, 박선태, 이정미 (2015). **아동복지론**. 경기: 공동체.

손선옥, 박현용 (2022). 청소년복지시설 퇴소경계선 지능 청소년의 자립지원 방향에 관한 탐색적 논의. **사회복지연구**, 53(3), 183-209

아동권리보장원 (2021). 가정위탁보호 현황보고서.

아동권리위원회 (2019). 아동권리협약 대한민국 제5~6차 국가보고서에 대한 최종견해. 국가인권위원회.

양옥경, 최혜지, 이민영, 김선화, 김성남 (2017). 북한이탈주민 생활밀착형 지원 프로그램 개발. 남북하나재단.

여성가족부 (2019). 전국다문화가족실태조사.

여성가족부 (2019). 제3차 다문화정책 기본계획.

여성가족부 (2022). 가족사업안내.

여성가족부 (2022). 전국다문화가족실태조사.

여성가족부 (2023). 한부모가족 복지서비스 종합안내서.

여성가족부 (2023). 한부모가족지원사업 안내지침.

오정수, 정익중 (2013). **아동복지론(제2판)**. 서울: 학지사.

우수명, 주경희, 김희주 (2015). **다문화사회복재개론**. 경기: 양서원.

윤매자, 권정미, 김동욱, 박민지, 정정란, 이화영 (2023). **아동복지론**. 서울: 공동체.

이소희, 유서현, 김일부 (2020). **아동권리와 아동복지**. 경기: 정민사.

이영실, 김재경, 김봉순, 박용권, 조명희, 홍성희 (2016). **가족복지론**. 경기: 양서원.

이재연, 황옥경, 안동현, 김영지, 김효진, 이호균, 강현아, 장영인, 정선영 (2015). **아동복지 현장에서의 아동권리 레토릭**. 경기: 교육과학사.

이정림 (2019). 아동보호시설 영유아 양육 지원 방안. 육아정책포럼.

임경옥, 홍나미, 손경숙 (2018). **아동복지론**. 경기: 공동체.

임동호, 류동수, 신영미, 김순옥, 이송희 (2020). **아동권리와 복지**. 경기: 어우리.

장인협, 오정수 (2001). **아동복지론**. 서울: 학지사.

정선욱, 김진숙 (2017). 보호대상아동 보호조치 관련 인력의 현황 및 개선방안. **학교사회복지**, 37, 179-203.

정은희, 최새은, 이상균, 하태정 (2013). **아동빈곤의 특성**. 한국보건사회연구원.

정익중, 오정수 (2022). **아동복지론**. 서울: 학지사.

주수길, 성산곤, 주명국 (2016). **아동복지론**. 경기: 양성원.

초록우산어린이재단 (2014). 아동의 미래, 집에서 시작합니다.

초록우산어린이재단 (2023). 아동행복지수조사.

통계청 (2023). 2022년 혼인, 이혼통계.

황옥경 (2009). **사회 속의 아동**. 서울: 창지사.

황옥경, 구은미, 이은주, 김형욱 (2017). **아동 청소년과 인권**. 경기: 나남.

Brooks-Gunn, J., & Dunncan, G. J. (1997). Social Captal in the Creation of Human Capital. *The Future of Children*, *7*, 55-71.

Kadushin, A., & Martin, J. A. (1988). *Child welfare services*(4th Ed.). NY: Macmillan Publishing. Co.

Kadushin, A., & Martin, J. A. (1998). *Child welfare services*(4th ed.). New York: Macmillan Publishing Co.

MacRae, D. Jr. & Wilde, J. A. (1979). *Policy Analysis for Public Decisions*. Belmont, CA: Wadsworth.

경향신문 (2023. 10. 19.). 엄마가 행복해야 다문화 가정 인식도 바뀐다" 농구하는 엄마들. https://m.khan.co.kr/national/national-general/article/202310191004001에서 2023년 10월 20일 인출.

국민일보 (2018. 4. 2.). 급변한 세계 인구 이동 … '아시안 드림' 시작됐다. https://m.kmib.co.kr/view.asp?arcid=0923926516에서 2023년 10월 10일 인출.

뉴스핌 (2022. 9. 30.). 눈물로 써내려간 '돌봄', 가난도 고독도 '대물림'. https://www.newspim.com/news/view/20220929000893에서 2023년 11월 3일 인출.

뉴시스 (2023. 2. 16.). 인권위 "장애아동 지원체계 구축하고 보호 강화해야". https://newsis.com/view/?id=NISX20230216_0002195096&cID=10201&pID=10200, 에서 2023년 11월 3일 인출.

서울경제 (2023. 5. 4.). 한국 아동 · 청소년 87% “행복하지 않다”. https://www.sedaily.com/NewsView/29PG63EACM에서 2023년 8월 24일 인출.

서울경제 (2023. 6. 12.). “미라가 된 아이”...아동학대에 ‘87cm · 7kg로 숨진 5살 가을이. https://www.sedaily.com/NewsView/29QTSD3OXA에서 2023년 10월 3일 인출.

서울신문 (2023. 8. 14.). 몰라서 못 하는 가정위탁제.. “안 버리고 키울 수 있어요. https://www.seoul.co.kr/news/newsView.php?id=20230814003004&wlog_tag3=naver에서 2023년 11월 4일 인출.

스카이데일리 (2022. 5. 9.). “가족은 삶의 원동력... 입양 자녀도 똑같은 자녀랍니다”. (https://skyedaily.com/news/news_view.html?ID=156659에서 2023년 10월 28일 인출.

연합뉴스 (2023. 5. 31.). 유엔아동권리협약이 강조하는 ‘아동 참여권’ 국민 절반은 몰라. https://www.yna.co.kr/view/AKR20230531049200371에서 2023년 10월 10일 인출.

조선에듀 (2023. 5. 2.). 최초의 어린이날은 어디? ‘세계 속 어린이날’. https://edu.chosun.com/m/edu_article.html?contid=2023042702247에서 2023년 10월 4일 인출.

코메디닷컴 (2023. 9. 12.). 코로나 후폭풍? 빈곤아동 더 깊이 파고든 정크푸드 펜데믹에 가정형편 어려워진 청소년 3명 중 1명, 아침식사 주 1회 미만. https://kormedi.com/1620958에서 2023년 10월 4일 인출.

〈홈페이지〉

국가인권위원회 https://www.humanrights.go.kr

다문화가족지원센터 https://www.liveinkorea.kr

법무부 출입국 · 외국인정책본부 https://www.immigration.go.kr

법제처 https://www.law.go.kr

보건복지부 https://www.mohw.go.kr

아동권리보장원 https://www.ncrc.or.kr

유튜브, Piaget의 인지발달이론 https://www.youtube.com/watch?v=IhcgYgx7aAA

의정부시 아동보호전문기관 http://www.ujb1391.kr

지표누리 www.index.go.kr

통계청 https://kostat.go.kr

통일부 하나포털 https://hanaportal.unikorea.go.kr/hanaportal

한국외국인노동자지원센터 https://k.migrantok.org

저/자/약/력

백혜영

이화여자대학교 사회사업학 학사
이화여자대학교 사회사업학 석사
숙명여자대학교 아동복지학 박사
현) 수원여자대학교 사회복지학과 겸임교수
수원대학교 아동가족복지학과 겸임교수
숙명여자대학교 아동복지학부 강사
저서) 사회복지학개론, 가족복지학

손희원

중앙대학교 아동복지 석사
서울여자대학교 아동학(아동심리) 박사
숭실대학교 사회복지학 박사수료
현) 수원여자대학교 사회복지과 학과장
저서) 사회복지실천기술론, 아동권리와 복지

이지희

일본 오카야마현립대학원 보건복지학 석사
일본 오카야마현립대학원 보건복지학 박사
현) 수원여자대학교 사회복지과 겸임교수
아주대학교 공공정책대학원 강의
우송대학교 사회복지학과 강의

아동복지론

초판발행 2024년 3월 10일 **1판 1쇄 발행** | 2025년 9월 10일 **1판 2쇄 발행**

지은이 백혜영 손희원 이지희
펴낸이 최용구 | **펴낸곳 도서출판 신정**
주소 (04316) 서울시 용산구 원효로 89길 19 (원효로1가)
전화 02)3211-4782, 0266(영업부), 3211-4783(편집부), 3211-4784(팩스)
이메일 shinjeong72@naver.com | **홈페이지** www.sjbook.co.kr
등록 2001년 5월 11일 제13-702호
기획마케팅 최용구 장만동 최충구 송대용 | **책임편집** 석기은 황가연

ISBN 978-89-5912-900-3 93330
정가 24,000원